개정판

김명수의 사회보험법

| 김 명 수 |

방대한 6개 법령의 철저한 분석을 통해 출제경향에 맞춘 조문위주의 단권화

최근 개정된 법령과 시행규칙까지 빠짐없이 반영하여 수험 완벽대비

(주)중앙경제

사회보험법

초 판 인 쇄 2018년 11월 23일
개정판발행 2020년 1월 8일

지 은 이 김 명 수
펴 낸 이 김 남 진
펴 낸 곳 (주) 중앙경제
내지디자인 이 지 훈
표지디자인 한 지 희

주 소 서울시 중구 다산로 11길 19(신당2동 355-8)
백석빌딩 신관 4층
전 화 02)2231-7293
팩 스 02)2235-5344
홈 페 이 지 www.elabor.co.kr
출 판 등 록 80.6.21 제 2-66호

I S B N 978-89-7017-434-1 (93330)
정 가 18,000원

사회보험법

김 명 수 저

(주)중앙경제

preface
개정판

산업사회로 급변하면서 더욱 심화되는 부의 편중에 따른 빈익빈부익부 문제, 사회적 빈곤층에 대한 생존의 문제나 사회적 약자나 질병자의 보호문제 등 다양한 사회적 위험이 노출되어 왔다. 이러한 위험을 해소하기 위하여 우리나라 사회보험은 짧은 시간에 정부주도로 도입하고 시행되어 왔지만, 법과 현실이 상당부분 갭이 있기 때문에 선진외국의 입법례와 경험이나 판례의 연구가 시급한 실정이다.

이 책은 공인노무사를 준비하는 학생들을 위한 수험서이다. 공인노무사 시험에서 사회보험법의 출제범위는 사회보장기본법, 고용보험법, 산업재해보상보험법, 국민연금법, 국민건강보험법, 고용보험 및 산업재해보상보험의 보험료 징수 등에 관한 법률이다. 이 법에 대해서 어려움을 느끼고 있는 수험생들이 보다 체계적이고 이해하기 쉽도록 책을 다음과 같이 구성하였다.

첫째, 시험출제기준에 맞추어 필요한 이론과 관련 법령을 위주로 정리하였다. 수험생들의 시간적·심리적 부담을 최소화시키기 위하여 시험출제와 관련없는 부분은 과감히 생략하였다.

최근 2010년 이후 출제경향을 보면, 전체 25문항 중에서 사회보장기본법, 고용보험법, 산업재해보상보험법 및 보험료징수법에서 80% 이상이 출제되어 왔다. 앞으로도 이러한 출제경향이나 기조는 쉽게 바뀌지는 않을 것이다. 한정된 시간에 많은 과목을 공부해야 하는 수험생의 입장에서는 출제비중이 낮은 국민연금법과 국민건강보험법에 공부시간을 과감하게 줄이고 출제비중이 높은 법에 보다 많은 시간을 들이는 것이 유익할 것이라고 생각한다. 이러한 점을 감안하여 국민연금법과 국민건강보험법은 시험출제 가능성 높은 기본적인 내용만 이해할 수 있도록 간략하게 서술하였다.

둘째, 구성상 사회보험법에 대해서 어려움을 느끼고 있는 수험생들이 보다 체계적이고 이해하기 쉽도록 법전 순서대로 최근 개정된 내용을 빠짐없이 반영하였다.

이 책으로 공부한 수험생들이 사회보험법을 제대로 이해하고 고득점할 수 있기를 바라며, 이 책을 집필하고 출간하는 과정에서 기꺼이 출간하도록 도와주신 김희성 중앙경제사 회장님 이하 관련 임직원들께 감사드린다.

2020. 1. 2

봉화산 우거에서 ***김 명 수***

차 례

CHAPTER 1. 사회보장기본이론

CHAPTER 2. 사회보장기본법

CHAPTER 3. 고용보험법

제5장 육아휴직급여, 출산전후휴가급여 및 고용보험기금 … 86

제6장 권리구제 등 … 93

CHAPTER 4. 산업재해보상보험법

제1장 총 칙 … 105

제2장 근로복지공단 … 118

제3장 보험급여 … 126

제4장 진폐에 따른 보험급여의 특례 … 168

제5장 심사 청구 및 재심사 청구 … 172

제6장 벌 칙 … 180

CHAPTER 5. 국민건강보험법

제1장 총 칙 … 185

제2장 국민건강보험의 적용과 운영 … 187

제3장 국민건강보험공단 … 191

제4장 보험급여 … 194

제5장 건강보험심사평가원 … 202

제6장 보험료 … 203

제7장 수급권 보호와 권리구제 등 … 213

CHAPTER 6. 국민연금법

제1장 총 칙 … 221

제2장 국민연금의 적용과 운영 … 225

제3장 국민연금공단 … 233

제4장 연금급여 … 235

※ 주요 법령 및 인용 약어

- 고용보험및산업재해보상보험의보험료징수등에관한법률 …… 보험료징수법
- 근로기준법 …… 근기법
- 근로자퇴직급여보장법 …… 퇴직급여법
- 기간제및단시간근로자보호등에관한법률 …… 기간제법
- 남녀고용평등및일 · 가정양립지원에관한법률 …… 남녀고평법
- 산업안전보건법 …… 산안법
- 산업재해보상보험법 …… 산재법

1차 공인노무사
시/험/대/비

CHAPTER

1

사회보장기본이론

I 사회보장제도의 의의

1. 사회보장제도의 생성

(1) 산업화이전

사적자치의 원칙아래 사회적 위험(질병, 장애, 노령, 실업, 빈곤 등)은 개인의 위험차원에서 머물러 있어 개인이나 가족의 책임아래 해결하게 하여 경제적·사회적 문제를 초래하였다(1601년 영국 엘리자베스 구빈법 등).

(2) 산업화이후

사회적 위험을 개인의 힘만으로는 해결할 수 없게 되면서 국가 개입의 필요성 대두되어 사회적 위험으로부터 모든 국민을 보호하고 빈곤을 해소하며 국민생활의 질을 향상시키기 위해 국가적 제도로서 생존권적 기본권의 일환으로 사회보장제도가 마련되었다(1883년 독일 비스마르크 사회보험입법, 1911년 영국 국민보험법, 1935년 미국 사회보장법 등).

2. 사회보장제도의 확립 : 비버리지 보고서

(1) 사회보장제도의 목적

1942년 비버리지보고서(The Beveridge Report)[1]에 의한 '사회보험 및 관련 서비스(Social Insurance and Allied Services)'에서 처음 언급되었다. 이에 의하면 사회보장은 모든 국민으로 하여금 5대 사회악(궁핍·질병·무지·불결·나태)에서 벗어나게 하는 것을 목적으로 한다.

(2) ILO의 사회보장(사회보험)의 원칙

① 대상의 보편성 원칙[2] : 전체 국민을 적용대상으로 한다는 원칙
② 비용부담 공평성의 원칙 : 사회보장비용의 공동부담원칙, 갹출금에 대한 불가침의 원칙.
③ 급여수준 적절성의 원칙 : 부양수준의 원칙, 균일급여의 원칙, 비례급여의 원칙

1) 비버리지의 사회보험원칙으로 균일급여의 원칙, 균일갹출의 원칙, 행정책임 통합의 원칙, 충분한 급여의 원칙, 적용범위의 포괄성의 원칙, 대상의 계층화의 원칙 등을 들 수 있다.

2) 1941년 제25차 ILO 총회 결의, 1962년 사회보장에 관한 조약 제118호(사회보장에 있어 내국인 및 비내국인의 균등처우에 관한 조약), 우리나라는 사회보장기본법 제8조 규정에 의해 외국인에 대한 사회보장제도의 적용은 상호주의의 원칙을 적용하고 있다.

Ⅱ 사회보험의 원리

1. 최저생활보장의 원리

사회보험법에서 보장하는 소득보장수준은 국민의 최저생활을 하한선으로 하고 그 상한을 퇴직 전의 생활과 비슷한 생활수준으로 보장하고자 한다.

2. 소득재분배의 원리

민영보험과 구별되는 가장 핵심적인 특징으로 보험료의 징수나 급여의 지급을 소득계층에 따라 차등적으로 적용함으로써 소득재분배의 효과를 달성하고자 한다.

3. 보편주의의 원리

원칙적으로 모든 국민을 대상으로 하고, 모든 사회적 위험을 분산하고 사회적 위험을 예방할 수 있도록 운영한다.

Ⅲ 사회보험관계의 당사자

1. 보험자

(1) 의의

보험사고가 발생한 경우에 각종 보험급여를 지급하고 보험료를 징수할 수 있는 사회보험의 운영주체를 말한다.

(2) 기관

근로복지공단, 국민연금관리공단, 국민건강보험공단, 공무원연금관리공단, 사립학교교원연금공단 등이 있다.

2. 보험가입자

(1) 의의

사회보험에 가입하여 소정의 보험료를 납부할 의무를 부담하는 자를 말한다.

(2) 고용 · 산재보험

일반적으로 보험가입자는 피보험자와 동일인이 되는 것이 보통이나, 고용보험과 산재보험은 보험가입자와 피보험자로 구분된다.

(3) 건강보험

직장보험의 경우는 고용보험 및 산재보험과 마찬가지로 사업주가 보험가입자가 되고 지역보험의 경우는 보험가입대상이 되는 국민이 보험가입자가 된다.

3. 피보험자

보험사고가 발생한 경우에 보험자로부터 보험급여를 받을 수 있는 자를 말한다.

4. 보험료 부담자

근로자는 생활능력이 있는 자이기 때문에 자기책임의 원리하에, 사업주는 현대 산업사회의 특징인 무과실책임의 원리하에, 국가는 헌법상 생존권적 기본권 사상의 발달과 자본주의 사회 자체에서 발생하는 사회적 위험에 대한 국가책임의 원리하에 보험료를 부담한다.

Ⅳ 사회보험의 종류

기 준	내 용	관련 법
보험사고별	질병보험, 노인장기요양보험	국민건강보험법, 노인장기요양보험법
	노령보험, 장해보험, 유족보험	국민연금법
	실업보험	고용보험법
	산재보험	산업재해보상보험법(이하 "산재법"이라 함)
내용별	건강보험	국민건강보험법
	근로자보험	고용보험법, 산업재해보상보험법
	연금보험	국민연금법 등
급여기간별	단기보험	국민건강보험법, 고용보험법
	장기보험	국민연금법 등

1차 공인노무사
시/험/대/비

CHAPTER

2

사회보장기본법

제1장 총 칙

Ⅰ 헌법상 근거

이 법은 헌법 제34조의 모든 국민의 인간다운 생활을 할 권리를 그 근간으로 하고 있다.

헌법 제34조 ① 모든 국민은 인간다운 생활을 할 권리를 가진다. ② 국가는 사회보장·사회복지의 증진에 노력할 의무를 진다. ③ 국가는 여자의 복지와 권익의 향상을 위하여 노력하여야 한다. ④ 국가는 노인과 청소년의 복지향상을 위한 정책을 실시할 의무를 진다. ⑤ 신체장애자 및 질병·노령 기타의 사유로 생활능력이 없는 국민은 법률이 정하는 바에 의하여 국가의 보호를 받는다. ⑥ 국가는 재해를 예방하고 그 위험으로부터 국민을 보호하기 위하여 노력하여야 한다.

Ⅱ 목적 및 기본이념

1. 목적

이 법은 사회보장에 관한 국민의 권리와 국가 및 지방자치단체의 책임을 정하고 사회보장정책의 수립·추진과 관련 제도에 관한 기본적인 사항을 규정함으로써 국민의 복지증진에 이바지하는 것을 목적으로 한다(법 제1조).

2. 기본이념

사회보장은 모든 국민이 다양한 사회적 위험으로부터 벗어나 행복하고 인간다운 생활을 향유할 수 있도록 자립을 지원하며, 사회참여·자아실현에 필요한 제도와 여건을 조성하여 사회통합과 행복한 복지사회를 실현하는 것을 기본 이념으로 한다(법 제2조).

Ⅲ 사회보장의 종류(정의)

1. 사회보장

사회보장이란 출산, 양육, 실업, 노령, 장애, 질병, 빈곤 및 사망 등의 사회적 위험으로부터 모든 국민을 보호하고 국민 삶의 질을 향상시키는 데 필요한 소득 · 서비스를 보장하는 사회보험, 공공부조, 사회서비스를 말한다(법 제3조 제1호).

2. 사회보험

사회보험이란 국민에게 발생하는 사회적 위험을 보험방식에 의하여 대처함으로써 국민건강과 소득을 보장하는 제도를 말한다(동조 제2호).

3. 공공부조

공공부조란 국가 및 지방자치단체의 책임 아래 생활유지능력이 없거나 생활이 어려운 국민의 최저생활을 보장하고 자립을 지원하는 제도를 말한다(동조 제3호).

4. 사회서비스

사회서비스란 국가 · 지방자치단체 및 민간부문의 도움이 필요한 모든 국민에게 복지, 보건의료, 교육, 고용, 주거, 문화, 환경 등의 분야에서 인간다운 생활을 보장하고 상담, 재활, 돌봄, 정보의 제공, 관련 시설의 이용, 역량 개발, 사회참여 지원 등을 통하여 국민의 삶의 질이 향상되도록 지원하는 제도를 말한다(동조 제4호).

5. 평생사회안전망

평생사회안정망이란 생애주기에 걸쳐 보편적으로 충족되어야 하는 기본욕구와 특정한 사회위험에 의하여 발생하는 특수욕구를 동시에 고려하여 소득 · 서비스를 보장하는 맞춤형 사회보장제도를 말한다(동조 제5호).

Ⅳ 의무 등

1. 국가와 지방자치단체의 책임

① 국가와 지방자치단체는 모든 국민의 인간다운 생활을 유지 · 증진하는 책임을 가지고, 사회보장에 관한 책임과 역할을 합리적으로 분담하여야 하며, 국가 발전수준에 부응하고 사회환경의 변화에 선제적으로 대응하며 지속가능한 사회보장제도를 확립하고 매년 이에 필요한 재원을 조달하여야 한다(법 제5조 제1~3항).

② 국가는 사회보장제도의 안정적인 운영을 위하여 중장기 사회보장 재정추계를 격년으로

실시하고 이를 공표하여야 한다(동조 제4항).[3)]

2. 국가 등과 가정

국가와 지방자치단체는 가정이 건전하게 유지되고 그 기능이 향상되도록 노력하여야 하며, 사회보장제도를 시행할 때에 가정과 지역공동체의 자발적인 복지활동을 촉진하여야 한다(법 제6조).

3. 국민의 책임

모든 국민은 자신의 능력을 최대한 발휘하여 자립·자활할 수 있도록 노력하여야 하고, 경제적·사회적·문화적·정신적·신체적으로 보호가 필요하다고 인정되는 사람에게 지속적인 관심을 가지고 이들이 보다 나은 삶을 누릴 수 있는 사회환경 조성에 서로 협력하고 노력하여야 하며, 관계 법령에서 정하는 바에 따라 사회보장급여에 필요한 비용의 부담, 정보의 제공 등 국가의 사회보장정책에 협력하여야 한다(법 제7조).

4. 외국인에 대한 적용

국내에 거주하는 외국인에게 사회보장제도를 적용할 때에는 상호주의의 원칙에 따르되, 관계 법령에서 정하는 바에 따른다(법 제8조).

3) 영 제2조(사회보장 재정추계 등) ① 보건복지부장관은 「사회보장기본법」(이하 "법"이라 한다) 제5조 제4항에 따른 사회보장 재정추계(財政推計)를 위하여 재정추계를 실시하는 해의 3월 31일까지 법 제20조에 따른 사회보장위원회(이하 "위원회"라 한다)의 심의를 거쳐 재정추계 세부지침을 마련하여야 한다. 이 경우 재정추계세부지침에는 재정의 세부범위, 추계방법, 추진체계, 공표방법·절차 등이 포함되어야 한다. ② 보건복지부장관은 제1항의 재정추계 세부지침에 따라 추계를 실시하는 해의 9월 30일까지 재정추계를 하고, 그 결과를 위원회의 심의를 거쳐 같은 해 10월 31일까지 관계 중앙행정기관의 장에게 통보하여야 한다. ③ 관계 중앙행정기관의 장은 제2항에 따른 재정추계 결과를 바탕으로 정책개선안을 마련하여 같은 해 12월 31일까지 보건복지부장관에게 제출하여야 한다. ④ 보건복지부장관은 제3항에 따라 제출받은 정책개선안을 종합하여 이를 추계 실시 해의 다음 해 3월 31일까지 위원회에 보고하여야 한다.

제2장 사회보장에 관한 국민의 권리

I 사회보장수급권

1. 의의

사회적 위험(출산, 양육, 실업, 노령, 장애, 질병, 빈곤 및 사망 등)으로 인하여 요보호 상태에 있는 개인의 인간의 존엄에 상응하는 생활을 영위하기 위하여 국가에 대하여 일정한 내용의 급부를 요구할 수 있는 권리이다. 따라서 이 법은 "모든 국민은 사회보장 관계 법령에서 정하는 바에 따라 사회보장급여를 받을 권리(이하 "사회보장수급권"이라 한다)를 가진다(법 제9조)"고 규정하고 있다.

2. 주체

모든 국민, 외국인은 상호주의 원칙

3. 급여의 수준

① 국가와 지방자치단체는 모든 국민이 건강하고 문화적인 생활을 유지할 수 있도록 사회보장급여의 수준 향상을 위하여 노력하여야 하며, 국가는 관계 법령에서 정하는 바에 따라 최저보장수준과 최저임금을 매년 공표하여야 한다(법 제10조 제1·2항).

② 국가와 지방자치단체는 최저보장수준과 최저임금 등을 고려하여 사회보장급여의 수준을 결정하여야 한다(동조 제3항).

4. 급여의 신청

① 사회보장급여를 받으려는 사람은 관계 법령에서 정하는 바에 따라 국가나 지방자치단체에 신청하여야 하며, 다만, 관계 법령에서 따로 정하는 경우에는 국가나 지방자치단체가 신청을 대신할 수 있다(법 제11조 제1항).

② 사회보장급여를 신청하는 사람이 다른 기관에 신청한 경우에는 그 기관은 지체 없이 이를 정당한 권한이 있는 기관에 이송하여야 하며, 이 경우 정당한 권한이 있는 기관에 이송된 날을 사회보장급여의 신청일로 본다(동조 제2항).

5. 수급권의 보호

① 사회보장수급권은 관계 법령에서 정하는 바에 따라 다른 사람에게 양도하거나 담보로 제공할 수 없으며, 이를 압류할 수 없다(법 제12조).

② 조세 기타 공과금의 감면 및 부과금지되며(개별법령에 근거), 정당한 이유없는 불이익변경이 금지된다(국민기초생활보장법 제34조).

6. 수급권의 제한

① 사회보장수급권은 제한되거나 정지될 수 없으며, 다만, 관계 법령에서 따로 정하고 있는 경우에는 그러하지 아니하다(법 제13조).

② 사회보장수급권이 제한되거나 정지되는 경우에는 제한 또는 정지하는 목적에 필요한 최소한의 범위에 그쳐야 한다(동조 제2항).

7. 사회보장수급권의 소멸

일신전속적인 성격을 갖고 있기 때문에 수급권자의 사망에 의해서 소멸되며, 소멸시효 개별법령에서 정하고 있다.

8. 수급권의 포기

정당한 권한이 있는 기관에 서면으로 통지하여 포기할 수 있으나 포기하는 것이 타인에게 피해를 주거나 사회보장에 관한 관계법령에 위반되는 경우에는 포기할 수 없다. 다만, 포기한 후에도 이를 취소할 수 있다(법 제14조).

9. 불법행위에 대한 구상

제3자의 불법행위로 피해를 입은 국민이 그로 인하여 사회보장수급권을 가지게 된 경우 사회보장제도를 운영하는 자는 그 불법행위의 책임이 있는 자에 대하여 관계 법령에서 정하는 바에 따라 구상권을 행사할 수 있다(법 제15조).

제3장 사회보장 기본계획과 사회보장위원회

I 사회보장 기본계획의 수립

1. 수립원칙

보건복지부장관은 관계 중앙행정기관의 장과 협의[4]하여 사회보장 증진을 위하여 사회보장에 관한 기본계획(이하 "기본계획"이라 한다)을 5년마다 수립하여야 하고, 국무회의와 사회보장위원회의 심의를 거쳐 확정한다. 기본계획 중 대통령령으로 정하는 중요한 사항[5]을 변경하려는 경우에도 같다(법 제16조 제1 · 3항).

기본계획 사항(동조 제2항)

1. 국내외 사회보장환경의 변화와 전망
2. 사회보장의 기본목표 및 중장기 추진방향
3. 주요 추진과제 및 추진방법
4. 필요한 재원의 규모와 조달방안
5. 사회보장 관련 기금 운용방안
6. 사회보장 전달체계
7. 그 밖에 사회보장정책의 추진에 필요한 사항

2. 다른 계획과의 관계

기본계획은 다른 법령에 따라 수립되는 사회보장에 관한 계획에 우선하며 그 계획의 기본이 된다(법 제17조).

---

4) 영 제3조(사회보장 기본계획의 수립) ① 보건복지부장관은 법 제16조 제1항에 따른 사회보장에 관한 기본계획의 효율적 수립을 위하여 기본계획 작성지침을 작성하여 이를 관계 중앙행정기관의 장에게 통보하여야 한다. ② 관계 중앙행정기관의 장은 제1항에 따라 통보받은 기본계획 작성지침에 따라 소관별 기본계획안을 작성하여 보건복지부장관에게 제출하여야 하고, 보건복지부장관은 이를 종합한 기본계획안을 작성하여 법 제16조 제3항에 따른 절차에 따라 기본계획을 확정하여야 한다.

5) 1. 사회보장의 기본목표 및 중장기 추진방향 2. 주요 추진과제 및 추진방법 3. 필요한 재원의 규모와 조달방안 4. 그 밖에 사회보장 전달체계 관련 사항 등 위원회에서 심의가 필요하다고 인정하는 사항(영 제3조 제3항).

Ⅱ 연도별 시행계획

1. 계획의 수립 · 시행

보건복지부장관 및 관계 중앙행정기관의 장은 기본계획에 따라 사회보장과 관련된 소관 주요 시책의 시행계획을 매년 수립 · 시행하여야 한다(법 제18조 제1항).

2. 추진실적의 평가 및 보고

관계 중앙행정기관의 장은 수립한 소관 시행계획 및 전년도의 시행계획에 따른 추진실적을 대통령령으로 정하는 바에 따라 매년 보건복지부장관에게 제출하여야 하며, 보건복지부장관은 제출받은 관계 중앙행정기관 및 보건복지부 소관의 추진실적을 종합하여 성과를 평가하고, 그 결과를 사회보장위원회에 보고하여야 한다. 이 경우 보건복지부장관은 평가를 효율적으로 하기 위하여 이에 필요한 조사 · 분석 등을 전문기관에 의뢰할 수 있다(동조 제2~4항).

Ⅲ 사회보장에 관한 지역계획

특별시장 · 광역시장 · 특별자치시장 · 도지사 또는 특별자치도지사 · 시장(「제주특별자치도 설치 및 국제자유도시 조성을 위한 특별법」 제17조 제1항에 따른 행정시장을 포함한다) · 군수 · 구청장(자치구의 구청장을 말한다. 이하 같다)은 관계 법령으로 정하는 바에 따라 사회보장에 관한 지역계획을 수립 · 시행하여야 함. 이때 지역계획은 기본계획과 연계되어야 한다(법 제19조).

Ⅳ 사회보장위원회

1. 의의

사회보장에 관한 주요 시책을 심의 · 조정하기 위하여 국무총리 소속으로 사회보장위원회(이하 "위원회"라 한다)를 둔다(법 제20조 제1항).

2. 구성 및 임기

<table>
<tr><th>구분</th><th>인원 수</th><th>구성원</th><th>임기</th></tr>
<tr><td>위원장</td><td>1명</td><td>국무총리</td><td rowspan="3">2년(원칙)

◦ 기관·단체대표 : 대표직 재임기간
◦ 공무원 위원 : 재임기간
◦ 보궐위원 : 잔임기간</td></tr>
<tr><td>부위원장</td><td>3명</td><td>기획재정부장관, 교육부장관, 보건복지부장관</td></tr>
<tr><td>위원</td><td>30명 이내
(위원장, 부위원장 포함)</td><td>1. 대통령령으로 정하는 관계 중앙행정기관의 장[6]
2. 다음 각 목의 사람 중에서 대통령이 위촉하는 사람[7]
가. 근로자를 대표하는 사람
나. 사용자를 대표하는 사람
다. 사회보장에 관한 학식과 경험이 풍부한 사람
라. 변호사 자격이 있는 사람
3. 행정안전부장관, 고용노동부장관, 여성가족부장관, 국토교통부장관 포함</td></tr>
</table>

3. 심의 · 조정사항과 통지사항

(1) 심의 · 조정사항(법 제20조)

1. 사회보장 증진을 위한 기본계획
2. 사회보장 관련 주요 계획
3. 사회보장제도의 평가 및 개선
4. 사회보장제도의 신설 또는 변경에 따른 우선순위
5. 둘 이상의 중앙행정기관이 관련된 주요 사회보장정책
6. 사회보장급여 및 비용 부담
7. 국가와 지방자치단체의 역할 및 비용 분담
8. 사회보장의 재정추계 및 재원조달 방안
9. 사회보장 전달체계 운영 및 개선
10. 제32조 제1항에 따른 사회보장통계
11. 사회보장정보의 보호 및 관리
12. 그 밖에 위원장이 심의에 부치는 사항

6) "대통령령으로 정하는 관계 중앙행정기관의 장"이란 법무부장관, 문화체육관광부장관, 농림축산식품부장관, 산업통상자원부장관, 환경부장관, 국무조정실장 및 국가보훈처장을 말하고, 위원회에 간사 2명을 두고, 간사는 국무조정실 사회조정실장과 보건복지부 사회복지정책실장으로 한다(영 제9조).

7) 대통령은 법 제21조 제3항 제2호에 따른 위원이 다음 각 호의 어느 하나에 해당하는 경우에는 해당 위원을 해촉할 수 있다. 1. 심신장애로 인하여 직무를 수행할 수 없게 된 경우 2. 직무와 관련된 비위사실이 있는 경우 3. 직무태만, 품위손상이나 그 밖의 사유로 인하여 위원으로 적합하지 아니하다고 인정되는 경우 4. 위원 스스로 직무를 수행하는 것이 곤란하다고 의사를 밝히는 경우(영 제9조의2).

(2) 통지사항

위원장은 다음 각 호의 사항을 관계 중앙행정기관의 장과 지방자치단체의 장에게 통지하여야 하며, 관계 중앙행정기관의 장과 지방자치단체의 장은 위원회의 심의·조정 사항을 반영하여 사회보장제도를 운영 또는 개선하여야 한다(동조 제3·4항).

1. 사회보장위원회와 국무회의 심의를 거쳐 확정된 기본계획
2. 심의·조정사항에 대한 위원회의 심의·조정한 결과

4. 실무위원회와 전문위원회 및 사무국

① 위원회를 효율적으로 운영하고 위원회의 **심의사항을 전문적으로 검토하기 위하여 위원회에 실무위원회**[8]**를 두며**, 실무위원회에 **분야별 전문위원회를 둘 수 있고,** 실무위원회에서 의결한 사항은 위원장에게 보고하고 위원회의 심의를 거쳐야 한다. 다만, 대통령령으로 정하는 경미한 사항[9]에 대하여는 실무위원회의 의결로써 위원회의 의결을 갈음할 수 있다(법 제21조 제6·7항).

② 위원회의 사무를 효율적으로 처리하기 위하여 **보건복지부에 사무국을 둔다**(동조 제8항).

8) 법 제21조 제6항에 따라 위원회에 두는 실무위원회는 다음 각 호의 사항을 검토한다. 1. 위원회에서 심의할 안건에 관한 사항 2. 위원회로부터 검토를 지시받은 사항 3. 제7조의2에 따라 제출받은 사회보장제도의 운영·개선 결과에 관한 사항 4. 그 밖에 실무위원회의 운영에 필요한 사항(영 제11조 제1항).

9) 법 제21조 제7항 단서에서 "대통령령으로 정하는 경미한 사항"이란 1. 법 제16조 제3항에 따라 확정된 기본계획을 변경하지 않는 범위에서의 시행계획의 변경에 관한 사항 2. 제3조 제3항 각 호의 사항 중 중요한 사항을 변경하지 않은 범위에서의 기본계획의 변경에 관한 사항을 말한다(영 제11조 제2항).

제4장 사회보장정책의 기본방향

1. 평생사회안전망의 구축 · 운영

국가와 지방자치단체는 모든 국민이 생애 동안 삶의 질을 유지 · 증진할 수 있도록 평생사회안전망을 구축하여야 하며, 평생사회안전망을 구축 · 운영함에 있어 사회적 취약계층을 위한 공공부조를 마련하여 최저생활을 보장하여야 한다(법 제22조).

2. 사회서비스 보장

국가와 지방자치단체는 모든 국민의 인간다운 생활과 자립, 사회참여, 자아실현 등을 지원하여 삶의 질이 향상될 수 있도록 사회서비스에 관한 시책을 마련하여야 하며, 사회서비스 보장과 제24조에 따른 소득보장이 효과적이고 균형적으로 연계되도록 하여야 한다(법 제23조).

3. 소득 보장

국가와 지방자치단체는 다양한 사회적 위험 하에서도 모든 국민들이 인간다운 생활을 할 수 있도록 소득을 보장하는 제도를 마련하여야 하며, 공공부문과 민간부문의 소득보장제도가 효과적으로 연계되도록 하여야 한다(법 제24조).

제5장 사회보장제도의 운영과 사회보장정보관리의 관리

I 운영의 원칙

1. 필요성의 원칙

국가와 지방자치단체가 사회보장제도를 운영할 때에는 이 제도를 필요로 하는 모든 국민에게 적용하여야 한다(법 제25조 제1항).

2. 형평성의 원칙

국가와 지방자치단체는 사회보장제도의 급여 수준과 비용 부담 등에서 형평성을 유지하여야 한다(동조 제2항).

3. 민주성의 원칙

국가와 지방자치단체는 사회보장제도의 정책 결정 및 시행 과정에 공익의 대표자 및 이해관계인 등을 참여시켜 이를 민주적으로 결정하고 시행하여야 한다(동조 제3항).

4. 연계성과 전문성의 원칙

국가와 지방자치단체가 사회보장제도를 운영할 때에는 국민의 다양한 복지 욕구를 효율적으로 충족시키기 위하여 연계성과 전문성을 높여야 한다(동조 제4항).

5. 시행주체

사회보험은 국가의 책임으로 시행하고, 공공부조와 사회서비스는 국가와 지방자치단체의 책임으로 시행하는 것을 원칙으로 한다. 다만, 국가와 지방자치단체의 재정 형편 등을 고려하여 이를 협의·조정할 수 있다(동조 제5항).

Ⅱ 역할의 협의 및 조정

국가와 지방자치단체는 사회보장제도를 신설하거나 변경할 경우 기존 제도와의 관계, 사회보장 전달체계와 재정 등에 미치는 영향 등을 사전에 충분히 검토하고 상호 협력하여 사회보장급여가 중복 또는 누락되지 아니하도록 하여야 하며, 중앙행정기관의 장과 지방자치단체의 장은 사회보장제도를 신설하거나 변경할 경우 신설 또는 변경의 타당성, 기존 제도와의 관계, 사회보장 전달체계에 미치는 영향 및 운영방안 등에 대하여 대통령령으로 정하는 바[10]에 따라 보건복지부장관과 협의[11]하여야 하고 협의가 이루어지지 아니할 경우 위원회가 이를 조정하며,[12] 보건복지부장관은 사회보장급여 관련 업무에 공통적으로 적용되는 기준을 마련할 수 있다(법 제26조).

Ⅲ 민간의 참여

1. 원칙

국가와 지방자치단체는 사회보장에 대한 민간부문의 참여를 유도할 수 있도록 정책을 개발·시행하고 그 여건을 조성하여야 한다(법 제27조 제1항).

2. 민간참여의 유도

국가와 지방자치단체는 사회보장에 대한 민간부문의 참여를 유도할 수 있도록 다음 각 호의 사업이 포함된 시책을 수립·시행할 수 있다(동조 제2항).

1. 자원봉사, 기부 등 나눔의 활성화를 위한 각종 지원 사업
2. 사회보장정책의 시행에 있어 민간 부문과의 상호협력체계 구축을 위한 지원사업
3. 그 밖에 사회보장에 관련된 민간의 참여를 유도하는 데에 필요한 사업

10) 보건복지부장관은 사회보장제도의 신설 또는 변경과 관련하여 법 제26조에 따른 협의를 원활히 하기 위하여 협의 대상기준, 절차 등 세부 운용방안을 마련하여 매년 12월 31일까지 중앙행정기관의 장과 지방자치단체의 장에게 통보하여야 한다(영 제14조).

11) 법 제26조 제2항에 따라 중앙행정기관의 장과 지방자치단체의 장은 사회보장제도를 신설 또는 변경하려는 경우 매년 4월 30일까지 협의요청서를 보건복지부장관에게 제출하여야 한다(영 제15조 제1·2항).

12) 위원회는 조정 신청을 받은 날부터 60일 이내에 조정을 하여야 한다. 다만, 부득이한 사유가 있는 경우에는 30일 이내의 범위에서 그 기간을 연장할 수 있다(영 제16조 제3항).

3. 경비지원

국가와 지방자치단체는 개인·법인 또는 단체가 사회보장에 참여하는 데에 드는 경비의 전부 또는 일부를 지원하거나 그 업무를 수행하기 위하여 필요한 지원을 할 수 있다(동조 제3항).

Ⅳ 비용의 부담

1. 원칙

사회보장비용의 부담은 각각의 사회보장제도에 대한 역할 분담에 따라 국가, 지방자치단체 및 민간부문 간에 합리적으로 조정되어야 한다(법 제28조 제1항).

2. 사회보험

사회보험에 드는 비용은 사용자, 피용자 및 자영업자가 부담하는 것을 원칙으로 하되, 관계 법령에서 정하는 바에 따라 국가가 그 비용의 일부를 부담할 수 있다(동조 제2항).

3. 공공부조와 사회서비스

공공부조 및 관계 법령에서 정하는 일정 소득 수준 이하의 국민에 대한 사회서비스에 드는 비용의 전부 또는 일부는 국가와 지방자치단체가 부담한다(동조 제3항).

4. 부담능력이 있는 국민에 대한 사회서비스

그 수익자가 부담함을 원칙으로 하되, 관계 법령에서 정하는 바에 따라 국가와 지방자치단체가 그 비용의 일부를 부담할 수 있다(동조 제4항).

Ⅴ 사회보장 전달체계

국가와 지방자치단체는 ① 모든 국민이 쉽게 이용할 수 있고 사회보장급여가 적시에 제공되도록 지역적·기능적으로 균형잡힌 사회보장 전달체계를 구축하여야 하며, ② 사회보장 전달체계의 효율적 운영에 필요한 조직, 인력, 예산 등을 갖추어야 하고, ③ 공공부문과 민간부문의 사회보장 전달체계가 효율적으로 연계되도록 노력하여야 한다(법 제29조).

Ⅵ 사회보장급여의 관리

국가와 지방자치단체는 국민의 사회보장수급권의 보장 및 재정의 효율적 운용을 위하여 다음 각 호에 관한 사회보장급여의 관리체계를 구축·운영하여야 하고, 보건복지부장관은 사회서비스의 품질기준 마련, 평가 및 개선 등의 업무를 수행하기 위하여 필요한 전담기구를 설치할 수 있다(법 제30조). 또한, 국가와 지방자치단체는 사회보장제도의 발전을 위하여 전문인력의 양성, 학술 조사 및 연구, 국제 교류의 증진 등에 노력하여야 한다(법 제31조).

사회보장급여의 관리체계(법 제30조 제1항)

1. 사회보장수급권자 권리구제
2. 사회보장급여의 사각지대 발굴
3. 사회보장급여의 부정·오류 관리
4. 사회보장급여의 과오지급액의 환수 등 관리

Ⅶ 사회보장통계

국가와 지방자치단체는 효과적인 사회보장정책의 수립·시행을 위하여 사회보장에 관한 통계를 작성·관리하여야 하고, 관계 중앙행정기관의 장과 지방자치단체의 장은 소관 사회보장통계를 대통령령으로 정하는 바[13]에 따라 보건복지부장관에게 제출하여야 하며. 이 때 보건복지부장관은 제출된 사회보장통계를 종합하여 위원회에 제출하여야 한다(법 제32조).

13) 보건복지부장관은 법 제32조에 따른 사회보장통계의 작성·제출과 관련하여 작성 대상 범위, 절차 등의 내용을 포함한 사회보장통계 운용지침을 마련하여 매년 12월 31일까지 관계 중앙행정기관의 장과 지방자치단체의 장에게 통보하여야 한다. ② 관계 중앙행정기관의 장과 지방자치단체의 장은 제1항에 따른 사회보장통계 운용지침에 따라 소관 사회보장 통계목록을 작성한 후 매년 1월 31일까지 보건복지부장관에게 제출하여야 하고, 소관 사회보장통계목록이 변경된 경우에는 변경일로부터 30일 이내에 보건복지부장관에게 통보하여야 한다. ③ 보건복지부장관은 제2항에 따라 제출받은 사회보장통계 목록에 누락된 것이 있는 경우 보완을 요청할 수 있으며, 해당 중앙행정기관의 장 또는 지방자치단체의 장은 특별한 사유가 없으면 이에 따라야 한다. ④ 관계 중앙행정기관의 장과 지방자치단체의 장은 제2항에 따른 사회보장통계 목록에 따른 소관 사회보장통계를 매년 2월 말일까지 보건복지부장관에게 제출하여야 한다. ⑤ 보건복지부장관은 사회보장통계의 작성이 필요한 경우 관계 중앙행정기관의 장과 지방자치단체의 장에게 통계자료의 제출을 요청할 수 있다. 이 경우 요청을 받은 관련 기관의 장은 특별한 사유가 없으면 이에 따라야 한다. ⑥ 보건복지부장관은 경제·사회적 환경 변화에 따라 새로운 사회보장통계 작성이 필요한 경우 「통계법」 제3조 제5호 각 목에 따른 공공기관의 장에게 이에 필요한 통계 작성 또는 통계자료의 제출을 요청할 수 있다(영 제18조).

Ⅷ 국가와 지방자치단체의 사회보장에 관한 공개 · 설명 · 상담 · 통지의무

국가와 지방자치단체는 ① 사회보장제도에 관하여 국민이 필요한 정보를 관계 법령에서 정하는 바에 따라 공개하고, 이를 홍보하여야 하며, ② 사회보장 관계 법령에서 규정한 권리나 의무를 해당 국민에게 설명하도록 노력하여야 하고, ③ 사회보장 관계 법령에서 정하는 바에 따라 사회보장에 관한 상담에 응하여야 하며, ④ 사회보장 관계 법령에서 정하는바에 따라 사회보장에 관한 사항을 해당 국민에게 알려야 한다(법 제33~36조).

Ⅸ 사회보장정보의 관리

1. 사회보장정보시스템의 구축 · 운영

(1) 원칙

국가와 지방자치단체는 국민편익의 증진과 사회보장업무의 효율성 향상을 위하여 사회보장업무를 전자적으로 관리하도록 노력하여야 한다(법 제37조 제1항).

(2) 사회보장정보시스템 구축

국가는 관계 중앙행정기관과 지방자치단체에서 시행하는 사회보장수급권자 선정 및 급여 관리 등에 관한 정보를 통합 · 연계하여 처리 · 기록 및 관리하는 시스템(이하 "사회보장정보시스템"이라 한다)을 구축 · 운영할 수 있고,[14] 이 경우 보건복지부장관은 사회보장정보시스템의 구축 · 운영을 총괄하되, 사회보장정보시스템 구축 · 운영의 전 과정에서 개인정보 보호를 위하여 필요한 시책을 마련하여야 한다(동조 제2~4항).

(3) 정보제공의 요청

보건복지부장관은 관계 중앙행정기관, 지방자치단체 및 관련 기관 · 단체에 사회보장정보시스템의 운영에 필요한 정보[15]의 제공을 요청하고 제공받은 목적의 범위에서 보유 · 이용할

14) 보건복지부장관은 법 제37조 제2항에 따른 사회보장정보시스템을 통해 다음 각 호의 업무를 수행할 수 있다. 1. 사회보장수급자 및 사회보장급여 현황관리 2. 사회보장 관련통계의 생성 및 관리 3. 사회보장급여의 신청, 수급자격의 조사업무 및 급여의 적정성 확인, 환수(還收) 등 사후관리 업무의 전자화 및 처리지원 4. 사회보장수급자격의 취득 · 상실 · 정지 · 변경 등 변동관리 5. 사회보장급여 및 보조금의 부정 · 중복수급 모니터링 6. 다른 법령에 따라 국가 및 지방자치단체로부터 위탁받은 사회보장에 관한 업무

15) 보건복지부장관이 법 제37조 제5항 및 제6항에 따라 사회보장정보시스템의 운영을 위하여 수집 · 보유 · 이용 ·

수 있고, 이 경우 자료의 제공을 요청받은 자는 정당한 사유가 없으면 이에 따라야 한다(동조 제5항).

(4) 사회보장정보시스템의 활용

관계 중앙행정기관 및 지방자치단체의 장은 사회보장정보와 관련하여 사회보장정보시스템의 활용이 필요한 경우 사전에 보건복지부장관과 협의하여야 하고, 이 경우 보건복지부장관은 관련 업무에 필요한 범위에서 정보를 제공할 수 있고 정보를 제공받은 관계 중앙행정기관 및 지방자치단체의 장은 제공받은 목적의 범위에서 보유·이용할 수 있다(동조 제6항).

(5) 전담기구 설치

보건복지부장관은 사회보장정보시스템의 운영·지원을 위하여 전담기구를 설치할 수 있다(동조 제7항).

2. 개인정보 등의 보호

사회보장 업무에 종사하거나 종사하였던 자는 사회보장업무 수행과 관련하여 알게 된 개인·법인 또는 단체의 정보를 관계 법령에서 정하는 바에 따라 보호하여야 하고, 국가와 지방자치단체, 공공기관, 법인·단체, 개인이 조사하거나 제공받은 개인·법인 또는 단체의 정보는 이 법과 관련 법률에 근거하지 아니하고 보유, 이용, 제공되어서는 아니 된다(법 제38조).

제공할 수 있는 정보의 범위는 다음 각 호와 같다. 1. 사회보장수급자 수, 선정기준, 보장내용, 예산, 전달체계 등 사회보장제도 및 사회보장수급자 현황에 관한 자료 2. 사회보장급여의 신청, 수급자격의 조사 및 사후관리에 필요한 자료로서 신청인 및 그 부양의무자에 대한 다음 각 목의 어느 하나에 해당하는 자료. 다만, 부양의무자의 부양을 필요로 하지 않거나 근로능력, 소득·재산 상태 등에 관한 조사가 필요하지 않은 경우는 제외한다. 가. 주민등록전산정보 등 인적사항 및 기본증명서·가족관계증명서 등 가족관계등록사항 나. 토지·건물·선박·차량·주택분양권, 국민건강보험·국민연금·고용보험·산업재해보상보험·퇴직금·보훈급여·공무원연금·공무원 재해보상·군인연금·사립학교교직원연금·별정우체국연금, 근로장려금, 농업소득보전직접지불금 등 소득·재산에 관한 자료 다. 출입국·병무·교정·사업자등록증·고용정보·보건의료정보 등 근로능력 및 취업상태에 관한 자료 3. 사회보장급여 수급이력 및 사회보장급여와 관련된 신청, 제공 및 환수 등의 업무처리 내역에 관한 자료 4. 사회복지법인 및 사회복지시설, 관련 기관 및 단체의 보조금 수급이력에 관한 자료 5. 그 밖에 사회보장급여의 제공 및 관리 또는 위탁받은 업무의 처리에 필요한 정보로서 보건복지부장관이 정하는 자료

X 권리구제와 국민 등의 의견수렴 등

1. 권리구제

위법 또는 부당한 처분을 받거나 필요한 처분을 받지 못함으로써 권리 또는 이익을 침해받은 국민은 **「행정심판법」에 따른 행정심판을 청구하거나 「행정소송법」에 따른 행정소송을 제기하여 그 처분의 취소 또는 변경 등을 청구할 수 있다**(법 제39조).

2. 국민 등의 의견수렴

국가와 지방자치단체는 국민생활에 중대한 영향을 미치는 사회보장 계획 및 정책을 수립하려는 경우 공청회 및 정보통신망 등을 통하여 국민과 관계 전문가의 의견을 충분히 수렴하여야 한다(법 제40조).

3. 관계 행정기관 등의 협조

국가와 지방자치단체는 사회보장 관련 계획 및 정책의 수립・시행, 사회보장통계의 작성 등을 위하여 관련 공공기관, 법인, 단체 및 개인에게 자료제출 등 필요한 협조를 요청할 수 있고, 위원회는 사회보장에 관한 자료 제출 등 위원회 업무에 필요한 경우 관계 행정기관의 장에게 협조를 요청할 수 있으며, 이에 따라 협조요청을 받은 자는 정당한 사유가 없으면 이에 따라야 한다(법 제41조).

1차 공인노무사
시/험/대/비

CHAPTER

3

고용보험법

제1장 총칙 및 피보험자 관리

I 고용보험의 의의

1. 고용보험의 개념

고용보험은 ① 실직근로자에게 실업급여를 지급하는 전통적 의미의 실업보험사업 외에, ② 산업구조조정의 촉진 및 실업예방, 고용촉진 등을 위한 고용안정사업과 근로자의 생애직업능력 개발을 위한 직업능력개발사업 등의 노동시장정책을 적극적으로 연계하여 통합적으로 실시하는 사회보장보험제도이다.

2. 고용보험의 목적

고용보험의 시행을 통하여 ① 실업의 예방, ② 고용의 촉진, ③ 근로자의 직업능력의 개발과 향상을 꾀하고, ④ 국가의 직업지도와 직업소개 기능을 강화하며, ⑤ 근로자가 실업한 경우 생활에 필요한 급여를 실시하여, ⑥ 근로자의 생활안정과 구직 활동을 촉진함으로써 경제·사회 발전에 이바지하는 것이다(법 제1조).

3. 용어의 정의

용어	정의
피보험자	가. 보험료징수법에 따라 보험에 가입되거나 가입된 것으로 보는 근로자 나. 보험료징수법에 따라 고용보험에 가입하거나 가입된 것으로 보는 자영업자
이직	피보험자와 사업주 사이의 고용관계가 끝나게 되는 것
실업	근로의 의사와 능력이 있음에도 불구하고 취업하지 못한 상태에 있는 것
실업의 인정	직업안정기관의 장이 수급자격자가 실업한 상태에서 적극적으로 직업을 구하기 위하여 노력하고 있다고 인정하는 것
보수	소득세법에 따른 근로소득에서 대통령령으로 정하는 금품을 뺀 금액, 다만, 휴직이나 그 밖에 이와 비슷한 상태에 있는 기간 중에 사업주 외의 자로부터 지급받는 금품 중 고용노동부장관이 정하여 고시하는 금품은 보수로 본다.
일용근로자	1개월 미만 동안 고용되는 자

4. 내용

(1) 보험의 관장자 : 고용노동부장관

<u>고용보험은 고용노동부장관이 관장한다</u>(법 제3조).

※ 고용노동부장관의 권한

1. 보고요구권 등(법 제108조)

① 고용노동부장관은 필요하다고 인정하면 피보험자 또는 수급자격자를 고용하고 있거나 고용하였던 사업주, 보험료징수법에 따른 보험사무대행기관 및 보험사무대행기관이었던 자에게 피보험자의 자격 확인, 부정수급의 조사 등 이 법의 시행에 필요한 보고, 관계 서류의 제출 또는 관계인의 출석을 요구할 수 있다.

② 이직한 자는 종전의 사업주 또는 그 사업주로부터 보험 사무의 위임을 받아 보험 사무를 처리하는 보험사무대행기관에 실업급여를 지급받기 위하여 필요한 증명서의 교부를 청구할 수 있다. 이 경우 청구를 받은 사업주나 보험사무대행기관은 그 청구에 따른 증명서를 내주어야 한다.

③ 고용노동부장관은 피보험자, 수급자격자 또는 지급되지 아니한 실업급여의 지급을 청구하는 자에게 피보험자의 자격 확인, 부정수급의 조사 등 이 법의 시행에 필요한 보고를 하게 하거나 관계 서류의 제출 또는 출석을 요구할 수 있다.

2. 조사권(법 제109조)

① 고용노동부장관은 피보험자의 자격 확인, 부정수급의 조사 등 이 법의 시행을 위하여 필요하다고 인정하면 소속 직원에게 피보험자 또는 수급자격자를 고용하고 있거나 고용하였던 사업주의 사업장 또는 보험사무대행기관 및 보험사무대행기관이었던 자의 사무소에 출입하여 관계인에 대하여 질문하거나 장부 등 서류를 조사하게 할 수 있다.

② 고용노동부장관이 조사를 하는 경우에는 그 사업주 등에게 미리 조사 일시·조사 내용 등 조사에 필요한 사항을 알려야 한다. 다만, 긴급하거나 미리 알릴 경우 그 목적을 달성할 수 없다고 인정되는 경우에는 그러하지 아니하다.

③ 조사를 하는 직원은 그 신분을 나타내는 증표를 지니고 이를 관계인에게 내보여야 하며, 고용노동부장관은 조사 결과를 그 사업주 등에게 서면으로 알려야 한다.

3. 자료 제공의 요청권(법 제110조)

고용노동부장관은 보험사업의 효율적인 운영을 위하여 필요하면 관계 중앙행정기관·지방자치단체, 그 밖의 공공단체 등에게 필요한 자료의 제출을 요청할 수 있고, 자료의 제출을 요청받은 자는 정당한 사유가 없으면 요청에 따라야 한다.

4. 포상금의 지급권(법 제112조)

고용노동부장관은 이 법에 따른 고용안정·직업능력개발 사업의 지원·위탁 및 실업급여·육아휴직 급여 또는 출산전후휴가 급여등의 지원과 관련한 부정행위를 신고한 자에게 예산의 범위에서 포상금을 지급할 수 있다.

5. 의료기관 지정권(법 제111조)
직업안정기관의 장은 실업급여의 지급을 위하여 필요하다고 인정하면 제44조 제3항 제1호에 해당하는 자로서 같은 조 제2항에 따른 실업의 인정을 받았거나 받으려는 자 및 제63조에 따라 상병급여를 지급받았거나 지급받으려는 자에게 고용노동부장관이 지정하는 의료기관에서 진찰을 받도록 명할 수 있다.

6. 시범사업의 실시권(법 제114조)
고용노동부장관은 보험사업을 효과적으로 시행하기 위하여 전면적인 시행에 어려움이 예상되거나 수행 방식 등을 미리 검증할 필요가 있는 경우 대통령령으로 정하는 보험사업은 시범사업을 할 수 있고, 시범사업에 참여하는 사업주, 피보험자등 및 직업능력개발 훈련 시설 등에 재정·행정·기술이나 그 밖에 필요한 지원을 할 수 있으며, 시범사업의 대상자·실시지역·실시방법과 지원 내용 등에 관하여 필요한 사항은 고용노동부장관이 정하여 고시한다.

7. 권한의 위임·위탁권(법 제115조)
이 법에 따른 고용노동부장관의 권한은 대통령령으로 정하는 바에 따라 그 일부를 직업안정기관의 장에게 위임하거나 대통령령으로 정하는 자에게 위탁할 수 있다.

(2) 고용보험사업

① 보험은 이 법 제1조의 목적을 이루기 위하여 고용보험사업으로 **고용안정·직업능력개발 사업, 실업급여, 육아휴직 급여 및 출산전후휴가 급여** 등을 실시한다(법 제4조 제1항).
② **보험사업의 보험연도는 정부의 회계연도에 따른다**(동조 제2항).

(3) 국고의 부담

국가는 매년 보험사업에 드는 비용의 일부를 일반회계에서 부담하여야 하며, 매년 예산의 범위에서 보험사업의 관리·운영에 드는 비용을 부담할 수 있다(법 제5조).

(4) 보험료

① 이 법에 따른 보험사업에 드는 비용을 충당하기 위하여 징수하는 보험료와 그 밖의 징수금에 대하여는 보험료징수법으로 정하는 바에 따르며, **보험료징수법에 따라 징수된 고용안정·직업능력개발 사업의 보험료 및 실업급여의 보험료는 각각 그 사업에 드는 비용에 충당한다. 다만, 실업급여의 보험료는 육아휴직 급여, 육아기 근로시간 단축 급여 및 출산전후휴가 급여 등에 드는 비용에 충당할 수 있다**(법 제6조 제1·2항).
② 자영업자인 피보험자로부터 보험료징수법에 따라 징수된 **고용안정·직업능력개발 사업의 보험료 및 실업급여의 보험료는 각각 자영업자인 피보험자를 위한 그 사업에 드는 비용에 충당한다. 다만, 실업급여의 보험료는 자영업자인 피보험자를 위한 국민연금보험료의 지원에 드는 비용에 충당할 수 있다**(동조 제3항).

(5) 고용보험위원회

① **이 법 및 보험료징수법(보험에 관한 사항만 해당한다)의 시행에 관한 주요 사항을 심의하기 위하여 고용노동부에 고용보험위원회를 둔다**(법 제7조 제1항).

② 위원회 심의사항(동조 제2항)

1. 보험제도 및 보험사업의 개선에 관한 사항
2. 보험료징수법에 따른 보험료율의 결정에 관한 사항
3. 보험사업의 평가에 관한 사항
4. 기금운용 계획의 수립 및 기금의 운용 결과에 관한 사항
5. 그 밖에 위원장이 보험제도 및 보험사업과 관련하여 위원회의 심의가 필요하다고 인정하는 사항

③ 위원회는 위원장 1명을 포함한 20명 이내의 위원으로 구성하며, 위원회의 위원장[16]은 고용노동부차관이 되고, 위원은 다음 각 호의 사람 중에서 각각 같은 수로 고용노동부장관이 임명하거나 위촉하는 사람이 된다(동조 제3·4항).

1. 근로자를 대표하는 사람
2. 사용자를 대표하는 사람
3. 공익을 대표하는 사람
4. 정부를 대표하는 사람

※ 근로자와 사용자를 대표하는 사람은 각각 전국 규모의 노동단체와 전국 규모의 사용자단체에서 추천하는 사람 중에서, 공익을 대표하는 사람은 고용보험과 그 밖의 고용노동 분야 전반에 관하여 학식과 경험이 풍부한 사람 중에서 고용노동부장관이 위촉하며, 정부를 대표하는 사람은 고용보험 관련 중앙행정기관의 고위공무원단에 속하는 공무원 중에서 고용노동부장관이 임명한다(영 제1조의3·4).

④ 심의 사항을 사전에 검토·조정하기 위하여 위원회에 전문위원회[17]를 둘 수 있다(동조 제5항).

Ⅱ 고용보험법의 적용

1. 적용사업

이 법은 근로자를 사용하는 모든 사업 또는 사업장에 적용한다. 다만, 산업별 특성 및 규모 등을 고려하여 대통령령으로 정하는 사업에 대하여는 적용하지 아니한다(법 제8조).

---

16) 위원장은 위원회를 대표하며, 위원회의 사무를 총괄하며, 위원장이 부득이한 사유로 직무를 수행할 수 없을 때에는 위원장이 미리 지명하는 위원이 그 직무를 대행한다(영 제1조의5).

17) 위원회에 고용보험운영전문위원회와 고용보험평가전문위원회(이하 "전문위원회"라 한다)를 두며, 전문위원회는 각각 위원장 1명을 포함한 15명 이내의 위원으로 구성한다(영 제1조의7 제1·2항).

[적용제외사업] : 영 제2조

① 농업 · 임업 · 어업(한국표준산업분류표상의 대분류) 중 법인이 아닌 자가 상시 4명 이하의 근로자를 사용하는 사업

② ㉠ 총공사금액이 2천만원 미만인 공사[18]와 ㉡ 연면적이 100제곱미터 이하인 건축물의 건축 또는 연면적이 200제곱미터 이하인 건축물의 대수선에 관한 공사

③ 가구 내 고용활동 및 달리 분류되지 아니한 자가소비 생산활동

2. 적용대상 : 모든 근로자에게 적용되는 것이 원칙

[적용제외 근로자] : 법 제10조

① 65세 이후에 고용(65세 전부터 피보험 자격을 유지하던 사람이 65세 이후에 계속하여 고용된 경우는 제외)되거나 자영업을 개시한 사람에게는 제4장(실업급여) 및 제5장(육아휴직급여 등)을 적용하지 아니한다(동조 제2항).

② 1월간의 소정근로시간이 60시간(1주간 15시간 미만인 자 포함) 미만인자. 다만, 3개월 이상 계속하여 근로를 제공하는 자와 법 제2조 제6호에 따른 일용근로자는 제외한다(제1항 제2호).

③ 국가공무원법 및 지방공무원법에 의한 공무원. 다만, 대통령령으로 정하는 바에 따라 별정직공무원, 「국가공무원법」 제26조의5 및 「지방공무원법」 제25조의5에 따른 임기제공무원의 경우는 본인의 의사에 따라 고용보험(제4장 실업급여에 한한다)에 가입할 수 있다[19](제1항 제3호).

④ 사립학교교직원연금법의 적용을 받는 자(제1항 제4호)

⑤ 별정우체국법에 의한 별정우체국 직원(제1항 제5호)

---

18) **총공사금액이 2천만원 미만인 건설공사가 설계 변경**(사실상의 설계 변경이 있는 경우를 포함한다)**으로 인하여 2천만원 이상의 건설공사에 해당하게 되거나 보험료징수법에 따라 일괄적용을 받게 되는 경우에는 그 때부터 법의 규정의 전부를 적용한다**(영 제2조 제3항).

19) ① 별정직 또는 임기제 공무원(이하 "가입대상 공무원"이라 한다)을 임용하는 행정기관(이하 "소속기관"이라 한다)의 장은 가입대상 공무원이 해당 소속기관에 최초로 임용된 경우 지체 없이 법 제10조 제1항 제3호 단서에 따른 본인의 의사를 확인하여야 한다. ② 소속기관의 장은 제1항에 따라 보험가입 의사가 있는 것으로 확인된 가입대상 공무원에 대하여 임용된 날부터 3개월 이내에 고용노동부장관에게 고용보험 가입을 신청하여야 한다. 다만, 해당 가입대상 공무원이 원하는 경우에는 같은 기간에 직접 가입을 신청할 수 있으며, 이 경우 고용노동부장관은 가입 신청 사실을 소속기관의 장에게 알려야 한다. ③ 제1항 또는 제2항에 따라 가입을 신청한 경우에 해당 가입대상 공무원은 가입을 신청한 날의 다음 날에 피보험자격을 취득한 것으로 본다. 이 경우 피보험자격을 취득한 공무원이 공무원 신분의 변동에 따라 계속하여 다른 별정직 또는 임기제 공무원으로 임용된 때에는 별도의 가입신청을 하지 않은 경우에도 고용보험의 피보험자격을 유지한다. ④ 고용보험에 가입한 공무원이 고용보험에서 탈퇴하려는 경우에는 고용노동부장관에게 탈퇴신청을 하여야 한다. 이 경우 탈퇴를 신청한 날의 다음 날에 피보험자격을 상실한 것으로 본다. ⑤ 제4항에 따라 고용보험에서 탈퇴한 이후에 가입대상 공무원으로 계속 재직하는 동안에는 고용보험에 다시 가입할 수 없으며, 고용보험에서 탈퇴한 이후에는 수급자격을 인정하지 아니한다. ⑥ 고용보험에 가입한 공무원에 대한 보험료율은 보험료징수법 시행령 제12조 제1항 제3호에 따른 실업급여의 보험료율로 하되, 소속기관과 고용보험에 가입한 공무원이 각각 2분의 1씩 부담한다(영 제3조의2).

3. 외국인근로자에 대한 적용

「외국인근로자의 고용 등에 관한 법률」의 적용을 받는 외국인근로자에게는 이 법을 적용한다. 다만, 제4장 및 제5장은 고용노동부령으로 정하는 바에 따른 신청이 있는 경우에만 적용한다(법 제10조의2 제1항). 제1항에 해당하는 외국인근로자를 제외한 외국인근로자에게는 대통령령으로 정하는 바[20]에 따라 이 법의 전부 또는 일부를 적용한다(동조 제2항).

4. 보험관계의 성립 · 소멸

이 법에 따른 보험관계의 성립 및 소멸에 대하여는 보험료징수법으로 정하는 바에 따른다(법 제9조).

5. 국민기초생활 보장법의 수급자에 대한 특례

① 제8조에도 불구하고 「국민기초생활 보장법」에 따라 자활을 위한 근로기회를 제공하기 위한 사업은 이 법의 적용을 받는 사업으로 본다. 이 경우 해당 사업에 참가하여 유급으로 근로하는 수급자는 이 법의 적용을 받는 근로자로 보고, 보장기관(사업을 위탁하여 행하는 경우는 그 위탁기관)은 이 법의 적용을 받는 사업주로 본다(법 제113조의2 제1항).

② 제1항 후단에 따른 수급자가 「국민기초생활 보장법」 에 따른 수급권자인 경우에는 해당 수급자에 대하여는 제3장의 고용안정 · 직업능력개발사업 규정만을 적용하고(동조 제2항), 제18조 피보험자격 이중취득의 제한규정에도 불구하고 제2항에 따라 제3장의 규정만 적용되는 수급자는 보험관계가 성립되어 있는 다른 사업에 고용되어 있는 경우에는 그 다른 사업의 근로자로서만 피보험자격을 취득한다(동조 제3항).

③ 수급자가 사업에 참가하고 받은 자활급여는 피보험 단위기간 산정의 기초가 되는 보수 및 임금일액의 기초가 되는 임금으로 본다(동조 제4항).

---

20) 1. 다음 각 목의 어느 하나에 해당하는 외국인근로자 : 법의 전부를 적용 가. 「출입국관리법 시행령」 제12조에 따른 외국인의 체류자격 중 주재(D-7), 기업투자(D-8) 및 무역경영(D-9)의 체류자격을 가진 사람(법에 따른 고용보험에 상응하는 보험료와 급여에 관하여 그 외국인의 본국법이 대한민국 국민에게 적용되지 않는 경우는 제외한다) 나. 「출입국관리법 시행령」 제12조의2에 따른 외국인의 체류자격 중 영주(F-5)의 체류자격을 가진 사람 다. 「출입국관리법 시행령」 제23조제2항 각 호의 어느 하나에 해당하는 사람 2. 다음 각 목의 어느 하나에 해당하는 외국인근로자 : 고용노동부령으로 정하는 바에 따라 보험 가입을 신청한 경우에 법의 전부를 적용 가. 「출입국관리법 시행령」 제12조에 따른 외국인의 체류자격 중 재외동포(F-4)의 체류자격을 가진 사람 나. 「출입국관리법 시행령」 제23조 제1항에 따른 취업활동을 할 수 있는 체류자격을 가진 사람(「외국인근로자의 고용 등에 관한 법률」의 적용을 받는 외국인근로자는 제외한다)

Ⅲ 피보험자의 관리

1. 피보험자격에 관한 신고

(1) 원칙

① 사업주가 피보험자격의 취득 및 상실에 관해 사유발생일이 속한 달의 다음달 15일까지[21] 고용노동부장관에게 신고하여야 한다(법 제15조 제1항).

② 원수급인이 사업주로 된 경우에 그 사업에 종사하는 근로자 중 원수급인이 고용하는 근로자 외의 근로자에 대하여는 그 근로자를 고용하는 다음 각 호의 하수급인이 신고를 하여야 한다. 이 경우 원수급인은 하수급인에 관한 자료를 고용노동부장관에게 제출하여야 한다(동조 제2항).

1. 「건설산업기본법」 제2조 제7호에 따른 건설업자
2. 「주택법」 제4조에 따른 주택건설사업자
3. 「전기공사업법」 제2조 제3호에 따른 공사업자
4. 「정보통신공사업법」 제2조 제4호에 따른 정보통신공사업자
5. 「소방시설공사업법」 제2조 제1항 제2호에 따른 소방시설업자
6. 「문화재수리 등에 관한 법률」 제14조에 따른 문화재수리업자

③ 사업주가 피보험자격에 관한 사항을 신고하지 아니하면 대통령령으로 정하는 바에 따라 근로자가 신고할 수 있다(동조 제3항).

④ 고용노동부장관은 신고된 피보험자격의 취득 및 상실 등에 관한 사항을 피보험자 및 원수급인 등 관계인에게 알려야 하며, 사업주, 원수급인 또는 하수급인은 신고를 전자적 방법으로 할 수 있고, 고용노동부장관은 전자적 방법으로 신고를 하려는 사업주, 원수급인 또는 하수급인에게 필요한 장비 등을 지원할 수 있다(동조 제4~6항).

⑤ 자영업자인 피보험자는 피보험자격의 취득 및 상실에 관한 신고를 하지 아니한다(동조 제7항).

21) 영 제7조(피보험자격의 취득 또는 상실 신고 등) ① 사업주나 하수급인은 고용노동부장관에게 그 사업에 고용된 근로자의 피보험자격 취득 및 상실에 관한 사항을 신고하거나 고용노동부장관에게 피보험 단위기간, 이직 사유 및 이직 전에 지급한 임금·퇴직금 등의 명세를 증명하는 서류(이하 "이직확인서"라 한다)를 제출하려는 경우에는 그 사유가 발생한 날이 속하는 달의 다음 달 15일까지(근로자가 그 기일 이전에 신고하거나 제출할 것을 요구하는 경우에는 지체 없이) 신고하거나 제출하여야 한다. 이 경우 사업주나 하수급인이 해당하는 달에 고용한 일용근로자의 근로일수, 임금 등이 적힌 근로내용 확인신고서를 그 사유가 발생한 날의 다음 달 15일까지 고용노동부장관에게 제출한 경우에는 피보험자격의 취득 및 상실을 신고하거나 이직확인서를 제출한 것으로 본다.

2. 피보험자격의 취득일

(1) 고용된 날

피보험자는 이 법이 적용되는 사업에 **고용된 날에 피보험자격 취득한다**(법 제13조 제1항).

(2) 해당되는 날

① 적용 제외 근로자였던 자가 이 법의 적용을 받게 된 경우에는 **그 적용을 받게 된 날**(동조 제1항 제1호)

② 보험료징수법에 따른 보험관계 성립일 전에 고용된 근로자의 경우에는 **그 보험관계가 성립한 날**(동조 제1항 제2호)

(3) 보험관계가 성립한 날

자영업자인 피보험자는 보험료징수법에 따라 **보험관계가 성립한 날**에 피보험자격을 취득한다(동조 제2항).

3. 피보험자격의 상실일

(1) 피보험자(법 제14조 제1항)

① 피보험자가 적용 제외 근로자에 해당하게 된 경우에는 그 적용 제외 대상자가 된 날
② 보험료징수법 보험관계가 소멸한 경우에는 그 보험관계가 소멸한 날
③ 피보험자가 이직한 경우에는 이직한 날의 다음 날
④ 피보험자가 사망한 경우에는 사망한 날의 다음 날

(2) 자영업자인 피보험자

자영업자인 피보험자는 보험료징수법에 준용하는 고용보험법 제10조 제1호부터 제3호에 따라 **보험관계가 소멸한 날**에 피보험자격을 상실한다(법 제14조 제2항).

4. 이직의 확인(관련 규정 삭제 : 2019.8.27 개정, 2020.8.28 시행)

(1) 원칙

사업주는 피보험자격의 상실을 신고할 때 근로자가 이직으로 피보험자격을 상실한 경우에는 피보험 단위기간·이직 사유 및 이직 전에 지급한 임금(「근로기준법」에 따른 임금)·퇴직금 등의 명세를 증명하는 서류**(이하 "이직확인서"라 한다)를 작성하여 고용노동부장관에게 제출하여야 하며,**[22] 다만, 수급자격의 인정신청을 원하지 아니하는 피보험자격 상실자(일용근로자는 제외)에 대하여는 그러하지 아니하다(법 제16조 제1항).

(2) 이직확인서의 청구

이직으로 피보험자격을 상실한 자는 실업급여의 수급자격의 인정신청을 위하여 종전의 사업주에게 이직확인서의 교부 청구할 수 있고, 청구를 받은 사업주는 이직확인서를 내주어야 한다(동조 제2항).

5. 피보험자격의 확인

① 피보험자 또는 피보험자였던 자는 **언제든지 고용노동부장관에게 피보험자격의 취득 또는 상실에 관한 확인을 청구할 수 있고**, 고용노동부장관은 **청구에 따르거나 직권으로** 피보험자격의 취득 또는 상실에 관하여 **확인을 한다**(법 제17조 제1·2항). 사업주는 근로자가 제17조에 따른 확인의 청구를 한 것을 이유로 그 근로자에게 해고나 그 밖의 불이익한 처우를 하여서는 아니 된다(법 제105조).[23)]

② 고용노동부장관은 확인 결과를 대통령령으로 정하는 바[24)]에 따라 **그 확인을 청구한 피보험자 및 사업주 등 관계인에게 알려야 한다**(법 제17조 제3항).

6. 피보험자격 이중 취득의 제한

근로자가 보험관계가 성립되어 있는 **2이상의 사업에 동시에 고용되어 있는 경우에는** 고용노동부령으로 정하는 바에 따라[25)] **그 중 한 사업의 근로자로서의 피보험자격을 취득한다**(법 제18조 제1항).

> **※ 피보험자격 취득 기준**
>
> ① 통상임금이 많은 사업, ② 월 소정근로시간이 많은 사업, ③ 근로자가 선택한 사업 순서에 따라 피보험자격을 취득한다(법 제18조, 규칙 제14조).

---

22) 사업주가 피보험자격의 상실을 신고할 때 이직확인서를 고용노동부장관에게 제출하게 하는 제도를 폐지하고, 직업안정기관의 장이 신청인에 대한 수급자격의 인정여부를 결정하는데 필요하여 요청한 경우에만 이직확인서를 제출하도록 하였다(제16조 삭제 및 제43조 제4항 신설).

23) 제105조를 위반하여 근로자를 해고하거나 그 밖에 근로자에게 불이익한 처우를 한 사업주는 3년 이하의 징역 또는 3천만원 이하의 벌금에 처한다(법 제116조 제1항).

24) 고용노동부장관은 법 제17조 제3항에 따라 피보험자격의 취득 또는 상실에 관하여 확인한 결과를 해당 청구인과 그 청구인을 고용하거나 고용하였던 사업주 또는 하수급인에게 알려야 한다(영 제11조 제2항).

25) ① 법 제18조에 따라 보험관계가 성립되어 있는 둘 이상의 사업에 동시에 고용되어 있는 근로자는 다음 각 호의 순서에 따라 피보험자격을 취득한다. 다만, 일용근로자와 일용근로자가 아닌 자로 동시에 고용되어 있는 경우에는 일용근로자가 아닌 자로 고용된 사업에서 우선적으로 피보험자격을 취득한다. 1. 「보험료징수법」 제16조의3 제2항에 따른 월평균보수가 많은 사업 2. 월 소정근로시간이 많은 사업 3. 근로자가 선택한 사업 ② 법 제2조 제1호 가목 및 나목에 동시에 해당하는 사람은 같은 호 가목에 따른 근로자로서 피보험자격을 취득한다. 다만, 법 제2조 제1호 가목에 따른 근로자가 일용근로자인 경우에는 둘 중에 어느 하나를 선택할 수 있다(규칙 제14조).

제2장 고용안정사업

I 서 설

1. 고용안정사업의 의의와 중요성

(1) 의의

근로자가 취업할 때부터 자기의 적성과 능력에 맞는 직업을 선택할 수 있도록 고용정보를 제공하고 직업훈련을 안내하며, 직업지도와 취업알선을 실시하여 고용을 촉진하고 고용조정으로부터 실업의 발생을 예방하고 노동력의 합리적인 활용이 되도록 하기 위한 사업이다.

(2) 고용안정사업의 중요성

실업급여를 지급하는 소극적·사후적 구제수단만으로는 실직근로자의 생활을 근본적으로 보장하기 어려우므로 적극적 노동시장 정책수단과 실업보험을 연계하기 시작하였고 다양한 고용안정사업을 실시할 필요가 있다.

2. 사업의 목적과 우선지원 대상기업 등

(1) 사업의 목적

고용노동부장관은 피보험자 및 피보험자였던 자, 그 밖에 취업할 의사를 가진 자에 대한 실업의 예방, 취업의 촉진, 고용기회의 확대, 직업능력개발·향상의 기회 제공 및 지원, 그 밖에 고용안정과 사업주에 대한 인력 확보를 지원하기 위하여 고용안정·직업능력개발 사업을 실시하고, 고용안정·직업능력개발 사업을 실시할 때에는 근로자의 수, 고용안정·직업능력개발을 위하여 취한 조치 및 실적 등 대통령령으로 정하는 기준에 해당하는 기업(우선지원 대상기업)을 우선적으로 고려하여야 한다(법 제19조 제1·2항).

(2) 우선지원 대상기업의 범위(영 제12조 제1항 관련 별표1)

산업분류	상시 사용하는 근로자 수
1. 제조업(단, 산업용 기계 및 장비수리업은 그밖의 업종으로 본다)	500명 이하
2. 광업 / 3. 건설업 / 4. 운수 및 창고업 / 5. 정보통신업	300명 이하
6. 사업시설관리 및 사업지원 서비스업(단, 부동산 이외 임대업 제외)	

7. 전문, 과학 및 기술 서비스업	
8. 보건업 및 사회복지 서비스업	
9. 도매 및 소매업 / 10. 숙박 및 음식점업 / 11. 금융 및 보험업	200명 이하
12. 예술, 스포츠 및 여가관련 서비스업	
13. 그 밖의 업종	100명 이하

※ 우선지원 대상기업에 해당하지 아니하는 기업으로서 「중소기업기본법」 제2조 제1항 및 제3항의 기준에 해당하는 기업은 우선지원 대상기업으로 보며, 우선지원 대상기업이 그 규모의 확대 등으로 우선지원 대상기업에 해당하지 아니하게 된 경우 그 사유가 발생한 연도의 다음 연도부터 5년간 우선지원 대상기업으로 본다(영 제12조 제2·3항).

(3) 고용유지조치계획

고용유지지원금을 받으려는 사업주는 고용유지조치계획을 역에 따른 1개월 단위로 수립하여 고용유지조치 실시예정일 전날까지 고용노동부장관에게 신고하여야 하며, 고용유지조치계획의 수립 또는 변경 시 그 사업의 근로자대표와 협의를 거쳐야 하고(영 제20조 제1항), 고용노동부장관은 신고하거나 변경신고한 고용유지조치계획과 다르게 고용유지조치를 이행한 사업주에게는 사실이 발생한 날이 속한 달에 대한 고용유지지원금의 전부 또는 일부를 지급하지 아니할 수 있다(영 제20조의2).

Ⅱ 고용안정사업의 종류

1. 고용창출에 대한 지원

고용노동부장관은 고용환경 개선, 근무형태 변경 등으로 고용의 기회를 확대한 사업주에게 대통령령으로 정하는 바[26]에 따라 필요한 지원을 할 수 있다(법 제20조).

2. 고용조정지원

고용노동부장관은 경기의 변동, 산업구조의 변화 등에 따른 사업 규모의 축소, 사업의 폐업 또는 전환으로 고용조정이 불가피하게 된 사업주가 근로자(일용근로자, 해고 예고된 자와 경영상 이유에 따른 사업주의 권고에 따라 퇴직이 예정된 자는 제외)에 대한 휴업, 휴직, 직업전환에 필요한 직업능력개발 훈련, 인력의 재배치 등을 실시하거나 그 밖에 근로자의 고용안정을 위한 조

26) 고용노동부장관은 다음 각 호의 어느 하나에 해당하는 사업주에게 임금의 일부를 지원할 수 있다. 다만, 제1호의 경우에는 근로시간이 감소된 근로자에 대한 임금의 일부와 필요한 시설의 설치비의 일부도 지원할 수 있으며, 제2호의 경우에는 시설의 설치비의 일부도 지원할 수 있다(영 제17조 제1항).

치[27]를 하면 대통령령으로 정하는 바[28]에 따라 **그 사업주에게 필요한 지원을 할 수 있다.**[29] 이 경우 **휴업이나 휴직 등 고용안정을 위한 조치로 근로자의 임금이 대통령령으로 정하는 수준[30]으로 감소할 때**에는 대통령령으로 정하는 바에 따라 그 근로자에게도 필요한 지원을 할 수 있고(법 제21조 제1항), 고용조정 지원을 할 때에는 「고용정책 기본법」 제32조에 따른 업종에 해당하거나 지역에 있는 사업주 또는 근로자에게 우선적으로 지원할 수 있다(동조 제3항).

구분	지원요건	지원수준 및 지원기간
고용조정지원 (법 제21조) : 고용유지지원금 (영 제21조)	◦ 근로시간 조정, 교대제 개편, 휴업 또는 휴직 등으로 단축되는 근로시간일 것.(단, 고용노동부장관이 실업의 급증 등 고용사정이 악화되어 고용안정을 위하여 필요하다고 인정을 할 때, 지급한 금품의 4분의 3[우선지원 대상기업에 아닌 "대규모기업"은 3분의 2]에 해당하는 금액(1년범위에서 고용노동부장관이 정해 고시하는 기간에 한정)으로 함)	단축근로시간이 역에 따른 1월 기간동안 1. 100분의 50 미만인 경우 : 사업주가 지급한 금품의 3분의 2(대규모기업의 경우에는 2분의 1) 2. 100분의 50 이상인 경우 : 사업주가 지급한 금품의 3분의 2
이직예정자 등 재취업지원 (영 제22조)	◦ 고용조정불가피한 사업주가 단독, 공동으로 아래의 자에게 신속한 재취업지원을 위해 필요한 시설을 직접 갖추거나 그 시설을 갖춘 외부기관에 위탁하여 재취업에 필요 서비스를 제공시	고용노동부장관이 정하는 바에 따라 비용의 일부 지원

1. 일자리 함께하기	근로시간 단축, 교대근로 개편, 정기적인 교육훈련 또는 안식휴가 부여 등을 통하여 실업자를 고용함으로써 근로자 수가 증가한 경우.
2. 고용환경개선	고용노동부장관이 정하는 시설을 설치・운영하여 고용환경을 개선하고 실업자를 고용하여 근로자 수가 증가한 경우
3. 시간선택제	직무의 분할, 근무체계 개편 또는 시간제직무 개발 등을 통하여 실업자를 근로계약기간을 정하지 않고 시간제로 근무하는 형태로 하여 새로 고용하는 경우
4. 지역성장산업 고용지원	위원회에서 심의・의결한 성장유망업종, 인력수급 불일치 업종, 국내복귀기업 또는 지역특화산업 등 고용지원이 필요한 업종에 해당하는 기업이 실업자를 고용하는 경우
5. 전문인력 채용지원	위원회에서 심의・의결한 업종에 해당하는 우선지원 대상기업이 고용노동부장관이 정하는 전문적인 자격을 갖춘 자를 고용하는 경우
6. 임금체계개편	임금피크제 도입 또는 그 밖의 임금체계 개편 등을 통하여 15세 이상 34세 이하의 청년 실업자를 고용하는 경우
7. 고령자 고용지원	고용노동부장관이 고령자 또는 준고령자가 근무하기에 적합한 것으로 인정하는 직무에 고령자 또는 준고령자를 새로 고용하는 경우

27) 고용유지조치 기간 동안 근로자를 새로 고용하거나 3년 이상 연속하여 같은 달에 고용유지조치를 실시하는 경우에는 관할 직업안정기관의 장이 불가피하다고 인정하는 경우를 제외하고는 해당 달에 대한 고용유지지원금을 지급하지 아니한다(영 제19조 제2항).

28) 근로자의 고용안정을 위한 조치를 하는 사업주에게는 지원금이나 장려금을 지급한다(영 제18조 제1항).

29) 그 고용유지조치 기간과 이후 1개월 동안 고용조정으로 피보험자를 이직시키지 아니한 경우에 지원금을 지급한다(영 제19조 제1항).

30) "대통령령으로 정하는 수준"이란 평균임금의 100분의 50 미만(지급되는 임금이 없는 경우를 포함한다)을 말한다(영 제21조의2).

	1. 해당 사업의 피보험자로서 고용조정, 정년 또는 근로계약기간이 끝남에 따른 이직예정자 2. 해당 사업의 피보험자이었던 자로서 고용조정, 정년 또는 근로계약기간이 끝나 이직한 자

3. 지역고용촉진 지원

구분	지원요건	지원수준 및 지원기간
지역 고용 촉진 지원	◦ 고용노동부장관은 고용기회가 뚜렷이 부족하거나 산업구조의 변화 등으로 고용사정이 급속하게 악화되고 있는 지역으로 사업을 이전하거나 그러한 지역에서 사업을 신설 또는 증설하여 그 지역의 실업 예방과 재취업 촉진에 기여한 사업주, 그 밖에 그 지역의 고용기회 확대에 필요한 조치를 한 사업주에게 대통령령으로 정하는 바에 따라 필요한 지원을 할 수 있다(법 제22조). ◦ 다음의 요건을 모두 갖추어 사업을 이전, 신설 또는 증설할 것(영 제24조 제1항) ① 고용조정의 지원 등의 기간(이하 이 조에서 "지정기간"이라 한다)에 사업의 이전, 신설 또는 증설과 그에 따른 근로자의 고용에 관한 지역고용계획을 세워 고용노동부장관에게 신고할 것 ② 고용노동부장관에게 신고한 지역고용계획에 따라 시행할 것 ③ 지역고용계획이 제출된 날부터 1년 6개월 이내에 이전, 신설 또는 증설된 사업의 조업이 시작될 것 ④ 이전, 신설 또는 증설된 사업의 조업이 시작된 날 현재 그 지정지역이나 다른 지정지역에 3개월 이상 거주한 구직자를 그 이전, 신설 또는 증설된 사업에 피보험자로 고용할 것 ⑤ 고용정책기본법 제10조에 따른 고용정책심의회에서 그 필요성이 인정된 사업일 것 ⑥ 지역고용계획의 실시상황과 고용된 피보험자에 대한 임금지급상황이 적힌 서류를 갖추고 시행할 것 ◦ 지역고용촉진 지원금을 받으려는 사업주는 조업을 시작하면 고용노동부장관에게 신고하여야 한다(동조 제2항).	◦ 지원수준 : 고용된 피보험자에게 지급된 임금액의 2분의 1(대규모기업의 경우에는 3분의 1)에 해당하는 금액으로 한다. ◦ 지원기간 : 조업 시작일부터 1년 ◦ 지원한도 : 지역고용촉진지원금은 하나의 지정기간 동안에 제1항 제4호의 규정에 의하여 고용된 피보험자의 수가 200명을 초과하는 경우에 그 초과하는 인원 중 100분의 30에 대해서만 지급한다. ※ 고용촉진지원금 지급불가 사유 1. 좌측 ④에 따라 고용된 피보험자의 고용기간이 6개월 미만인 경우 2. 사업주가 조업시작일 전 3개월부터 조업시작일 후 1년까지 고용조정으로 근로자를 이직시킨 경우 3. 좌측 ④에 따라 구직자를 피보험자로 고용한 사업주가 해당 피보험자의 최종 이직 당시 사업주와 같은 경우. 다만, 사업주가 「근로기준법」 제25조 제1항에 따라 해당 근로자를 우선적으로 고용한 경우는 제외. 4. 좌측 ④에 따라 구직자를 피보험자로 고용한 사업주가 해당 근로자의 최종 이직 당시 사업주와 합병하거나 그 사업을 넘겨받은 사업주인 경우 등 해당 근로자의 최종 이직 당시 사업과 관련되는 사업주인 경우 4의2. 사업주가 임금 등을 체불하여 「근로기준법」 제43조의2에 따라 명단이 공개 중인 경우 5. 그 밖에 사업주가 「최저임금법」에 따른 최저임금액 미만으로 임금을 지급하는 등 고용노동부령으로 정하는 경우

4. 고령자 고용연장 지원

고용노동부장관은 고령자 등 노동시장의 통상적인 조건에서는 취업이 특히 곤란한 자의 고용을 촉진하기 위하여 고령자등을 새로 고용하거나 이들의 고용안정에 필요한 조치를 하는 사업주 또는 사업주가 실시하는 고용안정 조치에 해당된 근로자에게 대통령령으로 정하는 바에 따라 필요한 지원을 할 수 있다(법 제23조). 다만, **상시 사용하는 근로자 수가 300명 이상인 사업의 사업주는 제외**한다(영 제25조 제1항).

구분	지원요건	지원수준
60세 이상 고령자 고용지원금 (영 제25조의2)	① 고용노동부장관은 다음 요건을 모두 갖춘 사업의 사업주에게 60세 이상 고령자고용지원금지급 1. 정년을 정하지 아니한 사업장일 것 2. 매 분기 그 사업의 월평균 근로자 수에 대한 매월 말일 현재 계속하여 1년 이상 고용된 만 60세 이상 월평균 근로자 수의 비율이 업종별로 고용노동부장관이 정하여 고시하는 비율 이상일 것 3. 사업주가 60세 이상 고령자 고용지원금 신청일 당시 고령자 고용촉진 장려금을 1회 이상 지급받고 그 지급한도 기간 내에 있는 자가 아닐 것 ② 사업주가 아래경우에는 같은 항에 따른 60세 이상 고령자 고용지원금을 지급하지 아니한다. 1. 60세 이상 고령자 고용지원금을 신청하기 전 3개월부터 신청한 후 6개월까지 55세 이상 근로자를 고용조정으로 이직시킨 경우 2. 임금 등 체불로 근로기준법상 명단공개 중인경우	③ 60세 이상 고령자 고용지원금은 고용노동부장관이 노동시장 여건을 고려하여 고시한 금액에 고시한 비율을 초과하여 고용된 만 60세 이상 근로자 수를 곱하여 산정한 금액. 다만, 사업주가 분기별로 지급받을 수 있는 지원금 총액은 본문에 따라 고용노동부장관이 고시한 금액에 그 사업의 근로자 수의 100분의 20(대규모 기업은 100분의 10)에 해당하는 수를 곱하여 산출된 금액을 초과할 수 없다. ④ 60세 이상 고령자 고용지원금 지급 근로자 수 산정하는 경우에 다음 각 호의 자는 제외한다. 1. 일용근로자 2. 적용제외근로자 3. 만 60세 이상 근로자로서 고용정책기본법에 따른 고용유지를 위한 지원금의 지급대상이 되는 사람

5. 고용촉진장려금(영 제26조)

지원요건	지원수준 및 지원기간
① 고용노동부장관은 장애인, 여성가장 등 노동시장의 통상적인 조건에서는 취업이 특히 곤란한 사람의 취업촉진을 위하여 직업안정기관 등에 구직등록을 한 사람으로서 다음 어느 하나에 해당하는 실업자를 피보험자로 고용한 사업주에게 지급한다. 1. 고용노동부장관이 고시하는 바에 따라 노동시장의 통상적인 조건에서는 취업이 특히 곤란한 사람을 대상으로 하는 취업지원프로그램을 이수한 사람 2. 장애인고용촉진 및 직업재활법에 따른 중증장애인으로서 1개월 이상 실업상태에 있는 사람	② 장려금은 사업주가 피보험자를 6개월 이상 고용한 경우에 다음 각 호의 구분에 따라 지급한다. 1. 고용기간이 6개월 이상 12개월 미만인 경우 : 6개월분 2. 고용기간이 12개월 이상인 경우 : 12개월분. 다만, 고용노동부장관이 정하여 고시하는 피보험자에 대한 고용기간이 18개월 이상인 경우에는 가. 고용기간이 18개월 이상 24개월 미만인 경우 : 18개월분 나. 고용기간이 24개월 이상인 경우 : 24개월분 ③ 장려금은 근로계약기간이 단기간인 경우 등에 해

3. 가족 부양의 책임이 있는 여성 실업자 중 국민기초생활 보장법령에 따른 취업대상자 또는 한부모가족지원법에 따른 보호대상자에 해당하고 1개월 이상 실업상태에 있는 사람 4. 섬지역[제주도 본도 및 방파제 또는 교량 등으로 육지와 연결된 섬은 제외]에 거주하여 제1호의 취업지원프로그램 참여가 어려운 사람으로서 1개월 이상 실업 상태에 있는 사람	당하는 사람을 고용하는 경우나 우선지원 대상기업이 아닌 기업이 만 29세 이하인 실업자로서 고용하는 경우 등은 지급불가 ④ 장려금은 매년 고용노동부장관이 임금상승률, 노동시장 여건 등을 고려하여 고시하는 금액에 고용된 피보험자 수를 곱하여 지급하되, 지급대상이 된 기간 동안 사업주 부담하는 임금 100분의 80 초과불가

6. 임금피크제 지원금(영 제28조) 〈2018.12.31까지 지급〉

구분	지원요건	지원수준 및 지원기간
정년 연장형	◦ 근로자 대표의 동의를 받아 정년을 60세 이상으로 연장하거나 정년을 56세 이상 60세 미만으로 연장하면서 55세 이후 일정 시점부터 일정나이, 근속시점 또는 임금액을 기준으로 임금이 감액된 근로자(사업장에서 18개월 이상 근무)	※ 임금감액율 가. 임금피크제 적용일부터 1년까지 : 100분의 10 나. 임금피크제 적용일부터 1년 초과 2년까지 : 100분의 15 다. 임금피크제 적용일부터 2년 초과 이후 : 100분의 20
재고용형	◦ 정년을 55세 이상으로 정한 사업주가 정년에 이른 사람을 재고용(재고용기간이 1년 미만인 경우는 제외)하면서 정년퇴직 이후부터 임금을 줄이는 경우	※ 임금감액율 – 100분의 20. 다만, 상시 사용하는 근로자 수가 300명 미만인 사업은 100분의 10
근로시간 단축형	◦ 재고용하면서 주당 소정근로시간을 15시간 이상 30시간 이하로 단축하는 경우	※ 임금감액율 – 피크임금대비 30%

7. 출산육아기 고용안정장려금(영 제29조)

지원요건	지원수준 및 지원기간
고용노동부장관은 아래요건 하나에 해당하는 사업주에게 출산육아기 고용안정장려금을 지급한다. 다만, 임금 등 체불로 근로기준법에 따라 명단이 공개 중인 사업주에 대해서는 지급하지 아니한다. 1. 피보험자인 근로자에게 남녀고평법에 따른 육아휴직 또는 육아기근로시간 단축을 30일(출산전후휴가의 기간과 중복되는 기간 제외)이상 허용한 사업주 2. 피보험자인 근로자에게 출산전후휴가, 근로기준법에 따른 유·사산 휴가 또는 육아휴직 등을 30일 이상 부여하거나 허용하고 대체인력을 고용한 경우로서 다음 각 목의 요건을 모두 갖춘 사업주 가. 출산전후휴가, 유·사산 휴가 또는 육아휴직 등의 시	1. 이 경우 출산육아기 고용안정장려금 중 1개월분에 해당하는 금액은 육아휴직 등을 시작한 날부터 1개월 이후에 지급하고, 나머지 금액은 육아휴직 등이 끝난 후 6개월 이상 그 근로자를 피보험자로 계속 고용하는 경우에 지급한다. 2. 출산육아기 고용안정장려금(이하 "대체인력 지원금"이라 한다. 이하 이 조에서 같다)은 대체 인력채용에 따른 사업주의 노무비용부담을 고려하여 고용노동부장관이 사업 규모별로 고시하는 금액에 출산전후휴가, 유·사산 휴가 또는 육아휴직 등을 사용한 기간(출산전후휴

작일 전 60일이 되는 날(출산전후휴가에 연이어 유·사산 휴가 또는 육아휴직 등을 시작하는 경우에는 출산전후휴가 시작일 전 60일이 되는 날)이후 새로 대체인력을 고용하여 30일 이상 계속 고용할 것 나. 출산전후휴가, 유·사산 휴가 또는 육아휴직 등이 끝난 후 출산전후휴가, 유·사산 휴가 또는 육아휴직 등을 사용한 근로자를 30일 이상 계속 고용할 것. 다만, 사업주가 출산전후휴가, 유·사산 휴가 또는 육아휴직 등을 사용한 근로자의 사정으로 인하여 해당 근로자를 30일 이상 계속 고용하지 못한 경우 제외 다. 새로 대체인력을 고용하기 전 3개월부터 고용 후 1년까지(해당 대체인력의 고용기간이 1년 미만인 경우에는 그 고용관계 종료 시까지) 고용조정으로 다른 근로자(새로 고용한 대체인력보다 나중에 고용된 근로자 제외)를 이직시키지 아니할 것	가, 유·사산 휴가 또는 육아휴직 등을 사용하기 전 2주간의 업무 인수인계기간을 포함) 중 대체인력을 사용한 개월 수를 곱하여 산정한 금액으로 하되, 이 영 또는 다른 법령에 따라 국가 또는 지방자치단체가 해당 대체인력 채용에 대하여 사업주에게 지급하는 지원금 또는 장려금 등이 있는 경우에는 그 지원금 또는 장려금 등의 금액을 뺀 금액으로 한다. 이 경우 대체인력지원금의 금액은 사업주가 해당 대체인력에게 지급한 임금액을 초과할 수 없다.

8. 고령자 등의 고용환경 개선 지원(영 제37조)

지원요건	지원수준
◦ 고용노동부장관은 고령자, 여성 또는 장애인인 피보험자등의 고용안정과 취업의 촉진을 위하여 관련 시설 및 장비를 설치하거나 개선하려는 사업주에게 그에 필요한 비용의 일부를 예산의 범위에서 지원하거나 대부할 수 있다.	◦ 고용노동부장관은 법 제25조에 따라 고용안정 및 취업촉진 사업을 하려는 사업주에게 그에 필요한 비용의 일부를 예산의 범위에서 지원할 수 있고, 이에 따른 지원의 대상자 선정과 요건, 그 밖에 지원에 필요한 사항은 고용노동부장관이 정한다(영 제37조의2).

Ⅲ 고용촉진시설에 대한 지원

1. 고용촉진시설에 대한 지원

고용노동부장관은 피보험자등의 고용안정·고용촉진 및 사업주의 인력 확보를 지원하기 위하여 대통령령으로 정하는 바[31]에 따라 상담 시설, 어린이집, 그 밖에 대통령령으로 정하는 고용촉진 시설을 설치·운영하는 자에게 필요한 지원을 할 수 있다(법 제26조).

31) 1.「고용정책 기본법」 제11조 제4항에 따라 지방자치단체가 설치·운영하는 취업취약계층에 대한 고용서비스 제공에 필요한 시설 2.「고등교육법」 제2조 제1호·제2호 및 제4호에 따른 학교 중 고용노동부장관이 지정한 학교가 운영하는 취업지원 시설 3.「초·중등교육법 시행령」 제80조 제1항 제1호에 따른 전문계고등학교 중 고용노동부장관이 지정한 학교 4.「고령자고용촉진법」 제11조에 따른 고령자인재은행 5. 그 밖에 피보험자등의 고용안정, 고용촉진 및 사업주의 인력 확보를 위한 시설로서 고용노동부령으로 정하는 고용촉진 시설(영 제38조).

2. 어린이집시설의 운영비용 및 설치비용 융자

① 사업주가 단독이나 공동으로 설치·운영하는 어린이집의 운영비용 중 일부를 고용노동부령으로 정하는 바에 따라 지원할 수 있고, 이 경우 이 경우 우선지원 대상기업의 사업주(우선지원 대상기업의 수가 100분의 50 이상인 사업주단체를 포함하되, 매월 말일을 기준으로 해당 사업주단체가 설치·운영하는 직장어린이집에서 보육하는 영유아 중 우선지원 대상기업 소속 피보험자의 자녀 수가 전체 보육 영유아 수의 100분의 50 이상인 경우에만 해당한다.)에 대해서는 지원의 수준을 높게 정할 수 있다(영 제38조 제4항).

② 고용노동부장관은 어린이집을 단독이나 공동으로 설치하려는 사업주나 사업주단체에 대하여 고용노동부장관이 정하는 바에 따라 그 설치비용을 융자하거나 일부 지원할 수 있다. 이 경우 우선지원 대상기업의 사업주와 장애아동 또는 영아를 위한 어린이집을 설치하려는 사업주나 사업주단체에 대하여는 융자나 지원의 수준을 높게 정할 수 있다(영 제38조 제5항).

Ⅳ 부정행위에 따른 지원금의 제한 등

1. 지급제한 및 반환명령

(1) 다른 법령에 따라 지원받은 경우

<u>고용노동부장관은</u> 제20조부터 제26조까지의 규정에 따른 지원을 할 때 사업주가 다른 법령에 따른 지원금 또는 장려금 등의 금전을 지급받은 경우 등 대통령령으로 정하는 경우[32]에는 **<u>그 금액을 빼고 지원할 수 있다</u>**(법 제26조의2).

(2) 거짓이나 그 밖의 부정한 방법으로 지원받은 경우

<u>고용노동부장관은</u> 거짓이나 그 밖의 부정한 방법으로 고용안정·직업능력개발 사업의 지원을 받은 자 또는 받으려는 자에게는 **<u>해당 지원금 중 지급되지 아니한 금액 또는 지급받으려는 지원금을 지급하지 아니하고, 1년의 범위에서 대통령령으로 정하는 바에 따라 지원금의</u>**

32) 법 제26조의2에서 "대통령령으로 정하는 경우"란 사업주가 근로자를 새로 고용하거나 고용유지조치를 하여 다음 각 호의 어느 하나에 해당하게 된 경우를 말한다. 1. 「북한이탈주민의 보호 및 정착지원에 관한 법률」에 따라 지원금 등 금전적 지원을 받는 경우 2. 「산재법」에 따라 지원금 등 금전적 지원을 받는 경우 3. 「장애인고용촉진 및 직업재활법」에 따라 지원금 등 금전적 지원을 받는 경우 4. 그 밖에 국가 또는 지방자치단체로부터 금전적 지원을 받는 경우(영 제40조의2).

지급을 제한하며, 거짓이나 그 밖의 부정한 방법으로 지원받은 금액을 반환하도록 명하여야 한다(법 제35조 제1항).

2. 추가징수

고용노동부장관은 제1항에 따라 반환을 명하는 경우에는 이에 추가하여 고용노동부령으로 정하는 기준에 따라 그 거짓이나 그 밖의 부정한 방법으로 지급받은 금액의 5배 이하의 금액을 징수할 수 있다(법 제35조 제2항).

3. 지급제한

반환명령 또는 지급 제한을 한 날부터 1년의 범위에서 지급을 제한한다. 다만, 그 부정한 방법의 정도, 동기 및 결과 등을 고려하여 그 지급제한 기간의 3분의1까지 감경할 수 있고, 반환명령을 받은 자는 그 통지를 받은 날부터 30일 이내에 통지받은 금액을 납부하여야 한다. 이 경우 납부방식은 일시 납부를 원칙으로 하되, 납부금액이 1천만원을 초과하는 경우에는 고용노동부장관이 정하는 바에 따라 나누어 낼 수 있다(영 제56조 제2·3항).

〈부정행위에 따른 지원금의 지급제한 기간〉

구분		지급제한기간
거짓이나 그 밖의 부정한 방법으로 지급받거나 받으려고 한 금액	300만원 미만	3개월
	300만원 이상 500만원 미만	6개월
	500만원 이상 1,000만원 미만	9개월
	1,000만원 이상	12개월

4. 반환명령

고용노동부장관은 고용안정·직업능력개발 사업의 지원을 받은 자에게 잘못 지급된 지원금이 있으면 그 지급금의 반환을 명할 수 있다(법 제35조 제3항 ; 2019.8.27 신설 : 2020.8.28 시행).

5. 체납한 경우

고용노동부장관은 보험료를 체납한 자에게는 고용노동부령으로 정하는 바에 따라 이 장의 규정에 따른 고용안정·직업능력개발 사업의 지원을 하지 아니할 수 있다.

제3장 직업능력개발사업

I 의 의

취업한 근로자를 중심으로 지속적인 향상교육훈련을 하여 직무수행능력이나 새로운 지식이나 기술·기능 등을 계속적으로 습득하여 기업의 생산성을 제고하고, 새로운 환경에 적응할 수 있도록 지원하는 사업이다.

II 직업능력개발사업의 지원

1. 사업주에 대한 훈련지원

고용노동부장관은 피보험자등의 직업능력을 개발·향상시키기 위하여 대통령령으로 정하는 직업능력개발 훈련을 실시하는 사업주에게 대통령령으로 정하는 바에 따라 그 훈련에 필요한 비용을 지원할 수 있다(법 제27조 제1항).

(1) 직업능력개발훈련의 지원(영 제41조)

지원대상훈련	지원금(지원수준)
① 피보험자를 대상으로 실시하는 직업능력개발훈련 ② 피보험자가 아닌 자로서 해당 사업주에게 고용된 자를 대상으로 실시하는 직업능력개발훈련	훈련비×장관이 고시하는 비율
③ 해당사업이나 그 사업과 관련되는 사업에서 고용하려는 자를 대상으로 실시하는 직업능력개발훈련 ④ 직업안정기관에 구직등록한 자를 대상으로 실시하는 직업능력개발 훈련	(훈련비×장관이 고시하는 비율)+장관이 고시하는 훈련수당
⑤ 해당 사업에 고용된 피보험자[자영업 제외]에게 다음 각 목의 어느 하나의 요건을 갖춘 유급휴가[「근기법」 제60조의 연차 유급휴가가 아닌 경우로서 휴가기간 중 「근기법 시행령」 제6조에 따른 통상임금에 해당하는 금액 이상의 임금을 지급한 경우를 말한다]를 주어 실시하는 직업능력개발 훈련 가. 우선지원 대상기업의 사업주나 상시 사용하는 근로자 수가 150명 미만인 사업주가 해당 근로자를 대상으로 계속하여 5일 이상의 유급휴가를 주어 20시간 이상의 훈련을 실시할 것 나. 가목에 해당하는 사업주가 해당 근로자를 대상으로 계속하여 30일 이상의	(훈련비×장관이 고시하는 비율)+장관이 고시하는 유급휴가 기간 중에 지급한 임금+대체인력에게 지급한 임금

유급휴가를 주어 120시간 이상의 훈련을 실시하면서 대체인력을 고용할 것 다. 가목에 해당하지 아니하는 사업주가 1년 이상 재직하고 있는 근로자를 대상으로 계속하여 60일 이상의 유급휴가를 주어 180시간 이상의 훈련을 실시할 것 라. 사업주가 기능·기술을 장려하기 위하여 근로자 중 생산직 또는 관련 직에 종사하는 근로자로서 고용노동부장관이 고시하는 자를 대상으로 유급휴가를 주어 20시간 이상의 훈련을 실시할 것	

※ 직업능력개발 훈련을 실시하는 경우에는 우대 지원 대상(법 제27조 제2항)

1. 기간제근로자
2. 단시간근로자
3. 파견근로자
4. 일용근로자
5. 고령자 또는 준고령자
6. 그 밖에 대통령령으로 정하는 사람[33)]

(2) 비용지원의 기준과 한도

1) 연간총액한도

해당 연도 고용보험료 중 고용안정·직업능력개발사업의 보험료 또는 그 사업주가 보험료 징수법에 따라 해당 연도에 납부하여야 할 고용보험 개산보험료 중 고용안정·직업능력개발사업의 보험료의 100분의 100(우선지원 대상기업의 경우에는 100분의 240)에 해당하는 금액으로 하고, 다만, 고용정책기본법상 고용조정지원 사업(업종 및 지역) 해당하는 사업주에의 경우 100분의 130(우선지원 대상기업의 경우에는 100분의 300)으로 할 수 있다(영 제42조 제1항).

2) 추가지원

사업주가 자신의 사업 외의 다른 사업에 고용된 근로자를 대상으로 「근로자직업능력 개발법」 제24조에 따라 훈련과정을 인정받아 훈련을 실시하는 경우보험료의 100분의 80까지 추가로 지급가능(동조 제2항).

33) 1. 생산직 또는 생산 관련 직에 종사하는 근로자로서 고용노동부장관이 기능·기술을 장려하기 위하여 필요하다고 인정하여 고시하는 사람. 2. 법 제20조에 따른 고용창출을 위하여 사업주가 근로자를 조(組)별로 나누어 교대로 근로하게 하는 교대제를 새로 실시하거나 조를 늘려 교대제를 실시(4조 이하로 실시하는 경우로 한정한다)한 이후 교대제의 적용을 새로 받게 되는 근로자로서 고용노동부장관이 정하여 고시하는 사람. 3. 고용노동부장관이 정한 직업능력개발 훈련 및 평가를 받는 것을 조건으로 고용한 근로자(영 제41조 제3항).

2. 피보험자등에 대한 직업능력개발지원

(1) 근로자의 직무능력 향상을 위한 지원

고용노동부장관은 피보험자등이 직업능력개발 훈련을 받거나 그 밖에 직업능력 개발·향상을 위하여 노력하는 경우에는 대통령령으로 정하는 바에 따라 필요한 비용을 지원할 수 있고, 필요하다고 인정하면 대통령령으로 정하는 바에 따라 피보험자등의 취업을 촉진하기 위한 직업능력개발 훈련을 실시할 수 있으며, 대통령령으로 정하는 저소득 피보험자등이 직업능력개발 훈련을 받는 경우 대통령령으로 정하는 바에 따라 생계비를 대부할 수 있다(법 제29조).

※ 지원대상(영 제43조 제1항)

1. 우선지원 대상기업에 고용된 피보험자등
2. 법 제27조 제2항 각 호의 어느 하나에 해당하는 피보험자등
3. 자영업자인 피보험자등
4. 직업안정기관의 장에게 취업훈련을 신청한 날부터 180일 이내에 이직 예정인 피보험자등
5. 경영상의 이유로 90일 이상 무급 휴직 중인 피보험자등
6. 대규모기업에 고용된 45세 이상인 피보험자등
7. 사업주가 실시하는 직업능력개발훈련을 수강하지 못한 기간이 3년 이상인 피보험자등
8. 육아휴직 중인 피보험자등

(2) 능력개발비용의 대부

1) 학자금 대부

피보험자(자영업자는 해당 연도 대부사업 공고일 현재 보험가입 후 합산하여 180일이 지난 자로 한정한다)가 자기 비용으로 ①「기능대학법」에 따른 기능대학(제1호), ②「평생교육법」 제33조 제3항에 따른 전문대학 또는 대학졸업자와 동등한 학력·학위가 인정되는 원격대학형태의 평생교육시설(제2호), ③「고등교육법」 제2조에 따른 학교(제3호)의 어느 하나에 해당하는 학교나 시설에 입학하거나 재학하는 경우에는 해당 학자금의 전부나 일부를 예산의 범위에서 대부할 수 있다(영 제45조 제1항).

2) 수강료 대부

피보험자가 직업능력개발훈련을 수강하는 경우 그 수강료의 전부나 일부를 예산의 범위에서 대부[34]할 수 있다(영 제45조 제2항).

> **※ 지원제외대상**
> 1. 세미나, 심포지엄 등 정보교류활동 또는 시사·일반상식 등 교양과정
> 2. 취미활동, 오락과 스포츠 등을 목적으로 하는 과정
> 3. 그 밖에 고용노동부장관이 직업능력개발훈련과정으로 적합하지 아니하다고 인정하는 과정

(3) 취업훈련의 지원

법 제29조 제2항에 따라 창업, 전직 또는 취업을 위하여 직업능력개발훈련의 수강이 필요하다고 인정되는 실업자에게 취업훈련 실시할 수 있고, 취업훈련에 드는 비용은 해당훈련을 받는 자나 훈련을 실시하는 기관에 지급할 수 있고, 수강하는 실업자가 구직급여의 수급자격이 없는 경우에는 훈련수당을 지급할 수 있다(영 제47조).

(4) 자격검정사업의 지원

① 사업주가 근로자의 기술향상을 위하여 실시하는 자격검정 사업

② 「국가기술자격법」에 따른 국가기술자격 검정기관이 피보험자의 자격취득 편의를 위하여 실시하는 사업의 어느 하나에 해당하는 사업을 실시하는 자에게 그 사업의 실시에 필요한 비용의 전부 또는 일부를 지원할 수 있다(영 제51조).

(5) 저소득자 피보험자 등 생계비 대부

저소득자 피보험자 등의 생계비는 예산의 범위에서 대부할 수 있다.

> **※ 저소득자 피보험자 등의 정의**(영 제47조의2)
> 1. 법 제27조 제2항 각 호의 어느 하나에 해당하는 피보험자등으로서 소득수준과 종전의 대부실적 등을 고려하여 고용노동부장관이 정하여 고시하는 선정기준에 해당하는 사람
> 2. 생계비의 대부 신청 시 실업상태에 있는 피보험자등이었던 사람(법 제4장에 따른 실업급여를 수급하고 있는 사람은 제외한다)으로서 배우자의 소득수준, 직계비속 또는 직계존속과의 관계, 종전의 대부실적 등을 고려하여 고용노동부장관이 정하여 고시하는 선정기준에 해당하는 사람
> 3. 피보험자등으로서 소득수준과 종전의 대부실적 등을 고려하여 고용노동부장관이 정하여 고시하는 선정기준에 해당하는 사람

34) 대부금의 이율, 대부기간 등 대부조건은 고용노동부장관이 기획재정부장관과 협의하여 정한다(영 제45조 제4항).

3. 직업능력개발훈련시설 등에 대한 지원 등

(1) 직업능력개발훈련시설 등에 대한 비용 대부

① 직업능력개발훈련을 실시하고 있거나 실시하려는 사업주, 사업주단체, 근로자단체, ②「근로자직업능력 개발법」 제32조에 따라 고용노동부장관의 허가를 받아 설립한 직업능력개발훈련법인과, ③ 동법 제2조 제3호 나목에 따른 지정직업훈련시설을 설치·운영하는 자에게 직업능력개발훈련시설의 설치와 장비 구입에 필요한 비용을 예산의 범위에서 대부할 수 있고, 대부금의 이율, 대부기간 등 대부 조건은 고용노동부장관이 기획재정부장관과 협의하여 정한다(영 제48조 제1·2항).

(2) 직업능력개발훈련시설 등에 대한 지원

고용노동부장관은 사업주, 사업주단체나 그 연합체가 우선선정직종 등 고용노동부장관이 고시하는 직종의 훈련을 실시하기 위하여 단독이나 공동으로 직업능력개발훈련시설을 설치하거나 장비를 구입하는 경우 또는「근로자직업능력 개발법」에 따라 공공직업훈련시설을 설치한 공공단체가 노후 시설을 개·보수하거나 장비를 구입하는 경우 해당 시설 설치와 장비 구입에 필요한 비용의 일부를 예산의 범위에서 지원할 수 있다. 이 경우 우선지원 대상기업에 속하는 사업주나 해당 기업의 사업주단체와 직업능력개발사업을 실시하는 사업주나 사업주단체를 우대할 수 있다(영 제49조).

Ⅲ 직업능력개발의 촉진 등

1. 직업능력개발사업의 비용지원

피보험자 등의 직업능력의 개발·향상을 촉진하기 위하여 ① 직업능력개발 사업에 대한 기술지원 및 평가 사업(제1호), ② 숙련기술장려사업(제2호), ③ 그 밖에 대통령령[35]이 정하는 사업(제3호)을 실시하거나 이를 실시하는 자에게 그 실시에 필요한 비용을 지원할 수 있다(법

---

35) 1. 사업주가 근로자의 기술향상을 위하여 실시하는 자격검정 사업 2.「국가기술자격법」에 따른 국가기술자격 검정기관이 피보험자의 자격취득 편의를 위하여 실시하는 사업(영 제51조 제1항). 제1호 자격검정 사업은 다음 각 호의 모든 요건을 갖추어야 한다. 1. 사업주가 단독이나 공동으로 해당 사업 및 해당 사업과 관련된 사업의 근로자를 대상으로 실시하는 자격검정일 것 2. 자격 종목이 해당 사업에 필요한 지식 및 기능과 직접 관련될 것 3. 해당 자격을 취득한 근로자에게는 승진·승급·보수 등에서 우대할 수 있는 규정을 제정하여 시행하고 있을 것 4. 해당 자격을 취득하려고 하는 근로자에게 검정 사업과 관련하여 검정수수료 등 모든 비용을 받지 아니할 것 5. 자격검정이 영리를 목적으로 하는 것이 아닐 것 6. 그 밖에 고용노동부령으로 정하는 요건을 갖출 것(동조 제2항).

제31조 제1항).

※ 대통령령으로 정하는 사업(영 제52조 제1항)

① 직업능력개발사업에 관한 조사·연구사업
② 직업능력개발사업을 위한 교육·홍보사업
③ 직업능력개발을 위한 훈련 매체의 개발·편찬과 보급사업
④ 사업주단체, 근로자단체나 그 연합체가 협력하여 실시하는 직업능력개발사업
⑤ 인적자원개발 우수기업 인증제 지원사업
⑥ 사업주, 사업주단체, 고등교육법 제2조에 따른 학교 등이 중소기업과 공동으로 중소기업 근로자 등을 위하여 실시하는 직업능력개발사업
⑦ 「근로자직업능력 개발법」 제36조와 제37조에 따른 직업능력개발훈련교사 및 같은 법 제20조 제1항 제5호에 따른 인력개발담당자의 양성 및 능력개발을 위하여 실시하는 교육훈련사업
⑧ 「근로자직업능력 개발법」 제12조에 따라 실시하는 직업능력개발훈련
⑨ 「기능대학법」 제4조에 따라 기능대학에 두는 교육·훈련과정에 따라 실시하는 교육·훈련
⑩ 우선지원 대상기업의 사업주나 근로자의 핵심직무능력 향상을 위하여 실시하는 직업능력개발훈련(고용노동부장관이 정하는 우수훈련과정으로 한정한다)
⑪ 우선지원 대상기업 근로자가 직무 지식을 습득할 기회를 확대하거나 그 기업 내의 직무 지식을 원활하게 축적·공유할 수 있도록 하는 등의 학습조직화를 촉진하기 위하여 실시하는 직업능력개발사업
⑫ 우선지원 대상기업의 사업주나 인력개발담당자의 인적자원 개발역량을 높이기 위하여 실시하는 직업능력개발사업
⑬ 우선지원 대상기업에 대한 체계적인 현장 훈련 지원 사업
⑭ 그 밖에 직업능력개발의 촉진을 위한 사업

2. 직업능력개발훈련의 위탁훈련사업

직업능력의 개발·향상과 인력수급의 원활화를 위하여 필요하다고 인정하는 경우에는 대통령령이 정하는 바에 따라[36] 고용노동부장관이 정하는 직종에 대한 직업능력개발사업을 위탁하여 실시할 수 있다(법 제31조 제2항).

36) 고용노동부장관은 법 제31조 제2항에 따라 직업능력개발훈련사업을 위탁하여 실시하려는 때에는 매년 위탁하려는 직업능력개발훈련사업의 계획을 세워야 한다(영 제53조 제1항).

3. 건설근로자 등의 직업능력개발 지원

고용노동부장관은 건설근로자 등 고용상태가 불안정한 근로자를 위하여 직업능력 개발·향상을 위한 사업으로 대통령령으로 정하는 사업을 실시하는 사업주에게 그 사업의 실시에 필요한 비용을 지원할 수 있고,이 사업과 관련하여 사업주가 단독으로 직업능력개발 사업을 실시하기 어려운 경우로서 대통령령으로 정하는 경우[37]에는 사업주 단체에 대하여도 지원할 수 있다(법 제32조).

4. 고용정보의 제공 및 고용지원기반의 구축

고용노동부장관은 사업주 및 피보험자등에 대한 구인·구직·훈련 등 고용정보의 제공, 직업·훈련 상담 등 직업지도, 직업소개, 고용안정·직업능력개발에 관한 기반의 구축 및 그에 필요한 전문 인력의 배치 등의 사업을 할 수 있고, 필요하다고 인정하면 제1항에 따른 업무의 일부를 「직업안정법」에 따른 민간직업상담원에게 수행하도록 할 수 있다(법 제33조).

5. 지방자치단체 등에 대한 지원

고용노동부장관은 지방자치단체 또는 대통령령으로 정하는 비영리법인·단체[38]가 그 지역에서 피보험자등의 고용안정·고용촉진 및 직업능력개발을 위한 사업을 실시하는 경우에는 대통령령으로 정하는 바에 따라 필요한 지원을 할 수 있다(법 제34조).

6. 업무의 대행

고용노동부장관은 필요하다고 인정하면 제19조 및 제27조부터 제31조까지의 규정에 따른 업무의 일부를 대통령령으로 정하는 자[39]에게 대행하게 할 수 있다(법 제36조).

---

37) 고용노동부장관은 법 제32조에 따라 건설업의 사업주나 사업주단체가, 일정한 사업장에 고용되지 아니한 건설근로자로서 고용노동부장관이 정하여 고시하는 자의 직업능력의 개발·향상을 위하여 직업능력개발훈련을 실시하는 경우에는 해당 비용의 일부를 지원하고, 건설근로자에게 훈련기간 중 훈련수당을 지급한 경우에는 그에 관하여 필요한 비용을 지원할 수 있다(영 제54조).

38) 법 제34조에서 "대통령령으로 정하는 비영리법인·단체"란 법률에 따라 설립되거나 국가나 지방자치단체의 허가·인가를 받아 설립된 비영리법인과 「비영리민간단체 지원법」에 따라 등록한 비영리단체를 말한다(영 제55조 제1항).

39) 법 제36조에서 "대통령령으로 정하는 자"란 1. 「한국산업인력공단법」에 따른 한국산업인력공단 2. 「근로자직업능력 개발법」에 따른 기능대학 3. 「근로자직업능력 개발법」 제23조에 따른 직업능력개발단체를 말하며, 고용노동부장관은 업무를 대행하게 하는 경우에는 업무 수행에 드는 경비를 기금에서 지원한다(영 제57조).

제4장 실업급여

I 개 요

1. 실업급여의 의의

실업급여란 근로자가 실직했을 때 일정기간 급여를 지급함으로써 실업으로 인한 생계불안을 극복하고 생활의 안정을 도와주며 재취업의 기회를 지원해주는 제도이다.

2. 실업급여의 종류

구직급여	취업촉진수당
① 훈련연장급여 ② 개별연장급여 ③ 특별연장급여 ④ 상병급여	① 조기재취직수당 ② 직업능력개발수당 ③ 광역구직활동비 ④ 이주비

3. 실업급여 수급계좌

직업안정기관의 장은 수급자격자의 신청이 있는 경우에는 실업급여를 수급자격자 명의의 지정된 계좌(이하 "실업급여수급계좌"라 한다)로 입금하여야 한다. 다만, 정보통신장애나 그 밖에 대통령령으로 정하는 불가피한 사유[40]로 실업급여를 실업급여수급계좌로 이체할 수 없을 때에는 현금 지급 등 대통령령으로 정하는 바에 따라[41] 실업급여를 지급할 수 있고, 실업급여수급계좌의 해당 금융기관은 이 법에 따른 실업급여만이 실업급여수급계좌에 입금되도록 관리하여야 한다(법 제37조의2 제1·2항).

40) 1. 수급자격자가 도서지역(제주특별자치도 본도 및 방파제 또는 교량 등으로 육지와 연결된 도서는 제외한다)에 거주하는 자로서 실업인정의 특례를 신청한 자로서 그 수급자격자가 금융기관을 이용할 수 없는 지역에 거주하는 자일 것 2. 제1호의 사유로 실업급여의 신청일부터 14일 이내에 수급자격자에게 금융기관을 통하여 실업급여를 지급하는 것이 불가능할 것 2가지 모두를 충족시켜야 한다(영 제58조의2 제1항 참조)

41) 직업안정기관의 장은 정보통신장애나 제1항의 사유로 인하여 실업급여를 실업급여수급계좌로 이체할 수 없을 때에는 해당 실업급여 금액을 수급자격자에게 직접 현금으로 지급할 수 있다(영 제58조의2 제2항).

4. 수급권의 보호

실업급여를 받을 권리는 양도 또는 압류하거나 담보로 제공할 수 없다. 제37조의2 제1항에 따라 지정된 실업급여수급계좌의 예금 중 대통령령으로 정하는 액수(실업급여수급계좌에 입금된 금액 전액을 말함) 이하의 금액에 관한 채권은 압류할 수 없다(법 제38조).

5. 공과금의 면제

실업급여로서 지급된 금품에 대하여는 국가나 지방자치단체의 공과금(「국세기본법」 또는 「지방세기본법」에 따른 공과금을 말한다)을 부과하지 아니한다(법 제39조).

Ⅱ 구직급여

1. 구직급여의 의의

(1) 구직급여의 개념

구직급여는 소정의 수급요건을 만족하는 수급자격자에게 지급하는 것으로서 실업급여의 가장 핵심이 되는 급여로서, 실직근로자의 생계안정을 도모하는 동시에 안정적으로 구직활동을 촉진하기 위한 취지에서 지급하는 금품이다.

(2) 구직급여의 요건(법 제40조 제1항)

수급요건	비고
① 이직일 이전 18개월(기준기간)간 피보험 단위기간이 통산하여 180일 이상일 것 ② 근로의 의사와 능력이 있음에도 불구하고 취업(영리를 목적으로 사업을 영위하는 경우를 포함)하지 못한 상태에 있을 것 ③ 이직사유가 수급자격의 제한 사유에 해당하지 아니할 것 ④ 재취업을 위한 노력을 적극적으로 할 것	수급제한사유 : 피보험자가 중대한귀책사유로 해고된 경우 또는 자기사정으로 이직한 경우
⑤ 수급자격 인정신청일 이전 1개월 동안의 근로일수가 10일 미만일 것. 또는 건설일용근로자로서 수급자격 인정신청일 이전 14일간 연속하여 근로내역이 없을 것. ⑥ 최종 이직일 이전 기준기간의 피보험 단위기간 180일 중 다른 사업에서 수급자격의 제한 사유에 해당하는 사유로 이직한 사실이 있는 경우에는 그 피보험 단위기간 중 90일 이상을 일용근로자로 근로하였을 것	일용근로자만 해당

2. 기준기간

기준기간은 이직일 이전 18개월로 하되, 피보험자가 다음 각 호의 어느 하나에 해당하는 경우에는 다음 각 호의 구분에 따른 기간을 기준기간으로 한다(법 제40조 제2항).

1. 이직일 이전 18개월 동안에 질병·부상, 그 밖에 대통령령으로 정하는 사유[42]로 계속하여 30일 이상 보수의 지급을 받을 수 없었던 경우 : 18개월에 그 사유로 보수를 지급 받을 수 없었던 일수를 가산한 기간(3년을 초과할 때에는 3년으로 한다)
2. 다음 각 목의 요건에 모두 해당하는 경우 : 이직일 이전 18개월에서 24개월로 연장
   가. 이직 당시 1주 소정근로시간이 15시간 미만이고, 1주 소정근로일수가 2일 이하인 근로자로 근로하였을 것
   나. 이직일 이전 24개월 동안의 피보험 단위기간 중 90일 이상을 가목의 요건에 해당하는 근로자로 근로하였을 것

3. 피보험 단위기간

(1) 의의

피보험기간 중 보수 지급의 기초가 된 날을 합하여 계산한다. 다만, 자영업자인 피보험자의 경우 그 수급자격과 관련된 폐업 당시의 적용 사업에의 보험가입기간 중에서 실제로 납부한 고용보험료에 해당하는 기간으로 한다(법 제41조 제1항).

(2) 단위기간의 불산입

최후로 피보험자격을 취득한 날 이전에 구직급여를 받은 사실이 있는 경우 산입에서 제외한다(동조 제2항).

4. 실업의 신고

구직급여를 지급받으려는 자는 이직 후 지체 없이 직업안정기관에 출석하여 실업을 신고하여야 하고,[43] 실업의 신고에는 구직 신청과 수급자격의 인정신청을 포함하여야 한다(법 제42조 제1·2항). 또한, 구직급여를 지급받기 위하여 실업을 신고하려는 사람은 이직하기 전 사업의 사업주에게 피보험 단위기간, 이직 전 1일 소정근로시간 등을 확인할 수 있는 자료(이직확인서)의 발급을 요청할 수 있다. 이 경우 요청을 받은 사업주는 고용노동부령으로 정하는 바에 따라 이직확인서를 발급하여 주어야 한다(동조 제3항 ; 2019.8.27 신설 : 2020.8.28. 시행).

---

42) "그 밖에 대통령령으로 정하는 사유"란 다음 각 호의 사유를 말한다. 다만, 법 제2조 제5호 단서에 따라 고용노동부장관이 정하는 금품을 지급받는 경우는 제외한다. 1. 사업장의 휴업, 2. 임신·출산·육아에 따른 휴직, 3. 휴직이나 그 밖에 이와 유사한 상태로서 고용노동부장관이 정하여 고시하는 사유

43) 법 제42조에 따라 실업을 신고하려는 자는 전산망을 통하여 「직업안정법」 제9조에 따른 구직신청을 하여야 한다(영 제61조 제1항).

5. 수급자격의 인정

(1) 구직신청 및 수급자격의 인정 신청

① 실업을 신고하려는 자는 「직업안정법」 제9조에 따른 구직신청을 하고, 수급자격 인정신청서를 자신의 거주지를 관할하는 직업안정기관의 장("거주지 관할 직업안정기관의 장")에게 제출할 수 있다(영 제61조 제2항).

※ 자신의 거주지 외의 직업안정기관의 장에게 제출할 수 있는 경우(영 제61조)

① 취업을 희망하는 지역 관할 직업안정기관의 장에게 제출하려는 경우
② 이직 전 사업장 관할 직업안정기관의 장에게 제출하려는 경우
③ 거주지 관할 직업안정기관보다 교통이 편리하다고 인정되는 인근 지역 관할 직업안정기관의 장에게 제출하려는 경우

② 구직급여를 받기위하여 실업을 신고하려는 자가 사업주로부터 이직확인서를 발급받은 경우에는 이를 소재지 관할 직업안정기관의 장에게 제출하여야 한다. 다만, 이직한 자를 고용하고 있던 사업주가 있는 곳이 분명하지 아니하거나 그 밖의 부득이한 사유로 이직확인서를 발급하기가 어려운 경우에는 그러하지 아니하다(영 제61조).

③ 수급자격 인정신청서를 받은 직업안정기관의 장은 법 직업안정기관에 출석하여 실업의 인정을 받아야 할 날(이하 "실업인정일"이라 한다)을 지정하여 해당 신고인에게 알려야 한다(동조 제4항).

(2) 수급자격의 인정

① <u>구직급여를 지급받으려는 자는 직업안정기관의 장에게 구직급여의 수급 요건을 갖추었다는 사실</u>(이하 "수급자격"이라 한다)<u>의 인정하여 줄 것을 신청하여야 하며</u>(법 제43조 제1항), 직업안정기관의 장은 제1항에 따른 수급자격의 인정신청을 받으면 그 신청인에 대한 수급자격의 인정 여부를 결정하고, 대통령령으로 정하는 바에 따라 신청인에게 그 결과를 알려야 한다(동조 제2항).

② 제2항에 따른 신청인이 다음 각 호의 요건을 모두 갖춘 경우에는 마지막에 이직한 사업을 기준으로 수급자격의 인정 여부를 결정한다. 다만, <u>마지막 이직 당시 일용근로자로서 피보험 단위기간이 1개월 미만인 자가 수급자격을 갖추지 못한 경우에는 일용근로자가 아닌 근로자로서 마지막으로 이직한 사업을 기준으로 결정한다</u>(동조 제3항).

1. 피보험자로서 마지막에 이직한 사업에 고용되기 전에 피보험자로서 이직한 사실이 있을 것
2. 마지막 이직 이전의 이직과 관련하여 구직급여를 받은 사실이 없을 것

③ 직업안정기관의 장은 신청인에 대한 수급자격의 인정 여부를 결정하기 위하여 필요하면 신청인이 이직하기 전 사업의 사업주에게 고용노동부령으로 정하는 바에 따라 이직확인서의 제출을 요청할 수 있다. 이 경우 요청을 받은 사업주는 고용노동부령으로 정하는 바에 따라 이직확인서를 제출하여야 한다(동조 제4항 ; 2019.8.27 신설 : 2020.8.28 시행).

④ 수급자격의 인정을 받은 자(이하 "수급자격자"라 한다)가 제48조 및 제54조제1항에 따른 기간에 새로 수급자격의 인정을 받은 경우에는 새로 인정받은 수급자격을 기준으로 구직급여를 지급한다(동조 제5항).

6. 실업의 인정

(1) 의의

실업의 인정은 수급자격자가 실업상태에 있는 사유, 실업기간 등에 대하여 직업안정기관의 장이 확인하고 인정하는 것으로서, **구직급여는 수급자격자가 실업한 상태에 있는 날 중에서 직업안정기관의 장으로부터 실업의 인정을 받은 날에 대하여 지급한다**(법 제44조 제1항).

(2) 실업의 인정방법

1) 원칙

실업의 인정을 받으려는 수급자격자는 실업의 신고를 한 날부터 계산하기 시작하여 1주부터 4주의 범위에서 직업안정기관의 장이 지정한 날(이하 "실업인정일"이라 한다)에 출석하여 재취업을 위한 노력을 하였음을 신고하여야 하고, 직업안정기관의 장은 직전 실업인정일의 다음 날부터 그 실업인정일까지의 각각의 날에 대하여 실업의 인정을 한다. 다만, 다음 각 호에 해당하는 자에 대한 실업의 인정 방법은 고용노동부령으로 정하는 기준에 따른다(동조 제2항).

1. 직업능력개발 훈련 등을 받는 수급자격자
2. 천재지변, 대량 실업의 발생 등 대통령령으로 정하는 사유[44]가 발생한 경우의 수급자격자
3. 그 밖에 대통령령으로 정하는 수급자격자[45]

---

44) 1. 천재지변이 발생한 경우 2. 월간 구직급여 수급자격의 인정을 신청한 자의 수를 매월 말일의 피보험자수로 나누어 얻은 비율(이하 "수급자격신청률"이라 한다)이 연속하여 2개월간 100분의 1을 초과하는 경우 3. 특별연장급여의 지급이 결정된 경우(영 제64조).

45) 1. 취업 또는 구인자와의 면접이나 그 밖의 부득이한 사유로 실업인정일에 직업안정기관에 출석할 수 없는 자로서 실업인정일의 전일까지 신청지 관할 직업안정기관에 출석하여 실업인정일의 변경을 신청한 자 2. 취업 또는 구인자와의 면접이나 그 밖의 부득이한 사유로 실업인정일 또는 그 전일까지 출석할 수 없었던 자로서 해당 사유가 없어진 날부터 14일 이내에 신청지 관할 직업안정기관에 출석하여 실업인정일의 변경을 신청한 자 3. 7일 이상 계속적으로 취업하여 실업인정일 또는 그 전일까지 출석할 수 없었던 자로서 취업일을 증명할 수 있는 서류를 첨

2) 예외

수급자격자가 다음 각 호의 어느 하나에 해당하면 직업안정기관에 출석할 수 없었던 사유를 적은 증명서를 제출하여 실업의 인정을 받을 수 있다(동조 제3항).

① 질병 또는 부상으로 직업안정기관에 출석할 수 없었던 경우로서 그 기간이 계속하여 7일미만인 경우
② 직업안정기관의 직업소개에 따른 구인자와의 면접 등으로 인하여 직업안정기관에 출석할 수 없었던 경우
③ 직업안정기관의 장이 지시한 직업훈련 등을 받기 위하여 직업안정기관에 출석할 수 없었던 경우
④ 천재지변이나 그 밖에 부득이한 사유로 직업안정기관에 출석할 수 없었던 사유

(3) 실업인정의 기준(규칙 제87조)

<u>재취업활동의 인정 기준</u>	① 구인업체에 방문하거나 <u>우편・인터넷 등을 이용하여 구인에 응모한 경우</u> ② 채용관련 행사에 참여하여 구인자와 면접에 응한 경우 ③ 직업능력개발훈련 등을 받는 경우 중 고용노동부장관에 정한 경우 ④ 직업안정기관에서 행하는 직업지도 프로그램에 참여한 경우 ⑤ 해당 실업인정일부터 30일 이내에 취업하기로 확정된 경우 ⑥ 「근로자직업능력개발법」에 따른 직업능력개발 훈련시설(법인을 포함한다)이나 「학원의 설립・운영 및 과외교습에 관한 법률」에 따른 학원 등에서 재취업을 위하여 수강 중인 경우로서 따로 재취업활동이 필요하지 아니하다고 직업안정기관의 장이 인정하는 경우 ⑦ 구인업체가 부족한 경우 등 노동시장의 여건상 고용정보의 제공이 어려운 경우로서 직업지도를 위하여 필요하다고 판단되어 직업안정기관의 장이 소개한 사회봉사활동에 참여하는 경우 ⑧ 고용노동부장관이 정하는 바에 따라 자영업 준비활동을 한 경우 ⑨ 직업안정기관의 지원을 받아 재취업활동에 관한 계획을 수립하는 경우 ⑩ 제1호부터 제9호까지의 규정에 준하는 경우로서 고용노동부장관이 정하는 경우
재취업활동의 불인정 기준	① 임신・출산・육아・노약자의 간호, 그 밖의 가사상의 이유로 이직한 자 중 그 이직 원인이 아직 소멸되었다고 보기 어려운 경우 ② 질병・부상 등 정신적・육체적 조건으로 통상 취업이 곤란하다고 인정되는 경우

부하여 취업한 날부터 2개월 이내에 우편, 팩스 또는 정보통신망 등을 이용하여 실업의 인정을 신청한 자. 다만, 실업의 인정을 신청한 날 현재 법 제15조에 따른 피보험자격의 취득신고가 되어 있는 경우에는 취업일을 증명할 수 있는 서류의 첨부를 생략할 수 있다. 4. 수급자격자의 착오로 실업인정일에 직업안정기관에 출석할 수 없었던 자로서 해당 실업인정일부터 14일 이내에 출석하여 실업인정일의 변경을 신청한 자(해당 수급자격자의 법 제48조에 따른 수급기간 내에 한 번만 인정한다) 5. 다음 각 목의 어느 하나에 해당하는 사유로 직업안정기관의 장이 실업인정일을 변경하는 것이 적당하다고 인정한 자 가. 법 제48조에 따른 수급기간이 종료된 경우 나. 「관공서의 공휴일에 관한 규정」에 따른 관공서의 공휴일인 경우 다. 그 밖에 부득이한 사정이 있는 경우 6. 법 제87조 제1항에 따른 심사・재심사 또는 소송에 의하거나 직업안정기관의 장의 직권에 따라 실업급여에 관한 처분이 취소・변경된 자 7. 해당 실업인정일부터 30일 이내에 취업하기로 확정된 자 8. 도서지역(제주특별자치도 본도 및 방파제 또는 교량 등으로 육지와 연결된 도서는 제외한다)에 거주하는 자로서 실업인정의 특례를 신청한 자 9. 정보통신망을 통하여 직접 재취업활동 및 소득발생 여부를 신고할 수 있다고 직업안정기관의 장이 인정하는 사람(영 제65조).

	③ 「산재법」 제52조에 따른 휴업급여의 지급 대상이 되는 경우 ④ 직업안정기관의 장이 미리 지정하여 준 직업소개나 직업지도를 위한 출석일에 정당한 사유 없이 출석하지 아니한 경우(출석하지 아니한 기간으로 한정한다) ⑤ 제1호 내지 제4호에 준하는 경우 중 고용노동부장관이 정하는 경우에 해당하는 경우

(4) 대기기간

실업의 신고일부터 계산하기 시작하여 7일간은 대기기간으로 보아 구직급여를 지급하지 아니한다. 다만, 최종이직 당시 건설일용근로자였던 사람에 대해서는 실업의 신고일부터 계산하여 구직급여를 지급한다(법 제49조).

7. 급여기초임금일액

(1) 의의

수급자격의 인정과 관련된 마지막 이직 당시 근로기준법에 따라 산정된 평균임금으로 한다. 다만, 마지막 이직일 이전 3개월 이내에 피보험자격을 취득한 사실이 2회 이상인 경우에는 마지막 이직일 이전 3개월간(일용근로자의 경우에는 마지막 이직일 이전 4개월 중 최종 1개월을 제외한 기간)에 그 근로자에게 지급된 임금총액을 그 산정의 기준이 되는 3개월의 총일수로 나눈 금액을 기초일액으로 한다(법 제45조 제1항).

(2) 급여기초일액의 보장

① 통상임금보장

산정된 기초일액이 통상임금보다 적을 경우에는 그 통상임금액을 기초일액으로 한다. 다만, 마지막 사업에서 이직 당시 일용근로자였던 자의 경우 그러하지 아니한다(동조 제2항).

② 기준보수적용

기초일액을 산정하는 것이 곤란한 경우와 보험료를 기준보수를 기준으로 낸 경우에는 기준보수를 기포일액으로 한다. 다만 기초일액이 기준보수보다 많은 경우에는 그러하지 아니한다(동조 제3항).

③ 최저기초일액

산정된 기초일액이 그 수급자격자의 이직 전 1일 소정근로시간에 이직일 당시 적용되던 「최저임금법」에 따른 시간단위에 해당하는 최저임금액을 곱한 금액("최저기초일액")보다 낮은 경우에는 최저기초일액을 기초일액으로 한다. 이 경우 이직 전 1일 소정근로시간은 고용노동부령으로 정하는 방법에 따라 산정한다(동조 제4항).

고용노동부령으로 정하는 이직전 1일 소정근로시간(규칙 제91조의2)

① 법 제45조 제4항 후단에 따른 이직 전 1일 소정근로시간(이하 "이직 전의 1일 평균 소정근로시간"이라 한다)의 산정은 다음 각 호의 구분에 따른다.

1. 수급자격자의 소정근로시간이 일(日) 단위로 정해진 경우 : 해당 소정근로시간
2. 수급자격자의 소정근로시간이 주(週) 또는 월(月) 단위의 기간으로 정해진 경우 : 해당 기간의 소정근로시간에 소정근로시간 외의 유급근로시간을 합산한 총 근로시간을 해당 기간의 총 일수로 나눈 시간. 다만, 소정근로시간이 주마다 다른 경우에는 이직 전 4주 동안의 소정근로시간에 소정근로시간 외의 유급근로시간을 합산한 총 근로시간을 28로 나눈 시간으로 한다.

② 제1항에서 정한 사항 외에 이직 전의 1일 평균 소정근로시간의 산정에 필요한 사항은 고용노동부장관이 정한다.

(3) 급여기초일액의 상한액

산정된 기초일액이 보험의 취지 및 일반 근로자의 임금 수준 등을 고려하여 대통령령으로 정하는 금액을 초과하는 경우에는 대통령령으로 정하는 금액[46]을 기초일액으로 한다(동조 제5항).

8. 구직급여지급

(1) 구직급여일액

1) 원칙

그 수급자격자의 기초일액에 100분의 60을 곱한 금액(법 제46조 제1항 제1호)

2) 예외(최저기초일액일 경우)

그 수급자격자의 기초일액에 100분의 80을 곱한 금액(이하 "최저구직급여일액"이라 한다)

※ 1)에 따른 구직급여일액이 2)보다 낮은 경우 최저구직급여일액을 그 수급자격자의 구직급여일액으로 한다(동조 제2항).

(2) 실업인정대상기간 중의 근로의 신고

수급자격자는 실업의 인정을 받으려 하는 기간(이하 "실업인정대상기간"이라 한다) 중에 취업(근

46) 법 제45조 제5항에 따라 구직급여의 산정 기초가 되는 임금일액이 11만원을 초과하는 경우에는 11만원을 해당 임금일액으로 하며 고용노동부장관은 그 금액이 적용된 후 물가상승률과 경기변동, 임금상승률 등을 고려하여 조정이 필요하다고 판단되면 해당 금액의 변경을 고려하여야 한다(영 제68조).

로를 제공하거나 창업)한 경우에는 그 사실을 직업안정기관의 장에게 신고하여야 하며, 직업안정기관의 장은 필요하다고 인정하면 수급자격자의 실업인정대상기간 중의 취업 사실에 대하여 조사할 수 있다(법 제47조 제1・2항).

(3) 수급기간 및 수급기간연장

1) 수급기간의 한도

이직일의 다음 날부터 계산하기 시작하여 12개월 내에 소정급여일수를 한도로 하여 지급한다(법 제48조 제1항).

2) 수급기간 연장지급

① 12개월의 기간 중 임신・출산・육아, 그 밖에 대통령령으로 정하는 사유로 취업할 수 없는 자가 그 사실을 수급기간에 직업안정기관에 신고한 경우에는 12개월의 기간에 그 취업할 수 없는 기간을 가산한 기간(4년을 넘을 때에는 4년)에 소정급여일수를 한도로 하여 구직급여를 지급한다(법 제48조 제2항).

※ 대통령령으로 정하는 사유(영 제70조)

① 본인의 질병이나 부상(법 제63조에 따라 상병급여를 받은 경우의 질병이나 부상은 제외)
② 배우자의 질병이나 부상
③ 본인과 배우자의 직계존속 및 직계비속의 질병이나 부상
④ 배우자의 국외발령 등에 따른 동거 목적의 거소 이전
⑤ 「병역법」에 따른 의무복무
⑥ 범죄혐의로 인한 구속이나 형의 집행(법 제58조 제1호 가목에 따라 수급자격이 없는 자는 제외)
⑦ 고용노동부령으로 정하는 사유

② 아래의 어느 하나에 해당하는 경우에는 해당 최초 요양일에 신고를 한 것으로 본다(법 제48조 제3항).

1. 「산재법」 제40조에 따른 요양급여를 받는 경우
2. 질병 또는 부상으로 3개월 이상의 요양이 필요하여 이직하였고, 이직 기간 동안 취업활동이 곤란하였던 사실이 요양기간과 상병상태를 구체적으로 밝힌 주치의사의 소견과 요양을 위하여 이직하였다는 사업주의 의견을 통하여 확인된 경우

(4) 소정급여일수

1) 산정기준

① 하나의 수급자격에 따라 구직급여를 지급받을 수 있는 날(이하 "소정급여일수"라 한다)은 대

기기간이 끝난 다음날부터 계산하기 시작하여 피보험기간과 연령에 따라 별표 1에서 정한 일수가 되는 날까지로 한다(법 제50조 제1항).

〈산정기준 : 이직일 현재 연령과 피보험기간을 기준으로 산정(법 별표 1)〉

연령 및 가입기간	1년 미만	1년 이상 3년 미만	3년 이상 5년 미만	5년 이상 10년 미만	10년 이상
50세 미만	120일	150일	180일	210일	240일
50세 이상 및 장애인	120일	180일	210일	240일	270일

※ 피보험기간이란 이직당시 적용사업장에서의 고용기간, 자영업자의 경우 실제로 고용보험료를 납부한 기간을 말하며, 장애인은 50세 이상인 것으로 본다.

② 수급자격자가 소정급여일수 내에 제48조 제2항에 따른 임신·출산·육아, 그 밖에 대통령령으로 정하는 사유로 수급기간을 연장한 경우에는 그 기간만큼 구직급여를 유예하여 지급한다(동조 제2항).

③ 피보험기간은 그 수급자격과 관련된 이직 당시의 적용 사업에서 고용된 기간(적용 제외 근로자로 고용된 기간은 제외)으로 한다. 다만, 그 사업에 고용되기 전에 다른 적용사업에서 이직한 사실이 있고 그 이직일부터 3년 이내에 피보험자격을 재취득한 경우에는 그 이직 전 적용사업에서의 고용기간을 포함하여 피보험기간을 계산한다. 다만, 자영업자인 피보험자의 경우에는 그 수급자격과 관련된 폐업 당시의 적용 사업에의 보험가입기간 중에서 실제로 납부한 고용보험료에 해당하는 기간으로 한다(동조 제3항).

2) 피보험기간의 산정

① 종전의 적용 사업에서 피보험자격을 상실한 사실이 있고 그 상실한 날부터 3년 이내에 현재 적용 사업에서 피보험자격을 취득한 경우(법 제50조 제4항 제1호).
- 원칙 : 종전기간 합산
- 예외 : 기 지급받은 사실 있는 경우 제외

② 자영업자인 피보험자가 종전에 근로자로서 고용되었다가 피보험자격을 상실한 사실이 있고 그 상실한 날부터 3년 이내에 자영업자로서 피보험자격을 다시 취득한 경우(동조 제4항 제2호)
- 원칙 : 종전의 적용 사업에서의 피보험기간 미 산입
- 예외 : 본인이 원하는 경우 합산. 다만, 기 지급받은 사실 있는 경우 제외

③ 피보험자격 취득에 관하여 신고가 되어 있지 아니하였던 피보험자의 경우에는 하나의 피보험기간에 피보험자로 된 날이 제17조(피보험자 본인의 청구에 의한 확인)에 따른 피보험자격 취득이 확인된 날부터 소급하여 3년이 되는 해의 1월 1일 전이면 그 확인된 날부터

소급하여 3년이 되는 날이 속하는 보험연도의 첫 날에 그 피보험자격을 취득한 것으로 보아 피보험기간을 계산한다. 다만, 사업주가 피보험자격 취득신고를 한 날, 피보험자격 취득이 확인된 날 중 어느 하나에 해당하는 날부터 소급하여 3년이 되는 해의 1월 1일 전부터 해당 피보험자에 대한 고용보험료를 계속 납부한 사실이 증명된 경우에는 고용보험료를 납부한 기간으로 피보험기간을 계산한다(동조 제5항).

(5) 연장급여(법 제51조 내지 53조)

1) 내용

종류	요건	지급액
훈련 연장급여	실업급여 수급자로서 직업안정기관장의 직업능력개발훈련지시에 따라 훈련을 수강하는 자	구직급여일액의 100% (2년 범위 내)
개발 연장급여	취직이 특히 곤란하고 생활이 어려운 수급자로서 임금수준, 재산상황, 부양가족, 훈련수강 여부 등을 고려하여 생계지원이 필요한 자	구직급여일액의 70% (60일 범위 내)
특별 연장급여	실업급증 등으로 재취업이 특히 어렵다고 인정되는 경우 고용노동부장관이 일정한 기간을 정하고 동기간 내에 실업급여의 수급이 종료된 자	구직급여일액의 70% (60일 범위 내)

2) 연장급여의 수급기간 및 구직급여일액

연장급여를 지급하는 경우에 그 수급자격자의 수급기간은 그 수급자격자의 수급기간에 연장되는 구직급여일수를 더하여 산정한 기간으로 하며, 산정된 구직급여일액이 최저구직급여일액보다 낮은 경우에는 최저구직급여일액을 그 수급자격자의 구직급여일액으로 한다(법 제54조).

3) 연장급여의 상호조정 등

① 연장급여는 그 수급자격자가 지급받을 수 있는 구직급여의 지급이 끝난 후에 지급한다(법 제55조 제1항).

② 훈련연장급여를 지급받고 있는 수급자격자에게는 그 훈련연장급여의 지급이 끝난 후가 아니면 개별연장급여 및 특별연장급여를 지급하지 아니하고, 개별연장급여 또는 특별연장급여를 지급받고 있는 수급자격자가 훈련연장급여를 지급받게 되면 개별연장급여나 특별연장급여를 지급하지 아니하며, 특별연장급여를 지급받고 있는 수급자격자에게는 특별연장급여의 지급이 끝난 후가 아니면 개별연장급여를 지급하지 아니하고, 개별연장급여를 지급받고 있는 수급자격자에게는 개별연장급여의 지급이 끝난 후가 아니면 특별연장급여를 지급하지 아니한다(동조 제2~4항).

(6) 구직급여의 지급

구직급여는 대통령령으로 정하는 바에 따라 실업의 인정을 받은 일수분을 지급하며, 직업안정기관의 장은 각 수급자격자에 대한 구직급여를 지급할 날짜를 정하여 당사자에게 알려야 한다(법 제56조 제1・2항).

(7) 미지급의 구직급여

① 수급자격자가 사망한 경우 그 수급자격자에게 지급되어야 할 구직급여로서 아직 지급되지 아니한 것이 있는 경우에는 그 수급자격자의 배우자(사실상의 혼인 관계에 있는 자 포함)・자녀・부모・손자녀・조부모 또는 형제자매로서 수급자격자와 생계를 같이하고 있던 자의 청구에 따라 그 미지급분을 지급한다(법 제57조 제1항).

② 수급자격자가 사망하여 실업의 인정을 받을 수 없었던 기간에 대하여는 대통령령으로 정하는 바에 따라 미지급의 구직급여의 지급을 청구하는 자가 그 수급자격자에 대한 실업의 인정을 받아야 한다. 이 경우 수급자격자가 제47조 제1항에 해당하면 지급되지 아니한 구직급여를 청구하는 자가 같은 조 제1항에 따라 직업안정기관의 장에게 신고하여야 한다(동조 제1・2항).

③ 미지급의 구직급여를 지급받을 수 있는 자의 순위는 같은 항에 열거된 순서로 한다. 이 경우 같은 순위자가 2명 이상이면 그 중 1명이 한 청구를 전원을 위하여 한 것으로 보며, 그 1명에게 한 지급은 전원에 대한 지급으로 본다(동조 제1・2항).

(8) 구직급여의 제한

1) 피보험자의 이직사유에 따른 지급제한(법 제58조)

중대한 귀책사유로 해고된 피보험자	자기사정으로 인한 이직한 피보험자
가.「형법」 또는 직무와 관련된 법률을 위반하여 금고 이상의 형을 선고받은 경우 나. 사업에 막대한 지장을 초래하거나 재산상 손해를 끼친 경우로서 고용노동부령으로 정하는 기준에 해당하는 경우 다. 정당한 사유 없이 근로계약 또는 취업규칙 등을 위반하여 장기간 무단 결근한 경우	가. 전직 또는 자영업을 하기 위하여 이직한 경우 나. 중대한 귀책사유가 있는 자가 해고되지 아니하고 사업주의 권고로 이직한 경우 다. 그 밖에 고용노동부령으로 정하는 정당한 사유에 해당하지 아니하는 사유로 이직한 경우

2) 훈련거부 등에 따른 지급제한(법 제60조)

원칙	예외
수급자격자가 직업안정기관의 장이 소개하는 직업에 취직하는 것을 거부하거나 직업안정기관의 장이 지시	① 소개된 직업 또는 직업능력개발훈련 등을 받도록 지시된 직종이 수급자격자의 능력에 맞지 아니하는 경우 ② 취직하거나 직업능력개발훈련 등을 받기 위하여 주거의 이전이 필요하나 그 이전이 곤란한 경우 ③ 소개된 직업의 임금수준이 같은 지역의 같은 종류의 업무 또는 같은 정도의 기능

한 직업능력개발훈련 등을 거부하는 경우 지급정지	에 대한 통상의 임금수준에 비하여 100분의 20 이상 낮은 경우 등 고용노동부장관이 정하는 기준에 해당하는 경우 ④ 그 밖에 정당한 사유가 있는 경우
정당한 사유 없이 고용노동부장관이 정하는 기준에 따라 직업안정기관의 장이 실시하는 재취업촉진을 위한 직업지도를 거부하는 경우 지급정지	

3) 부정행위에 따른 급여의 지급제한(법 제61조)

① 거짓이나 그 밖의 부정한 방법으로 실업급여를 받았거나 받으려 한 자에게는 그 급여를 받은 날 또는 받으려 한 날부터의 구직급여를 지급하지 아니한다. 다만, 그 급여와 관련된 이직 이후에 새로 수급자격을 취득한 경우 그 새로운 수급자격에 따른 구직급여에 대하여는 그러하지 아니하다.
② 제1항 본문에도 불구하고 거짓이나 그 밖의 부정한 방법이 제47조(실업인정대상기간 중의 근로의 신고) 제1항에 따른 신고의무의 불이행 또는 거짓의 신고 등 대통령령으로 정하는 사유에 해당하면 그 실업인정대상기간에 한하여 구직급여를 지급하지 아니한다. 다만, 2회 이상의 위반행위를 한 경우에는 제1항 본문에 따른다.
③ 거짓이나 그 밖의 부정한 방법으로 실업급여를 지급받았거나 받으려 한 자가 제1항 또는 제2항에 따라 구직급여를 지급받을 수 없게 된 경우에도 제50조(소정급여일수 및 피보험기간) 제3항 및 같은 조 제4항을 적용할 때는 그 구직급여를 지급받은 것으로 본다.
④ 거짓이나 그 밖의 부정한 방법으로 실업급여를 지급받았거나 받으려 한 자가 제1항 또는 제2항에 따라 구직급여를 지급받을 수 없게 된 경우에도 제63조(질병 등의 특례) 제2항을 적용할 때는 그 지급받을 수 없게 된 일수분의 구직급여를 지급받은 것으로 본다.
⑤ 제1항 단서에도 불구하고 거짓이나 그 밖의 부정한 방법으로 구직급여를 받았거나 받으려 한 사람이 그 구직급여를 받은 날 또는 실업인정의 신고를 한 날부터 소급하여 10년간 3회 이상 제1항 본문에 따라 구직급여를 받지 못한 경우에는 거짓이나 그 밖의 부정한 방법으로 구직급여를 받은 날 또는 실업인정의 신고를 한 날부터 3년의 범위에서 새로운 수급자격에 따른 구직급여를 지급하지 아니한다(법 제61조 제5항 ; 2019.8.27 신설 : 2020.8.28. 시행).

(9) 반환명령 등

① 직업안정기관의 장은 거짓이나 그 밖의 부정한 방법으로 구직급여를 지급받은 자에게 지급받은 전체 구직급여의 전부 또는 일부의 반환을 명할 수 있고, 이에 추가하여 그 거짓이나 그 밖의 부정한 방법으로 지급받은 구직급여액에 상당하는 액수 이하의 금액을 징수할 수 있고(법 제62조 제1항), 이 경우에 거짓이나 그 밖의 부정한 방법이 사업주(사업주의 대리인·사용인, 그 밖의 종업원을 포함한다)의 거짓된 신고·보고 또는 증명으로 인한 것이면 그 사업주도 그 구직급여를 지급받은 자와 연대하여 책임을 진다(동조 제2항).
② 직업안정기관의 장은 제1항에 따라 반환을 명하는 경우에 고용노동부령으로 정하는 바

에 따라 거짓이나 그 밖의 부정한 방법으로 지급받은 구직급여액의 2배 이하의 금액을 추가로 징수할 수 있다. 다만, 사업주와 공모(거짓이나 그 밖의 부정한 방법에 사업주의 거짓된 신고·보고 또는 증명 등 사업주의 귀책사유가 포함되어 있는 경우)하여 거짓이나 그 밖의 부정한 방법으로 구직급여를 지급받은 경우에는 지급받은 구직급여액의 5배 이하의 금액을 추가로 징수할 수 있다(동조 제2항 ; 2019.8.27 개정 : 2020.8.28. 시행).

③ 직업안정기관의 장은 수급자격자 또는 수급자격이 있었던 자에게 잘못 지급된 구직급여가 있으면 그 지급금액을 징수(반환명령)할 수 있다(동조 제3항).

④ 직업안정기관의 장은 구직급여 지급금을 반환하거나 추가징수금을 납부하여야 하는 사람이 이 법에 따라 지급받을 구직급여가 있는 경우에는 이를 대통령령으로 정하는 바에 따라 반환금·추가징수금에 충당할 수 있다(동조 제5항 ; 2019.8.27 개정 : 2020.8.28. 시행).

(10) 국민연금 보험료의 지원

고용노동부장관은 「국민연금법」에 따라 구직급여를 받는 기간을 국민연금 가입기간으로 추가 산입하려는 수급자격자에게 국민연금 보험료의 일부를 지원할 수 있고, **지원금액은 연금보험료의 100분의 25의 범위로 한다**(법 제55조의2).

9. 질병 등의 특례

(1) 상병급여의 지급

수급자격자가 실업의 신고를 한 이후에 질병·부상 또는 출산으로 취업이 불가능하여 실업의 인정을 받지 못한 날에 대하여는 그 수급자격자의 청구에 의하여 구직급여일액에 해당하는 금액(이하 "상병급여"라 한다)을 구직급여에 갈음하여 지급할 수 있다(법 제63조 제1항). 상병급여의 지급에 관하여는 제47조(실업인정대상기간중의 근로 등의 신고), 제49조(대기기간), 제57조(미지급 구직급여), 제61조(제4항은 제외) 및 제62조(반환명령 등)를 준용한다. 이 경우 "실업인정대상기간"은 "실업의 인정을 받지 못한 날"로, "구직급여"는 "상병급여"로 본다(동조 제5항).

(2) 상병급여의 지급일수와 효과

상병급여를 지급할 수 있는 일수는 그 수급자격자에 대한 구직급여 소정급여일수에서 그 수급자격에 의하여 구직급여가 지급된 일수를 뺀 일수를 한도로 한다. 이 경우 **상병급여를 지급받은 자에 대하여** 이 법의 규정(제61조 부정행위에 따른 급여의 지급제한 규정 및 제62조 반환명령 규정은 제외)을 적용할 때에는 **상병급여의 지급일수에 상당하는 일수분의 구직급여가 지급된 것으로 본다**(동조 제2항).

(3) 상병급여의 지급시기

상병급여는 그 취업할 수 없는 사유가 없어진 이후에 최초로 구직급여를 지급하는 날(구직급여를 지급하는 날이 없는 경우에는 직업안정기관의 장이 정하는 날)에 지급한다. 다만, 필요하다고 인정하면 고용노동부장관이 따로 정하는 바에 따라 지급할 수 있다(동조 제3항).

(4) 상병급여 지급의 금지

구직급여의 지급이 정지된 기간이나 수급자격자가 「근로기준법」 제79조에 따른 휴업보상, 「산재법」 제52조부터 제56조에 따른 휴업급여, 그 밖에 이에 해당하는 급여 또는 보상으로서 대통령령으로 정하는 보상 또는 급여를 지급받을 수 있는 경우에는 상병급여를 지급하지 아니한다(법 제63조 제1・4항).

※ 대통령령으로 정하는 보상 또는 급여(영 제82조 제2항)

① 국가배상법 제3조 제2항 제2호에 따른 휴업배상
② 의사상자 등 예우 및 지원에 관한 법률 제8조에 따른 보상금

Ⅲ 취업촉진수당

1. 조기재취업수당

(1) 조기재취업수당의 의의

① 실직자의 생계지원을 목적으로 하는 것이 아니라 구직활동을 강화하여 조기에 취업하도록 유도하기 위한 장려적인 성격을 지닌 제도이다. 수급자격자(「외국인근로자의 고용 등에 관한 법률」 제2조에 따른 외국인 근로자는 제외)가 안정된 직업에 <u>재취직하거나 스스로 영리를 목적으로 하는 사업을 영위하는 경우</u>로서 대통령령으로 정하는 기준에 해당하면 지급한다(법 제64조 제1항).

② 수급자격자가 안정된 직업에 재취업한 날 또는 스스로 영리를 목적으로 하는 사업을 시작한 날 이전의 2년의 기간에 조기재취업 수당을 지급받은 사실이 있는 경우에는 조기재취업 수당을 지급하지 아니하고(동조 제2항),

③ 조기재취업 수당을 지급받은 자에 대하여 이 법의 규정(제61조(부정행위에 따른 급여의 지급 제한) 및 제62조(반환명령)는 제외)을 적용할 때에는 그 조기재취업 수당의 금액을 제46조에 따른 구직급여일액으로 나눈 일수분에 해당하는 구직급여를 지급한 것으로 보며, 수급자

격자를 조기에 재취업시켜 구직급여의 지급 기간이 단축되도록 한 자에게는 대통령령으로 정하는 바[47]에 따라 장려금을 지급할 수 있다(동조 제4·5항).

(2) 조기재취직수당의 지급요건

<u>대기기간이 지난 후 재취업한 날의 전날을 기준으로 소정급여일수를 2분의 1이상 남기고 재취업한 경우</u>로서 다음 각 호의 어느 하나에 해당하는 경우(영 제84조 제1항).

구분	적용제외
재취직한 사업주에게 계속하여 12개월 이상 고용된 경우	① 수급자격자가 최후에 이직한 사업의 사업주나 그와 관련된 사업주로서 고용노동부령으로 정하는 사업주에게 재고용되거나 실업의 신고일 이전에 채용을 약속한 사업주에게 고용된 경우 ② 국가나 지방자치단체의 복지정책·실업대책 등에 따라 실시하는 1년 이하의 단기간 일자리 제공 사업에 고용된 경우
12개월 이상 계속하여 사업을 영위한 경우에는 해당 수급기간에 해당 사업을 영위하기 위한 준비활동을 재취업활동으로 신고하여 실업으로 인정받았을 때로 한정하여 인정	

(3) 지급액

조기재취업 수당의 금액은 구직급여의 소정급여일수 중 미지급일수의 비율에 따라 대통령령으로 정하는 기준에 따라 산정한 금액으로 한다(법 제64조 제3항). <u>구직급여의 지급일액에 미지급일수의 2분의 1을 곱한 금액</u>으로 한다(영 제85조 제1항).

조기재취직수당=구직급여일액×미지급일수×1/2

2. 직업능력개발수당

(1) 의의

① 직업능력개발수당의 금액은 교통비, 식대 등 직업훈련 등의 수강에 필요한 비용을 고려하여 고용노동부장관이 결정하여 고시하는 금액으로 하며 직업능력개발 수당은 수급자격자가 직업안정기관의 장이 지시한 직업능력개발 훈련 등을 받는 경우에 그 직업능력개발 훈련 등을 받는 기간에 대하여 지급한다(법 제65조 제1항).

② 제60조 제1항 및 제2항(훈련거부 등에 따른 급여의 지급 제한규정)에 따라 구직급여의 지급이 정지된 기간에 대하여는 직업능력개발 수당을 지급하지 아니한다(동조 제2항).

47) 영 제87조(재취업촉진 활동 장려금) ① 고용노동부장관은 법 제64조 제5항에 따라 직업안정기관의 직원이 제67조에 따른 조치를 하여 해당 수급자가 소정급여일수를 남기고 안정된 직업에 재취업한 경우에는 해당 실적을 평가하여 예산의 범위에서 재취업촉진 활동 장려금을 지급할 수 있다.

(2) 지급요건

직업능력개발 수당은 수급자격자가 직업안정기관의 장이 지시한 직업훈련 등을 받은 날로서 구직급여의 지급대상이 되는 날에 대하여 지급한다(영 제88조 제1항).

3. 광역구직활동비

(1) 의의

직업안정기관의 직업소개에 의하여 원거리 소재 사업체를 방문하여 면접 등을 하는 경우에 소요되는 교통비, 숙박비 등 실비충당을 위하여 지급되는 비용으로서 직업안정기관의 장이 필요하다고 인정하면 지급할 수 있다.

(2) 지급요건(영 제89조)

① 구직활동에 드는 비용이 구직활동을 위하여 방문하는 사업장의 사업주로부터 지급되지 아니하거나 지급되더라도 그 금액이 광역 구직활동비의 금액에 미달할 것

② 수급자격자의 거주지로부터 구직활동을 위하여 방문하는 사업장까지의 거리가 고용노동부령으로 정하는 거리(25km 이상) 이상일 것

거리는 거주지로부터 사업장까지의 통상적인 거리에 따라 계산하되, 수로의 거리는 실제 거리의 2배로 본다.

(3) 지급액

광역 구직활동비의 금액은 구직 활동에 통상 드는 비용으로 하되, 그 금액의 산정은 고용노동부령으로 정하는 바에 따른다(법 제66조 제2항).

4. 이주비

(1) 의의

① 이주비는 수급자격자가 취업이나 직업능력개발훈련 등을 위하여 주거를 이전할 필요가 있는 경우에 지급하는 실비변상적 급여이다.

② 이주비는 수급자격자가 취업하거나 직업안정기관의 장이 지시한 직업능력개발 훈련 등을 받기 위하여 그 주거를 이전하는 경우로서 대통령령으로 정하는 기준에 따라 직업안정기관의 장이 필요하다고 인정하면 지급할 수 있다(법 제67조 제1항).

(2) 지급요건(영 제90조)

① 취업하거나 직업훈련 등을 받게 된 경우로서 고용노동부장관이 정하는 기준에 따라 거주지 관할 직업안정기관의 장이 주거의 변경이 필요하다고 인정할 것

② 해당 수급자격자를 고용하는 사업주로부터 주거의 이전에 드는 비용이 지급되지 아니하거나 지급되더라도 그 금액이 이주비에 미달할 것

③ 취업을 위한 이주인 경우 1년 이상의 근로계약기간을 정하여 취업할 것

(3) 지급액

이주비의 금액은 수급자격자 및 그 수급자격자에 의존하여 생계를 유지하는 동거 친족의 이주에 일반적으로 드는 비용으로 하되, 그 금액의 산정은 고용노동부령으로 정한다(법 제67조 제2항).

5. 취업촉진수당의 지급제한(법 제68조)

① 거짓이나 그 밖의 부정한 방법으로 실업급여를 받았거나 받으려 한 자에게는 그 급여를 받은 날 또는 받으려 한 날부터의 취업촉진 수당을 지급하지 아니한다. 다만, 그 급여와 관련된 이직 이후에 새로 수급자격을 취득하면 그 새로운 수급자격에 따른 취업촉진 수당은 그러하지 아니하다.
② 제1항 본문에도 불구하고 거짓이나 그 밖의 부정한 방법이 신고의무의 불이행 또는 거짓의 신고 등 대통령령으로 정하는 사유에 해당하면 취업촉진 수당의 지급을 제한하지 아니한다. 다만, 2회 이상의 위반행위를 한 경우에는 제1항 본문에 따른다.
③ 거짓이나 그 밖의 부정한 방법으로 실업급여를 지급받았거나 받으려 한 자가 제1항 또는 제2항에 따라 취업촉진 수당을 지급받을 수 없게 되어 조기재취업 수당을 지급받지 못하게 된 경우에도 제64조 제4항을 적용할 때는 그 지급받을 수 없게 된 조기재취업 수당을 지급받은 것으로 본다.

※ 취업촉진수당에 관하여 "수급자격자"는 "취업촉진수당은 지급받을 수 있는 자"로 "구직급여"는 "취업촉진수당"으로 본다(제69조 ; 2020.8.28 시행).

Ⅳ 자영업자인 피보험자에 대한 실업급여 적용의 특례

1. 자영업자인 피보험자의 실업급여의 종류(법 제69조의2)

일반근로자의 실업급여의 종류에 따르되 연장급여와 조기재취업수당은 제외한다.

2. 구직급여의 수급 요건(법 제69조의3)

① 폐업일 이전 24개월간 제41조 제1항 단서에 따라 자영업자인 피보험자로서 갖춘 피보험

단위기간이 통산하여 1년 이상일 것

② 근로의 의사와 능력이 있음에도 불구하고 취업을 하지 못한 상태에 있을 것

③ 폐업사유가 제69조의7에 따른 수급자격의 제한 사유에 해당하지 아니할 것

④ 재취업을 위한 노력을 적극적으로 할 것

※ 수급자격의 제한사유(법 제69조의7)

① 법령을 위반하여 허가 취소를 받거나 영업 정지를 받음에 따라 폐업한 경우

② 방화 등 피보험자 본인의 중대한 귀책사유로서 고용노동부령으로 정하는 사유로 폐업한 경우

③ 매출액 등이 급격하게 감소하는 등 고용노동부령으로 정하는 사유가 아닌 경우로서 전직 또는 자영업을 다시 하기 위하여 폐업한 경우

④ 그 밖에 고용노동부령으로 정하는 정당한 사유에 해당하지 아니하는 사유로 폐업한 경우

3. 기초일액 및 구직급여일액

(1) 기초일액

1) 원칙

① 수급자격과 관련된 피보험기간이 3년 이상인 경우에는 마지막 폐업일 이전 3년의 피보험기간, ② 3년 미만인 경우에는 수급자격과 관련된 그 피보험기간 동안 본인이 납부한 보험료의 산정기초가 되는 보험료징수법에 따른 보수액을 전부합산한 후에 그 기간의 총 일수로 나눈 금액으로 한다(법 제69조의4 제1항).

2) 예외

① 기초일액이 최저기초일액에 미치지 못하는 경우에는 최저기초일액, ② 기초일액이 제45조 제5항에 따라 대통령령으로 정하는 금액을 초과하는 경우에는 그 대통령령으로 정하는 금액으로 한다(법 제69조의4 제2항).

(2) 구직급여일액

자영업자인 피보험자로서 폐업한 수급자격자에 대한 구직급여일액은 그 수급자격자의 기초일액에 100분의 60을 곱한 금액으로 한다(법 제69조의5).

4. 소정급여일수

대기기간이 끝난 다음 날부터 계산하기 시작하여 피보험기간에 따라 별표2에서 정한 일수가 되는 날까지로 한다(법 제69조의6 별표2).

구분	피보험기간			
	1년 이상 3년 미만	3년 이상 5년 미만	5년 이상 10년 미만	10년 이상
소정급여일수	120일	150일	180일	210일

5. 자영업자인 피보험자에 대한 실업급여의 지급 제한

고용노동부장관은 보험료를 체납한 사람에게는 고용노동부령으로 정하는 바에 따라 이 장에 따른 실업급여를 지급하지 아니할 수 있다(법 제69조의8). 자영업자인 피보험자의 취업촉진 수당(**조기재취업 수당은 제외**)에 관하여는 제57조 제1항 · 제3항(미지급 구직급여규정) 및 제62조(반환명령 규정)를 준용한다. 이 경우 제57조 제1항 중 "수급자격자"는 "취업촉진 수당을 지급받을 수 있는 자"로 본다.

※ 실업급여 요약 정리

구분		지급요건	지급내역
구직급여		◦ 고용보험 적용 사업장에 이직 전, 18개월중 180일 이상 근무하다가, 회사 사정등 비자발적으로 이직하여 적극적으로 재취업활동을 한 자(일용은 신청일 이전 월 근로일수 10일 미만)	◦ 연령과, 고용보험가입기간에 따라 120~270일간 이직전 평균임금의 60%를 지급 ◦ 자영업자는 120~210일 ※ 상한액 1일 4만3천원, 하한액 최저 임금액의 80%
연장급여	훈련 연장급여	◦ 직업안정기관장의 직업능력개발훈련 지시에 의해 훈련을 수강하는 경우	◦ 구직급여에 연장하여 훈련을 받는 기간(최대 2년)동안 구직급여의 100%를 지급
	개별 연장급여	◦ 취업이 특히 곤란하고 생계가 어렵다고 직업안정기관의 장이 인정하는 자	◦ 구직급여에 연장하여 60일의 범위내에서 구직급여의 70%를 지급
	특별 연장급여	◦ 대량실업사태 발생 등으로 대통령령이 정한 사유발생시	◦ 구직급여에 연장하여 60일 범위에서 구직급여의 70%를 지급
취업촉진수당	조기 재취업수당	◦ 대기기간 이후 구직급여 소정 급여일수를 1/2 이상 남기고 재취업하여 12개월 이상 계속 고용(사업영위)된 자	◦ 남은 소정급여일수의 ½지급
	직업능력 개발수당	◦ 직업안정기관장이 지시한 훈련을 받는 경우	◦ 실제로 훈련을 받은 날에 지급 ※ 훈련수당을 받는 경우는 제외
	광역 구직활동비	◦ 직업안정기관의 소개로 거주지에서 25km 이상 떨어진 회사에서 구직활동을 한 자	◦ 구직활동을 한 날에 소요된 숙박료 및 운임지급
	이주비	◦ 수급기간내 취업하거나 직업능력개발 훈련을 받기 위해 거주지를 이전한 자	◦ 실비 지급

제5장 육아휴직급여, 출산전후휴가급여 및 고용보험기금

I 육아휴직급여 등

1. 육아휴직급여

(1) 의의

육아휴직이란 「남녀고평법」 제19조에 따라 근로자가 <u>만 8세 이하</u> 또는 <u>초등학교 2학년 이하 자녀</u>(입양한 자녀 포함)를 <u>양육하기 위하여 휴직</u>(이하 "육아휴직"이라 한다)을 신청하는 휴직을 말하고, 육아휴직 근로자의 생활을 보조하기 위해 지급하는 급여를 말한다.

(2) 육아휴직급여 지급요건(법 제70조 제1항)

① 피보험자가 육아휴직을 <u>30일</u>(출산전후휴가기간과 중복되는 기간은 제외) <u>이상 부여받을 것</u>
② 육아휴직을 시작한 날 이전에 <u>피보험 단위기간이 통산하여 180일 이상일 것</u>

(3) 육아휴직급여의 신청

<u>육아휴직을 시작한 날 이후 1개월부터 육아휴직이 끝난 날 이후 12개월 이내에 신청</u>하여야 하고, 다만, 해당 기간에 대통령령으로 정하는 사유로 육아휴직 급여를 신청할 수 없었던 사람은 그 사유가 끝난 후 30일 이내에 신청하여야 한다(법 제70조 제2항). 이 경우 육아휴직 기간 중에 이직하거나 고용노동부령으로 정하는 기준에 해당하는 취업을 한 사실이 있는 경우[48]에는 해당 신청서에 그 사실을 기재하여야 한다(동조 제3항).

(4) 육아휴직급여액(영 제95조)

구분	1개월 이상	1개월 미만
육아휴직 시작일부터 3개월까지	육아휴직 시작일을 기준으로 한 월 통상임금의 <u>100분의 80</u> 가. <u>상한액 : 150만원</u>	월별 지급액을 해당 월에 휴직한 일수에 따라 일할계산한 금액을 지급액

48) 1. 1주 동안의 소정근로시간이 15시간 이상인 경우, 2. 자영업을 통한 소득 또는 근로를 제공하여 그 대가로 받은 금품이 영 제95조제1항제1호 단서에 따른 월 상한액 이상인 경우

	나. 하한액 : 70만원	
육아휴직 4개월째부터 육아휴직 종료일까지	월 통상임금의 100분의 50 가. 상한액 : 월 120만원 나. 하한액 : 월 70만원	
일부지급 유보	육아휴직 급여의 100분의 75에 해당하는 금액은 매월지급하고, 급여의 100분의 25에 해당하는 금액은 육아휴직 종료후 사업장에 복직하여 6개월 이상 계속 근무한 경우(근로계약 기간의 만료로 6개월 이상 계속 근무할 수 없는 기간제근로자에 대해서는 근로계약 기간의 만료로 육아휴직이 종료되거나 사업장 복직 후 근로계약 기간 만료일까지 계속 근무한 경우를 말한다)에 합산하여 일시불로 지급	
급여액이 하한액에 미달할 경우(유보금제외) (영 제95조 제4항)	육아휴직 급여의 100분의 75에 해당하는 금액이 최소 지급액보다 적은 경우 최소 지급액	육아휴직 급여의 100분의 75에 해당하는 금액이 최소 지급액의 일할계산액보다 적은 경우에는 최소 지급액의 일할계산액

※ 아빠 육아휴직보너스제 : 동일한 자녀에 대하여 부모가 순차적으로 휴직할 경우 두번째 사용자의 첫 3개월 급여는 통상임금 100%(최대 250만원) 지급

※ 육아휴직급여 신청기간의 연장 사유(영 제94조)

1. 천재지변
2. 본인이나 배우자의 질병·부상
3. 본인이나 배우자의 직계존속 및 직계비속의 질병·부상
4. 「병역법」에 따른 의무복무
5. 범죄혐의로 인한 구속이나 형의 집행

(5) 육아휴직급여의 지급제한 등

1) 이직 및 취업

피보험자가 육아휴직 기간 중에 그 사업에서 이직한 경우에는 그 이직하였을 때부터, 제70조제3항에 따른 취업을 한 경우에는 그 취업한 기간에 대해서는 육아휴직 급여를 지급하지 아니한다(법 제73조 제1·2항).

2) 금품 수령

피보험자가 사업주로부터 육아휴직을 이유로 금품을 지급받은 경우 대통령령이 정하는 바[49]에 따라 급여를 감액하여 지급할 수 있다(동조 제3항).

49) 피보험자가 육아휴직 기간 중 사업주로부터 육아휴직을 이유로 금품을 지급받은 경우로서 매월 단위로 육아휴직 기간 중 지급받은 금품과 육아휴직 급여의 100분의 75에 해당하는 금액(그 금액이 최소 지급액보다 적은 경우에는 제95조 제4항중 해당하는 경우의 금액을 말한다)을 합한 금액이 육아휴직 시작일을 기준으로 한 월 통상임금을 초과한 경우에는 그 초과하는 금액을 육아휴직 급여의 100분의 85에 해당하는 금액(그 금액이 최소 지급액보다 적은 경우에는 제95조 제4항중 해당하는 경우의 금액을 말한다)에서 빼고 지급한다(영 제98조).

3) 부정수급

거짓이나 그 밖의 부정한 방법으로 육아휴직 급여를 받았거나 받으려 한 사람에게는 그 급여를 받은 날 또는 받으려 한 날부터의 육아휴직 급여를 지급하지 아니한다. 다만, 그 급여와 관련된 육아휴직 이후에 새로 육아휴직 급여 요건을 갖춘 경우 그 새로운 요건에 따른 육아휴직 급여는 그러하지 아니하다(동조 제4항). 제4항 본문에도 불구하고 제70조 제3항을 위반하여 육아휴직 기간 중 취업한 사실을 기재하지 아니하거나 거짓으로 기재하여 육아휴직 급여를 받았거나 받으려 한 사람에 대해서는 위반횟수 등을 고려하여 고용노동부령으로 정하는 바[50]에 따라 지급이 제한되는 육아휴직 급여의 범위를 달리 정할 수 있다(동조 제5항).

(6) 육아기 근로시간 단축 급여

1) 육아기 근로시간 단축 급여의 요건

고용노동부장관은 육아기 근로시간 단축을 30일(「근기법」 제74조에 따른 출산전후휴가기간과 중복되는 기간은 제외) 이상 실시한 피보험자 중 육아기 근로시간 단축을 시작한 날 이전에 피보험 단위기간이 통산하여 180일 이상인 피보험자에게 육아기 근로시간 단축 급여를 지급한다(법 제73조의2 제1항).

2) 육아기 근로시간 단축 급여의 신청

① 육아기 근로시간 단축을 시작한 날 이후 1개월부터 육아휴직이 끝난 날 이후 12개월 이내에 신청하여야 한다. 다만, 해당 기간에 대통령령으로 정하는 사유로 육아휴직 급여를 신청할 수 없었던 사람은 그 사유가 끝난 후 30일 이내에 신청하여야 한다(동조 제2항).

② 육아기 근로시간 단축 급여액은 다음의 계산식에 따라 산정한다. 다만, 육아기 근로시간 단축 급여의 지급대상 기간이 1개월을 채우지 못하는 경우에는 다음의 계산식에 따라 산출된 금액을 그 달의 일수로 나누어 산출한 금액에 그 달에 육아기 근로시간 단축을 사용한 일수를 곱하여 산정한다(영 제104조의2).

- 매주 최초 5시간 단축분 : 월 통상임금(200만원 상한액, 50만원 하한액)×(5÷단축 전 소정근로시간)
- 나머지 근로시간 단축분 : 월 통상임금의 100분의 80(150만원 상한액, 50만원 하한액)×{(단축 전 소정근로시간-단축 후 소정근로시간-5)÷단축 전 소정근로시간

50) 1. 육아휴직등 기간 중 취업한 사실을 적지 않거나 거짓으로 적은 것이 1회인 경우 : 해당 취업한 기간 동안에 해당하는 육아휴직등 급여, 2. 육아휴직등 기간 중 취업한 사실을 적지 않거나 거짓으로 적은 것이 2회인 경우 : 두 번째 취업한 사실이 있는 월의 육아휴직등 급여, 3. 육아휴직등 기간 중 취업한 사실을 적지 않거나 거짓으로 적은 것이 3회 인 경우 : 세 번째 취업한 사실을 적지 않거나 거짓으로 적어 육아휴직등 급여를 지급받았거나 지급받으려고 한 날 이후의 모든 육아휴직등 급여

3) 육아기 근로시간 단축 급여의 감액

고용노동부장관은 피보험자가 육아기 근로시간 단축기간 중 매월 단위로 사업주로부터 지급받은 금품(임금과 육아기 근로시간 단축을 이유로 지급받은 금품)과 육아기 근로시간 단축 급여를 합한 금액이 다음 각 호의 구분에 따른 통상임금을 초과한 경우에는 그 초과하는 금액을 육아기 근로시간 단축 급여에서 빼고 지급한다(영 제104조의4).

1. 육아기 근로시간 단축기간 중 통상임금 인상이 없는 경우 : 육아기 근로시간 단축 시작일의 직전 월을 기준으로 한 월 통상임금
2. 육아기 근로시간 단축기간 중 통상임금이 인상된 경우 : 다음 각 목의 구분에 따른 통상임금
   가. 통상임금이 인상된 날의 전날 까지 : 육아기 근로시간 단축 시작일의 직전 월을 기준으로 한 월 통상임금
   나. 통상임금이 인상된 날 이후 : 통상임금이 인상된 날을 기준으로 한 월 통상임금

2. 출산전후휴가 급여 등

(1) 의의

출산전후휴가 급여 등은 출산전후휴가 또는 유·사산휴가, 배우자출산휴가를 받은 경우 일정 요건을 갖추었을 때, 모성보호차원에서 인정된 것이다.

(2) 출산전후휴가 급여 등의 지급요건

① 휴가가 끝난 날 이전에 <u>피보험 단위기간이 통산하여 180일 이상일 것</u>

② 휴가를 시작한 날[출산전후휴가 또는 유산·사산휴가를 받은 피보험자가 속한 사업장이 우선지원 대상기업이 아닌 경우에는 <u>휴가 시작 후 60일</u>(한 번에 둘 이상의 자녀를 임신한 경우에는 75일)이 지난 날로 본다] 이후 <u>1개월부터 휴가가 끝난 날 이후 12개월 이내에 신청할 것</u>. 다만, 그 기간에 대통령령으로 정하는 사유[51]로 출산전후휴가 급여 등을 신청할 수 없었던 자는 <u>그 사유가 끝난 후 30일 이내에 신청하여야 한다</u>.

(3) 출산전후휴가 급여 등의 신청(규칙 제121조 제3항)

1. 출산전후휴가 급여 또는 유산·사산휴가 급여 : 사용한 출산전후휴가 기간이나 유산·사산휴가 기간에 대하여 <u>30일 단위로 신청해야 한다</u>. 다만, <u>사용 기간이 30일 미만인 경우</u>

---

51) 출산전후휴가 급여등 신청기간의 연장 사유에 관하여는 제94조(육아휴직급여 신청기간의 연장사유)를 준용한다.

에는 그 기간에 대하여 신청할 수 있으며, 휴가가 끝난 후 신청하는 경우에는 전체 휴가 기간에 대하여 한꺼번에 신청할 수 있다.

2. 배우자 출산휴가 급여 : **휴가가 끝난 후 한꺼번에 신청해야 한다.**

(4) 출산전후휴가 급여액 : 통상임금에 해당하는 금액(영 제101조)

상한액	출산전후휴가 급여등 수급자들의 평균적인 통상임금 수준/ 물가상승률/ 「최저임금법」에 따른 최저임금/ 그 밖에 고용노동부장관이 필요하다고 인정하는 사항 등 사항을 고려하여 매년 고용노동부장관이 고시하는 금액(30일당 180만원 · 90일 540만원, 다태아일 경우 120일 720만원 한도)
하한액	출산전후휴가, 유산 · 사산 휴가 또는 배우자 출산휴가의 시작일 당시 적용되던 「최저임금법」에 따른 시간 단위에 해당하는 최저임금액(이하 "시간급 최저임금액"이라 한다)보다 그 근로자의 시간급 통상임금이 낮은 경우에는 시간급 최저임금액을 시간급 통상임금으로 하여 산정된 출산전후휴가 급여등의 지원기간 중 통상임금에 상당하는 금액

(5) 지급기간

제75조에 따른 출산전후휴가 급여등은 다음 각 호의 휴가 기간에 대하여 「근기법」의 통상임금(휴가를 시작한 날을 기준으로 산정한다)에 해당하는 금액을 지급한다.

1. 「근기법」 제74조에 따른 **출산전후휴가 또는 유산 · 사산휴가 기간**. 다만, 우선지원 대상기업이 아닌 경우에는 휴가 기간 중 60일(한 번에 둘 이상의 자녀를 임신한 경우에는 75일)을 초과한 일수(30일을 한도로 하되, 한 번에 둘 이상의 자녀를 임신한 경우에는 45일을 한도로 한다)로 한정한다.
2. 「남녀고평법」 제18조의2에 따른 **배우자 출산휴가 기간 중 최초 5일**. **다만, 피보험자가 속한 사업장이 우선지원 대상기업인 경우에 한정**한다.

(6) 수급권의 대위

사업주가 출산전후휴가 급여 등의 지급사유와 같은 사유로 그에 상당하는 금품을 근로자에게 미리 지급한 경우 그 사업주는 지급한 금액(제76조 제2항에 따른 상한액을 초과할 수 없다)에 대하여 그 근로자의 출산전후휴가 급여 등을 받을 권리를 대위한다(법 제75조의2).

(7) 출산전후휴가 급여 등의 감액

고용노동부장관은 피보험자가 휴가기간 중 사업주로부터 통상임금에 해당하는 금품을 지급받은 경우로서 사업주로부터 받은 금품과 출산전후휴가 급여 등을 합한 금액이 통상임금을 초과한 경우 그 초과하는 금액을 출산전후휴가 급여 등에서 빼고 지급한다. 다만, 휴가기간 중에 통상임금이 인상된 피보험자에게 사업주가 인상된 통상임금과 출산전후휴가 급여 등의 차액을 지급하였을 때에는 그렇지 않다(영 제104조).

Ⅱ 고용보험기금

1. 기금의 설치 · 조성

고용노동부장관은 보험사업에 필요한 재원에 충당하기 위하여 고용보험기금을 설치하고, 기금은 보험료와 이 법에 따른 징수금 · 적립금 · 기금운용 수익금과 그 밖의 수입으로 조성한다(법 제78조).

2. 고용보험기금의 관리 · 운용

(가) 기금은 고용노동부장관이 관리 · 운용하고, 기금의 관리 · 운용에 관한 세부 사항은 「국가재정법」의 규정에 따르며(법 제79조 제1 · 2항), 고용노동부장관은 기금을 관리 · 운용할 때에는 그 수익이 대통령령으로 정하는 수준 이상 되도록 하여야 한다(동조 제4항).

(나) ① 금융기관에의 예탁, ② 재정자금에의 예탁, ③ 국가 · 지방자치단체 또는 금융기관에서 직접 발행하거나 채무이행을 보증하는 유가증권의 매입, ④ 보험사업의 수행 또는 기금 증식을 위한 부동산의 취득 및 처분, ⑤ 그 밖에 대통령령으로 정하는 기금 증식 방법(증권의 매입)에 따라 관리 · 운용한다(법 제79조 제3항).

3. 고용보험기금의 용도

(가) ① 고용안정 · 직업능력개발 사업에 필요한 경비(제1호), ② 실업급여의 지급(제2호), ③ 육아휴직 급여 및 출산전후휴가 급여 등의 지급(제3호), ④ 보험료의 반환(제4호), ⑤ 일시차입금의 상환금과 이자(제5호), ⑥ 이 법과 보험료징수법에 따른 업무를 대행하거나 위탁받은 자에 대한 출연금(제6호), ⑦ 그 밖에 이 법의 시행을 위하여 필요한 경비로서 대통령령으로 정하는 경비와 제1호 및 제2호에 따른 사업의 수행에 딸린 경비의 용도에 사용하여야 한다(법 제80조 제1항).

(나) "대통령령으로 정하는 경비"란 ① 보험사업의 관리 · 운영에 드는 경비(제1호), ② 기금의 관리 · 운용에 드는 경비(제2호), ③ 보험료징수법 제33조에 따른 보험사무대행기관에 대한 교부금(제3호), ④ 법과 보험료징수법에 따른 사업이나 업무의 위탁수수료 지급금(제4호)의 경비를 말한다(영 제107조 제1항).

4. 기금운용계획

고용노동부장관은 매년 기금운용계획을 세워 고용보험위원회 및 국무회의의 심의를 거쳐 대통령의 승인을 받아야 하며 고용노동부장관은 매년 기금의 운용 결과에 대하여 제7조에 따른 고용보험위원회의 심의를 거쳐 공표하여야 한다(법 제81조 제1·2항) 기금운용계획에 포함될 사항은 ① 기금의 수입 및 지출에 관한 사항(제1호), ② 해당 연도의 사업계획·지출원인행위계획 및 자금계획에 관한 사항(제2호), ③ 전년도 이월자금의 처리에 관한 사항(제3호), ④ 적립금에 관한 사항(제4호), ⑤ 그 밖에 기금운용에 필요한 사항(제5호) 등이다(영 제109조).

5. 기금의 관리 · 운용

(1) 기금계정의 설치

고용노동부장관은 한국은행에 고용보험기금계정을 설치하여야 하며, 고용보험기금계정은 고용안정·직업능력개발 사업 및 실업급여, 자영업자의 고용안정·직업능력개발 사업 및 자영업자의 실업급여로 구분하여 관리한다(법 제82조).

(2) 기금의 출납

기금의 관리·운용을 하는 경우 출납에 필요한 사항은 대통령령으로 정한다(법 제83조).

(3) 기금의 적립

고용노동부장관은 대량 실업의 발생이나 그 밖의 고용상태 불안에 대비한 준비금으로 여유자금을 적립하여야 하며, 여유자금의 적정규모는 다음 각 호와 같다(법 제84조).

1. 고용안정·직업능력개발 사업 계정의 연말 적립금 : 해당 연도 지출액의 1배 이상 1.5배 미만
2. 실업급여 계정의 연말 적립금 : 해당 연도 지출액의 1.5배 이상 2배 미만

(4) 잉여금과 손실처리

기금의 결산상 잉여금이 생기면 이를 적립금으로 적립하여야 하며, 기금의 결산상 손실금이 생기면 적립금을 사용하여 이를 보전할 수 있다(법 제85조).

(5) 차입금

기금을 지출할 때 자금 부족이 발생하거나 발생할 것으로 예상되는 경우에는 기금의 부담으로 금융기관·다른 기금과 그 밖의 재원 등으로부터 차입을 할 수 있다(법 제86조).

제6장 권리구제 등

I 심사 및 재심사 청구제도

1. 심사 및 재심사

(1) 의의

고용보험과 관련한 각종 행정처분 등으로 인하여 권리와 이익을 침해당한 피보험자를 보호하기 위하여 이 법 제87조의 규정에 따라 심사·재심사 제도로 두고 2심제의 특별행정 심판제도로 운영하고 있다.

(2) 심사 및 재심사청구의 대상

① 피보험자격의 취득·상실에 대한 확인

② 실업급여 및 육아휴직급여와 출산전후휴가급여 등에 관한 처분

③ 그 결정에 이의가 있는 자

(3) 심사 및 재심사청구기간

① 심사청구 : 확인 또는 처분이 있음을 안 날부터 90일 이내

② 재심사청구 : 심사청구에 대한 결정이 있음을 안 날부터 90일 이내

③ 효력 : 심사 및 재심사의 청구는 시효중단에 관하여 재판상의 청구로 본다.

(4) 고지

직업안정기관의 장 또는 근로복지공단이 원처분등을 하거나 심사관이 심사청구에 대한 결정서의 정본을 송부하는 경우에는 그 상대방 또는 심사청구인에게 원처분등 또는 결정에 관하여 심사 또는 재심사를 청구할 수 있는지의 여부, 청구하는 경우의 경유절차 및 청구 기간을 알려야 한다(법 제103조).

(5) 실비변상

심리를 위하여 필요한 경우 지정한 장소에 출석한 자와 감정을 한 감정인에게는 고용노동부장관이 정하는 실비를 변상한다(법 제95조).

2. 청구인 및 피청구인

(1) 청구인

심사・재심사시 청구인으로는 당해 처분에 의해 권리 또는 법률상 이익을 직접적으로 침해 받은 자 또는 처분을 받지 않은 자라도 법률상 이익을 직접적으로 침해를 받은 자이다. 심사청구인이 사망한 경우 그 심사청구인이 실업급여의 수급권자이면 제57조에 따른 유족이, 그 외의 자인 때에는 상속인 또는 심사청구의 대상인 원처분등에 관계되는 권리 또는 이익을 승계한 자가 각각 심사청구인의 지위를 승계한다(법 제89조 제5항).

(2) 피청구인

피신청인은 원처분을 행한 직업안정기관의 장이 되고, 처분 후 그 권한이 다른 직업안정기관에 이양 또는 승계된 경우에는 새로이 그 권한을 이양・승계를 받은 직업안정기관이다.

(3) 대리인의 선임

심사청구인 또는 재심사청구인은 법정대리인 외에 ① 청구인의 배우자, 직계존속・비속 또는 형제자매(제1호), ② 청구인인 법인의 임원 또는 직원(제2호), ③ 변호사나 공인노무사(제3호), ④ 고용보험심사위원회의 허가를 받은 자(제4호)의 어느 하나에 해당하는 자를 대리인으로 선임할 수 있다(법 제88조).

3. 심사기관(고용보험심사관)

(1) 의의

고용보험심사관은 제87조의 원처분 등의 심사를 행하기 위하여 둔다(법 제89조 제1항). 심사관은 인사・복무 및 예산에 관한 사항을 제외하고는 고용노동부장관이나 그 보조기관으로부터 지휘・명령이나 감독을 받지 않고, 독립적이고 중립적인 위치에서 단독으로 심사하고 결정. 심사관의 결정은 원처분을 행한 직업안정기관의 장을 기속하는 준사법적 효력이 발생한다.

(2) 심사기간

① 원칙 : 심사관은 심사청구를 받으면 30일 이내에 그 심사청구에 대한 결정

② 연장 : 1차에 한하여 10일을 넘지 않는 범위에서 그 기간을 연장(법 제89조 제2항)

(3) 심사관의 기피신청

<u>당사자는 심사관에게 심사 및 결정의 공정을 기대하기 어려운 사정이 있으면 고용노동부장관에게 그 사유를 구체적으로 밝힌 서면으로 기피신청을 할 수 있다</u>(법 제89조 제4항).

(4) 심사관의 권한

심사관은 심사의 청구에 대한 심리를 위하여 필요하다고 인정하면 심사청구인의 신청 또는 직권으로 ① 심사청구인 또는 관계인을 지정장소에 출석하게 하여 질문하거나 의견을 진술하게 하는 것(제1호), ② 심사청구인 또는 관계인에게 증거가 될 수 있는 문서 그 밖의 물건을 제출하게 하는 것(제2호), ③ 전문적인 지식이나 경험을 가진 제3자로 하여금 감정하게 하는 것(제3호), ④ 사건에 관계가 있는 사업장 또는 그 밖의 장소에 출입하여 사업주・종업원이나 그 밖의 관계인에게 질문하거나 문서와 그 밖의 물건을 검사하는 것(제4호)의 조사를 할 수 있다(법 제94조 제1항). 심사관은 제1항 제4호에 따른 질문과 검사를 하는 경우에는 그 권한을 나타내는 증표를 지니고 이를 관계인에게 내보여야 한다(동조 제2항).

4. 재심사기관(고용보험심사위원회)

(1) 의의

① 고용보험심사위원회는 고용노동부장관의 지휘・명령이나 감독을 받지 않고 심사관의 결정에 이의가 있는 자로부터 재심사청구를 받아 결정하는 제2심의 독립적인 기관이다.

② 심사위원회의 <u>재결은 원처분 등을 행한 직업안정기관의 장을 기속</u>하는 준사법적 기능을 갖고, 재심결정은 원처분 등을 행한 직업안정기관의 장을 기속한다.

(2) 심사위원회의 구성

심사위원회는 근로자를 대표하는 자 및 사용자를 대표하는 자 각 1명 이상을 포함한 15명 이내의 위원으로 구성하고, 위원 중 2명은 상임위원(법 제99조 제2・3항).

(3) 재결기간

① 원칙 : 심사위원회는 재심사의 청구를 받으면 <u>50일 이내에 재결</u>(법 제99조 제7항).

② 연장 : 1차에 한하여 <u>10일을 넘지 않는 범위에서</u> 그 기간을 연장(동조 제7항 후단).

(4) 위원의 결격사유

고용보험심사위원회의 위원으로서 ① 피성년후견인・피한정후견인 또는 파산의 선고를 받고 복권되지 아니한 자, ② 금고이상의 형을 받고 그 형의 집행이 종료되거나 집행을 받지 아니하기로 확정된 후 3년이 경과되지 아니한 자는 위원으로 임명될 수 없다(법 제99조 제4항).

(5) 위원의 신분보장

위원은 형의 선고를 받았거나 심신박약 또는 현저한 능력부족으로 직무를 수행하기 곤란한 때 이외는 그 의사에 반하여 면직되지 아니하므로 임기 중에는 신분보장을 받는다(법 제99조 제5항). 다만 당연직위원은 보험업무를 담당하지 않게 됨으로써 면직되므로 이러한 신분보장을 받지 못한다.

Ⅱ 청구절차

1. 심사의 절차

(1) 심사청구

① 원처분 등에 이의가 있는 자가 심사를 청구하는 경우 피보험자격의 취득·상실 확인에 대한 심사의 청구는 「산업재해보상보험법」 제10조에 따른 **근로복지공단을**, 제4장에 따른 실업급여 및 제5장에 따른 육아휴직 급여와 출산전후휴가 급여등에 관한 처분에 대한 심사의 청구는 **직업안정기관의 장을 거쳐 심사관에게** 하여야 한다(법 제90조 제1항).

② 직업안정기관 또는 근로복지공단은 심사청구서를 받은 날부터 5일 이내에 의견서를 첨부하여 심사청구서를 심사관에게 보내야 한다(동조 제2항).

③ 심사의 청구는 대통령령으로 정하는 바에 따라 **문서로 하여야 한다**(법 제91조).

※ 심사청구의 방식(영 제125조)

① 심사청구 문서에는 다음 각 호의 사항을 적어야 한다.
1. 청구인의 이름과 주소
2. 피청구인인 처분청의 명칭
3. 심사청구 대상인 처분의 내용
4. 처분이 있었던 것을 안 날
5. 피청구인인 처분청에 따른 심사청구에 관한 통지의 유무와 통지의 내용
6. 심사청구의 취지와 이유
7. 심사청구 연월일

② 심사의 청구가 선정 대표자나 대리인에 의하여 제기되는 것일 때에는 제1항의 사항 외에 그 선정

대표자나 대리인의 이름과 주소를 적어야 하며, 선정 대표자나 대리인 자격은 서면으로 소명하여야 한다.
③ 서면에는 청구인이나 대리인이 기명날인하여야 한다.

(2) 보정 · 각하

<u>심사의 청구가 기간이 지났거나 법령으로 정한 방식을 위반하여 보정하지 못할 것인 경우에 심사관은 그 심사의 청구를 결정으로 각하하여야</u> 한다(법 제92조 제1항). 심사의 청구가 법령으로 정한 방식을 어긴 것이라도 보정할 수 있는 것인 경우에 심사관은 상당한 기간을 정하여 심사청구인에게 심사의 청구를 보정하도록 명할 수 있고, 보정할 사항이 경미한 경우에는 심사관이 직권으로 보정할 수 있다(동조 제2항). 보정기간 내에 그 보정을 하지 아니하면 결정으로써 그 심사청구를 각하하여야 한다(동조 제3항).

2. 재심사절차

(1) 심리통지

심사위원회는 재심사의 청구를 받으면 그 청구에 대한 심리 기일 및 장소를 정하여 심리 기일 3일 전까지 당사자 및 그 사건을 심사한 심사관에게 알려야 한다(법 제101조 제1항).

(2) 심리방법

① 당사자는 심사위원회에 문서 또는 구두로 그 의견을 진술할 수 있다(동조 제2항).
② <u>재심사청구에 대한 심리절차는 공개함을 원칙으로 하되, 당사자의 양쪽 또는 어느 한 쪽의 신청이 있는 경우에는 공개하지 아니할 수 있다</u>(동조 제3항).
③ 심사위원회는 심리조서를 작성하여야 하고, 당사자나 관계인은 그 열람을 신청할 수 있으며, 위원회는 당사자나 관계인이 열람 신청을 하면 정당한 사유 없이 이를 거부하여서는 아니 된다(동조 제4~6항).
④ 재심사청구의 심리에 관하여는 제94조 및 제95조를 준용한다. 이 경우 “심사관”은 “심사위원회”로, “심사의 청구”는 “재심사의 청구”로, “심사청구인”은 “재심사청구인”으로 본다(동조 제7항).

(3) 재심사의 상대방

재심사의 청구는 <u>원처분등을 행한 직업안정기관의 장 또는 근로복지공단</u>을 상대방으로 한다(법 제100조).

Ⅲ 심사 및 재심사청구의 효력

1. 원처분 집행의 정지

(1) 원칙 ; 집행부정지 원칙

심사의 청구는 원처분등의 집행을 정지시키지 아니한다(법 제93조 제1항 본문).

(2) 예외

심사관은 원처분등의 집행에 의하여 발생하는 중대한 위해를 피하기 위하여 긴급한 필요가 있다고 인정하면 직권으로 그 집행을 정지시킬 수 있다(법 제93조 제1항 단서).

(3) 집행정지 절차 및 효력

심사관은 집행을 정지시키려고 할 때에는 그 이유를 적은 문서로 그 사실을 직업안정기관의 장 또는 근로복지공단에게 알려야 하고, 직업안정기관의 장 또는 근로복지공단은 통지를 받으면 지체 없이 그 집행을 정지하여야 하며, 심사관은 집행을 정지시킨 경우에는 지체 없이 심사청구인에게 그 사실을 문서로 알려야 한다(법 제93조 제2~4항).

2. 결정

(1) 결정의 내용과 방법

심사관은 심사의 청구에 대한 심리를 마쳤을 때에는 원처분등의 전부 또는 일부를 취소하거나 심사청구의 전부 또는 일부를 기각하고(법 제96조), 결정을 하면 문서로서 하며 심사청구인 및 원처분 등을 한 직업안정기관의 장 또는 근로복지공단에 결정서의 정본을 보낸 날부터 효력이 발생한다(법 제97조).

(2) 결정의 효력

① 결정은 심사청구인 및 직업안정기관의 장 또는 근로복지공단에게 **결정서의 정본을 보낸 날부터 효력이 발생**하며, 그 결정은 원처분 등을 행한 직업안정기관의 장 또는 근로복지공단을 기속한다(법 제98조).

② 결정에 이의가 있는 자는 고용노동부의 **고용보험심사위원회에 재심사 청구**를 할 수 있다(법 제99조 제1항).

3. 다른 법률과의 관계

재심사의 청구에 대한 재결을 행정소송법 제18조를 적용할 경우 행정심판에 대한 재결로 보며, 심사 및 재심사의 청구에 관하여 이 법에서 정하지 아니한 사항은 행정심판법의 규정에 따른다(법 제104조 제1 · 2항).

4. 그 밖의 절차 준용

심사절차에서의 심사관의 조사권한 이외에도 심사위원회위원의 기피신청, 재심청구인 지위의 승계, 재심사청구의 방식, 재심사청구의 보정 및 각하, 원처분집행의 정지, 재결내용 및 재결방식과 재결효력에도 심사절차를 준용한다(법 제102조).

Ⅳ 소멸시효 : 3년

제3장부터 제5장까지의 규정에 따른 지원금 · 취업촉진수당을 지급받거나 반환 받을 권리와 구직급여 · 육아휴직 급여, 육아기 근로시간 단축급여 및 출산전후휴가 급여 등을 반환을 받을 권리는 3년간 행사하지 아니하면 시효로 소멸하며, 소멸시효중단에 관하여는 「산재법」 제113조를 준용한다(법 제107조).

Ⅴ 벌 칙

1. 벌칙규정

(1) 벌칙

① 제105조를 위반하여 근로자를 해고하거나 그 밖에 근로자에게 불이익한 처우를 한 사업주는 3년 이하의 징역 또는 3천만원 이하의 벌금에 처하고, 거짓이나 그 밖의 부정한 방법으로 실업급여 · 육아휴직 급여 및 출산전후휴가 급여등을 받은 자는 1년 이하의 징역 또는 1천만원 이하의 벌금에 처하였으나, 2020.8.28.부터는 3년 이하의 징역 또는 3천만원 이하의 벌금에 처하였다(법 제116조).

② 사업주와 공모하여 거짓이나 그 밖의 부정한 방법으로 고용안정 · 직업능력개발 사업의 지원금/ 제4장에 따른 실업급여/ 육아휴직 급여, 육아기 근로시간 단축 급여 및 출산전후휴가 급여등에 따른 지원금 또는 급여를 받은 자와 공모한 사업주는 예전에는 1년 이하의

징역 또는 1천만원 이하의 벌금에 처하였으나 형량을 높여 2020.8.28.부터는 각각 5년 이하의 징역 또는 5천만원 이하의 벌금에 처하도록 제116조를 개정하였다.

(2) 벌칙 적용시의 공무원 의제

제36조(업무의 대행규정)와 제115조(권한의 위임 · 위탁)에 따라 업무를 대행하거나 위탁하도록 하는 경우에 그 대행하거나 위탁받은 업무에 종사하는 자는 「형법」 제129조부터 제132조까지의 규정에 따른 벌칙을 적용할 때에는 공무원으로 본다(법 제115조의2 제1항). 또한, 심사위원회의 위원 중 공무원이 아닌 위원은 형법 제 123조 및 제129조부터 제132조까지의 규정을 적용할 때에는 공무원으로 본다(동조 제2항).

(3) 양벌규정

법인의 대표자나 법인 또는 개인의 대리인, 사용인, 그 밖의 종업원이 그 법인 또는 개인의 업무에 관하여 제116조의 위반행위를 하면 그 행위자를 벌하는 외에 그 법인 또는 개인에게도 해당 조문의 벌금형을 과한다. 다만, 법인 또는 개인이 그 위반행위를 방지하기 위하여 해당 업무에 관하여 상당한 주의와 감독을 게을리하지 아니한 경우에는 그러하지 아니하다(법 제117조).

2. 과태료(법 제118조)

① 다음 각 호의 어느 하나에 해당하는 사업주, 보험사무대행기관의 대표자 또는 대리인 · 사용인, 그 밖의 종업원에게는 300만원 이하의 과태료를 부과한다.

1. 제15조(피보험자격에 관한 신고)를 위반하여 신고를 하지 아니하거나 거짓으로 신고한 자
2. 제16조(이직의 확인) 제1항을 위반하여 이직확인서를 제출하지 아니하거나 거짓으로 작성하여 제출한 자, 2020.8.28 이후에는 '이직확인서 발급을 안해주거나 거짓으로 작성하여 발급하여 준 자'로 개정함.
3. 제16조(이직의 확인) 제2항 후단을 위반하여 이직확인서를 내주지 아니한 자, 2020.8.28 이후에는 '이직확인서를 제출하지 아니하거나 거짓으로 작성하여 제출한 자'로 개정함.
4. 제108조(보고 등) 제1항에 따른 요구에 불응하여 보고를 하지 아니하거나 거짓으로 보고한 자, 같은 요구에 불응하여 문서를 제출하지 아니하거나 거짓으로 적은 문서를 제출한 자 또는 출석하지 아니한 자
5. 제108조(보고 등) 제2항에 따른 요구에 불응하여 증명서를 내주지 아니한 자
6. 제109조(조사 등) 제1항에 따른 질문에 답변하지 아니하거나 거짓으로 진술한 자 또는 조사를 거부 · 방해하거나 기피한 자

② 다음 각 호의 어느 하나에 해당하는 피보험자, 수급자격자 또는 지급되지 아니한 실업급여의 지급을 청구하는 자에게는 100만원 이하의 과태료를 부과한다.

1. 제108조(보고 등) 제3항에 따라 요구된 보고를 하지 아니하거나 거짓으로 보고한 자, 문서를 제출하지 아니하거나 거짓으로 적은 문서를 제출한 자 또는 출석하지 아니한 자
2. 제109조(조사 등) 제1항에 따른 질문에 답변하지 아니하거나 거짓으로 진술한 자 또는 검사를 거부·방해하거나 기피한 자

③ 제87조에 따른 심사 또는 재심사의 청구를 받아 하는 심사관 및 심사위원회의 질문에 답변하지 아니하거나 거짓으로 진술한 자 또는 검사를 거부·방해하거나 기피한 자에게는 100만원 이하의 과태료를 부과한다.

④ 제1항부터 제3항까지의 규정에 따른 과태료는 대통령령으로 정하는 바에 따라 고용노동부장관이 부과·징수한다.

1차 공인노무사
시/험/대/비

CHAPTER

4

산업재해보상보험법

제1장 총 칙

I 서 설

1. 재해보상제도의 의의

재해보상제도란 근로자가 근로 중에 업무상 부상하거나 질병에 걸리거나 또는 사망한 경우에 그 해당 근로자 또는 유족을 보호하기 위하여 마련된 제도를 말한다.

2. 재해보상제도의 발전단계

초기 재해보상제도는 민법상의 손해배상제도에서 직접보상방식인 근기법상 재해보상 방식으로 진전되고 사회보험방식인 현재의 산재법상 보상방식으로 발전하였다.

3. 산재법의 목적

이 법은 산업재해보상보험 사업을 시행하여 근로자의 업무상의 재해를 신속하고 공정하게 보상하며, 재해근로자의 재활 및 사회 복귀를 촉진하기 위하여 이에 필요한 보험시설을 설치 · 운영하고, 재해 예방과 그 밖에 근로자의 복지 증진을 위한 사업을 시행하여 근로자 보호에 이바지하는 것을 목적으로 한다(법 제1조).

4. 용어의 정의(법 제5조)

1. "업무상의 재해"란 업무상의 사유에 따른 근로자의 부상 · 질병 · 장해 또는 사망을 말한다.
2. "근로자" · "임금" · "평균임금" · "통상임금"이란 각각 「근로기준법」에 따른 "근로자" · "임금" · "평균임금" · "통상임금"을 말한다. 다만, 「근로기준법」에 따라 "임금" 또는 "평균임금"을 결정하기 어렵다고 인정되면 고용노동부장관이 정하여 고시하는 금액을 해당 "임금" 또는 "평균임금"으로 한다.
3. "유족"이란 사망한 자의 배우자(사실상 혼인 관계에 있는 자를 포함한다. 이하 같다) · 자녀 · 부모 · 손자녀 · 조부모 또는 형제자매를 말한다.
4. "치유"란 부상 또는 질병이 완치되거나 치료의 효과를 더 이상 기대할 수 없고 그 증상이 고정된 상태에 이르게 된 것을 말한다.
5. "장해"란 부상 또는 질병이 치유되었으나 정신적 또는 육체적 훼손으로 인하여 노동능력이 상실되

거나 감소된 상태를 말한다.
6. "중증요양상태"란 업무상의 부상 또는 질병에 따른 정신적 또는 육체적 훼손으로 노동능력이 상실되거나 감소된 상태로서 그 부상 또는 질병이 치유되지 아니한 상태를 말한다.
7. "진폐(塵肺)"란 분진을 흡입하여 폐에 생기는 섬유증식성(纖維增殖性) 변화를 주된 증상으로 하는 질병을 말한다.
8. "출퇴근"이란 취업과 관련하여 주거와 취업장소 사이의 이동 또는 한 취업장소에서 다른 취업장소로의 이동을 말한다.

5. 보험의 관장과 운영

(1) 관장자 : 고용노동부 장관

이 법에 따른 산업재해보상보험 사업은 고용노동부장관이 관장한다(법 제2조 제1항).

(2) 보험연도

이 법에 따른 보험사업의 보험연도는 정부의 회계연도에 따른다(동조 제2항).

(3) 국가의 부담 및 지원

① 국가는 회계연도마다 예산의 범위에서 보험사업의 사무 집행에 드는 비용을 일반회계에서 부담하여야 한다(법 제3조 제1항).

② 국가는 회계연도마다 예산의 범위에서 보험사업에 드는 비용의 일부를 지원할 수 있다(동조 제2항).

(4) 보험료와 보험관계의 성립 및 소멸

이 법에 따른 ① 보험사업에 드는 비용에 충당하기 위하여 징수하는 보험료나 그 밖의 징수금에 관하여는 ② 보험 관계의 성립과 소멸에 대하여는 "보험료징수법"에서 정하는 바에 따른다(법 제4조 · 제7조).

(5) 보험사업 관련 조사연구

고용노동부장관은 보험사업을 효율적으로 관리 · 운영하기 위하여 조사 · 연구 사업 등을 할 수 있고, 필요하다고 인정하면 그 업무의 일부를 대통령령으로 정하는 자[52]에게 대행하게 할

52) 산업재해보상보험과 산업재해 예방에 관한 사항을 조사 · 연구하게 하기 위하여 위원회에 산업재해보상보험 · 산업안전공학 · 기계안전 · 전기안전 · 화공안전 · 건축안전 · 토목안전 · 산업의학 · 산업간호 · 산업위생 · 인간공학 ·

수 있다(법 제8조).

Ⅱ 산업재해보상보험및예방심의위원회

1. 의의

산업재해보상보험 및 예방에 관한 중요 사항을 심의하게 하기 위하여 고용노동부에 산업재해보상보험및예방심의위원회(이하 "위원회"라 한다)를 둔다(법 제8조 제1항). 즉, 위원회는 고용노동부장관의 자문에 응하여 중요사항을 심의하고 보험사업의 전문성과 민주성을 도모하기 위한 심의기관이다. 고용노동부장관은 위원회에서 결의된 내용에 법적으로 구속되지 않는다.

2. 위원회의 구성 및 임기

(1) 위원장 및 부위원장

위원회에 위원장과 부위원장을 각 1명씩 두며, 위원장은 고용노동부차관이 되고, 부위원장은 공익을 대표하는 위원 중에서 위원회가 선임한다. 위원장은 위원회를 대표하며, 위원회의 사무를 총괄하고, 부위원장은 위원장을 보좌하며 위원장이 부득이한 사유로 직무를 수행할 수 없을 때에는 그 직무를 대행한다(영 제6조).

(2) 위원회(영 제4조 내지 제5조)

위원회는 근로자를 대표하는 자, 사용자를 대표하는 자 및 공익을 대표하는 자로 구성하되, 그 수는 각각 같은 수로 하며, 그 심의 사항을 검토하고, 위원회의 심의를 보조하게 하기 위하여 위원회에 전문위원회를 둘 수 있다(법 제8조 제2·3항).

구성	선정방법	임기
근로자를 대표하는 위원	총연합단체인 노동조합이 추천하는 사람 5명	원칙 : 3년 연임가능, 공익을 대표하는 위원중 고용노동부차관과 고위공무원의 경우 재직기간, 보궐위원의 임기-잔여기간 ※ 해촉사유 1. 심신장애로 인하여 직무를 수행할 수 없게 된 경우
사용자를 대표하는 위원	전국을 대표하는 사용자단체가 추천하는 사람 5명	

유해물질관리·안전보건 관련 법령 및 산업재해통계, 그 밖에 필요한 각 분야별로 2명 이내의 조사·연구위원을 둘 수 있고, 조사·연구위원은 해당 분야에 관한 학식과 경험이 풍부한 사람 중에서 고용노동부장관이 임명한다(영 제8조의2).

공익을 대표하는 위원	① 고용노동부차관 ② 고용노동부에서 산업재해보상보험업무를 담당하는 고위공무원 또는 산업재해예방업무를 담당하는 고위공무원중 1명 ③ 시민단체에서 추천한 사람과 사회보험에 관한 학식과 경험이 풍부한 사람 중 3명	2. 직무와 관련된 비위사실이 있는 경우 3. 직무태만, 품위손상이나 그 밖의 사유로 인하여 위원으로 적합하지 아니하다고 인정되는 경우 4. 위원 스스로 직무를 수행하는 것이 곤란하다고 의사를 밝히는 경우

(3) 위원회의 기능(영 제3조)

① 요양급여의 범위나 비용 등 요양급여의 산정기준 사항
② 산재보험료율의 결정에 관한 사항
③ 산업재해보상보험 및 예방기금의 운용계획 수립에 관한 사항
④ 산업안전·보건업무와 관련된 주요정책 및 산업재해예방에 관한 중·장기 기본계획
⑤ 그 밖에 고용노동부장관이 산업재해보상보험사업 및 산업안전·보건업무에 관하여 심의에 부치는 사항

(4) 위원회의 운영

위원장은 위원회의 회의를 소집하고 그 의장이 되고, 위원회의 회의는 고용노동부장관의 요구가 있거나 재적위원 과반수의 요구가 있을 때 소집하며 위원회의 회의는 재적위원 과반수의 출석으로 개의하고, 출석위원 과반수의 찬성으로 의결한다(영 제7조).

Ⅲ 적용범위

1. 원칙

이 법은 근로자를 사용하는 모든 사업 또는 사업장에 적용한다(법 제6조 제1항).

2. 예외

위험률·규모 및 장소 등을 고려하여 대통령령으로 정하는 사업에 대하여는 이 법을 적용하지 아니한다(동조 제2항).

※ 대통령령이 정하는 사업(영 제2조)

1. 「공무원 재해보상법」 또는 「군인연금법」에 따라 재해보상이 되는 사업. 다만, 「공무원 재해보상법」

순직유족급여 또는 위험직무순직유족급여에 관한 규정을 적용받는 경우는 제외
2. 「선원법」, 「어선원 및 어선 재해보상보험법」 또는 「사립학교교직원 연금법」에 따라 재해보상이 되는 사업
3. 삭제(2017.12.26)
4. 가구내 고용활동
5. 삭제(2017.12.26)
6. 농업, 임업(벌목업은 제외한다), 어업 및 수렵업 중 법인이 아닌 자의 사업으로서 상시 근로자 수가 5명 미만인 사업

※ 위 각 호의 사업의 범위에 관하여 이 영에 특별한 규정이 없으면 「통계법」에 따라 통계청장이 고시하는 한국표준산업분류표에 따른다.

Ⅳ 산재보험 적용특례 근로자 및 사업주

1. 국외의 사업에 대한 특례

(1) 특례제도의 취지

국외에서 취업중이거나 대한민국 밖의 지역에서 행하는 사업에 근로시키기 위하여 파견하는 자에 대하여 근무기간 중 발생한 근로자의 재해를 보상하기 위한 제도이다.

(2) 적용요건

① 국외근로기간 중 발생한 근로자의 재해일 것
② 해당사업의 지역이 특정되어 있을 것
③ 국외보험사업을 영위할 자를 지정할 것

(3) 국외사업의 보험관장과 보험회사의 의무

1) 보험관장

국외 근무기간 중 발생한 근로자의 재해를 보상하기 위하여 우리나라가 당사국이 된 사회보장에 관한 조약이나 협정(이하 "사회보장관련조약"이라 한다)으로 정하는 국가나 지역에서의 사업에 대하여는 고용노동부장관이 금융위원회와 협의하여 지정하는 자에게 이 법에 따른 보험사업을 자기의 계산으로 영위하게 할 수 있다(법 제121조 제1항).

2) 의무

① 불이익한 보험급여지급의 금지

② 정부가 부담하는 모든 책임의 성실히 이행할 의무

2. 해외파견자에 대한 산재보험 적용특례

(1) 의의

보험가입자가 대한민국 밖의 지역(고용노동부령으로 정하는 지역은 제외한다)에서 하는 사업에 근로시키기 위하여 파견하는 자에 대하여 공단에 보험 가입 신청을 하여 승인을 받으면 해외파견자를 그 가입자의 대한민국 영역 안의 사업(2개 이상의 사업이 있는 경우에는 주된 사업을 말한다)에 사용하는 근로자로 보아 이 법을 적용할 수 있다(법 제122조 제1항).

(2) 적용요건

근무장소가 해외일지라도 근로자가 국내사업장에 소속되어 국내사업장 사용자의 직접적인 지배아래 있다면 "해외출장"으로 보아 국내사업장에 흡수 적용되며, 해외사업장에 소속되어 해외사업장 사용자의 직접적 지휘·감독을 받아 근무하는 경우에는 "해외파견"으로 보아 특례를 적용한다.

(3) 해외파견자의 임금과 산재보험료율

산재보험의 적용을 받는 해외파견자의 보험료산정의 기초가 되는 보수액은 그 사업에 사용되는 같은 직종 근로자의 보수나 그 밖의 사정을 고려하여 고용노동부장관이 정하는 금액으로 하고, 산재보험료율은 해외파견자의 재해율 및 재해보상에 소요되는 금액 등을 고려하여 고용노동부장관이 결정(보험료징수법 제47조 제1항).

3. 현장실습생에 대한 산재보험 적용특례

(1) 의의

이 법이 적용되는 사업에서 **현장 실습을 하고 있는 학생 및 직업 훈련생 중 고용노동부장관이 정하는 현장실습생은 이 법을 적용할 때는 그 사업에 사용되는 근로자로 본다**(법 제123조 제1항). 학생의 신분으로 산업체에서 현장실습을 하면서 동시에 근로를 제공하다 발생한 재해에 대하여 근로자가 아니라는 이유로 산재보험급여를 할 수 없는 문제점을 개선하기 위하여 근로자로 의제하는 특례제도이다.

(2) 업무상 재해와 보험급여의 지급

1) 업무상재해의 인정범위

현장실습생이 실습과 관련해 입은 재해를 말한다(동조 제2항).

2) 급여의 인정범위

보험급여의 기초가 되는 임금액은 현장실습생이 지급받는 훈련수당 등 모든 금품으로 하되, 이를 적용하는 것이 현장실습생의 재해보상에 적절하지 아니하다고 인정되면 고용노동부장관이 정하여 고시하는 금액으로 할 수 있다(동조 제3항).

4. 중소기업사업주에 대한 적용특례

(1) 의의

중·소기업사업주에 대한 특례는 산재보험법 제6조 단서에 의한 사업의 위험률·규모 및 장소 등을 고려하여 적용을 제외한 사업임에도 불구하고 공단의 승인을 얻어 산재보험에 가입할 수 있도록 한 것이다(보험료징수법 제5조 제4항).

(2) 중 · 소기업 사업주의 범위

대통령령이 정하는 중·소기업사업주(근로자를 사용하지 아니하는 사업주를 포함한다)는 공단의 승인을 얻어 자기 또는 유족을 보험급여를 받을 수 있는 자로 하여 보험에 가입할 수 있다. 이 경우 법 제5조 제2호의 규정에 불구하고 그 사업주는 이 법을 적용할 때 근로자로 본다(법 제124조 제1항).

※ 대통령령이 정하는 중 · 소기업사업주(영 제122조)

1. 50인 미만의 근로자를 사용하는 사업주. 다만, 중·소기업 사업주가 50명 이상의 근로자를 사용하게 된 경우에도 해당 보험연도에는 50명 미만의 근로자를 사용하는 사업주로 본다.
2. 다음 각 목의 어느 하나에 해당하면서 근로자를 사용하지 아니하는 사람. 다만, 법 제125조 제1항 및 영 제125조 제2호·제5호·제6호·제9호에 따른 특수형태근로종사자에 해당하는 사람은 제외한다.
   가. 「여객자동차 운수사업법」에 따라 여객자동차 운송사업을 하는 사람
   나. 「화물자동차 운수사업법」에 따라 화물자동차 운송사업을 하는 사람
   다. 「건설기계관리법」에 따라 건설기계사업을 하는 사람.
   라. 「통계법」 제22조에 따라 통계청장이 고시하는 직업에 관한 표준분류(이하 "한국표준직업분류표"라 한다)의 세분류에 따른 택배원인 사람으로서 다음의 어느 하나에 해당하는 사람
      1) 퀵서비스업자[소화물의 집화(集貨)·수송 과정 없이 그 배송만을 업무로 하는 사업의 사업

주를 말한다. 이하 같다]로부터 업무를 의뢰받아 배송 업무를 하는 사람
2) 퀵서비스업자
마. 「예술인 복지법」 제2조에 따른 예술인으로서 예술활동의 제공 대가로 보수를 받을 목적으로 체결된 계약에 따라 활동하는 사람
바. 대리운전업자(자동차 이용자의 요청에 따라 목적지까지 유상으로 그 자동차를 운전하는 사업의 사업주를 말한다. 이하 같다) 또는 대리운전업자로부터 업무를 의뢰받아 대리운전 업무를 하는 사람
사. 한국표준산업분류표의 대분류에 따른 제조업 중 다음의 어느 하나에 해당하는 제조업을 하는 사람
1) 한국표준산업분류표의 중분류에 따른 1차 금속 제조업
2) 한국표준산업분류표의 중분류에 따른 금속 가공제품 제조업
3) 한국표준산업분류표의 중분류에 따른 전자 부품, 컴퓨터, 영상, 음향 및 통신장비 제조업
4) 한국표준산업분류표의 중분류에 따른 의료, 정밀, 광학 기기 및 시계 제조업
5) 한국표준산업분류표의 중분류에 따른 전기장비 제조업
6) 한국표준산업분류표의 중분류에 따른 기타 기계 및 장비 제조업
7) 한국표준산업분류표의 소분류에 따른 귀금속 및 장신용품 제조업
아. 「자동차관리법」 제2조 제8호에 따른 자동차정비업을 하는 사람
3. 제1항 제2호에 따라 보험에 가입한 사람이 50명 미만의 근로자를 사용하게 된 경우에는 보험에 가입한 것으로 본다.

(3) 업무상 재해와 보험급여

1) 업무상 재해의 인정기준

영 제27조(업무수행중의 사고), 제28조(시설물 등의 결함 등에 따른 사고), 제30조(행사 중의 사고), 제31조(특수한 장소에서의 사고), 제32조(요양 중의 사고), 제33조(제3자의 행위에 따른 사고), 제34조(업무상 질병의 인정기준), 제36조(자해행위에 따른 업무상의 재해의 인정기준)가 중·소기업사업주에게 적용한다.

※ 중소기업사업주의 경우 통근상의 재해는 인정되지 않는다.

2) 보험급여의 산정기준

중·소기업 사업주에 대한 보험급여의 산정 기준이 되는 평균임금은 고용노동부장관이 정하여 고시하는 금액으로 한다(동조 제3항).

3) 중소기업사업주에 대한 보험급여 지급의 제한

업무상의 재해가 보험료의 체납기간에 발생한 경우 그 재해에 대한 보험급여의 전부 또는 일부를 지급하지 아니할 수 있다(동조 제4항).

5. 특수형태근로종사자에 대한 특례

(1) 개념

특수형태근로종사자란 계약의 형식에 관계없이 근로자와 유사하게 노무를 제공함에도 「근로기준법」 등이 적용되지 아니하여 업무상의 재해로부터 보호할 필요가 있는 자를 말한다.

(2) 인정요건(법 제125조 제1항)

① 주로 하나의 사업 또는 사업장에 그 운영에 필요한 노무를 상시적으로 제공하고 보수를 받아 생활할 것

② 노무를 제공함에 있어서 타인을 사용하지 아니할 것

③ 대통령령으로 정하는 직종에 종사할 것

※ 대통령령으로 정하는 직종에 종사하는 자(영 제125조)

1. 보험을 모집하는 사람으로서 보험업법에 따른 보험설계사 또는 우체국예금·보험법에 따른 우체국보험의 모집을 전업으로 하는 사람
2. 「건설기계관리법」에 따라 등록된 콘크리트믹서트럭을 소유하여 그 콘크리트믹서트럭을 직접 운전하는 사람
3. 한국표준직업분류표의 세세분류에 따른 학습지 교사
4. 「체육시설의 설치·이용에 관한 법률」에 따라 직장체육시설로 설치된 골프장 또는 체육시설업의 등록을 한 골프장에서 골프경기를 보조하는 골프장 캐디
5. 한국표준직업분류표의 세분류에 따른 택배원인 사람으로서 택배사업(소화물을 집화·수송 과정을 거쳐 배송하는 사업을 말한다)에서 집화 또는 배송 업무를 하는 사람
6. 한국표준직업분류표의 세분류에 따른 택배원인 사람으로서 고용노동부장관이 정하는 기준에 따라 주로 하나의 퀵서비스업자로부터 업무를 의뢰받아 배송 업무를 하는 사람
7. 「대부업 등의 등록 및 금융이용자 보호에 관한 법률」에 따른 대출모집인
8. 「여신전문금융업법」에 따른 신용카드회원 모집인
9. 고용노동부장관이 정하는 기준에 따라 주로 하나의 대리운전업자로부터 업무를 의뢰받아 대리운전 업무를 하는 사람

(3) 적용

① 특수형태근로종사자는 제5조 제2호에도 불구하고 이 법을 적용할 때에는 그 사업 또는 사업장의 근로자로 본다(법 제125조 제2항).

② 특수형태근로종사자는 이 법의 적용을 원하지 아니하는 경우 보험료징수법으로 정하는 바에 따라 공단에 이 법의 적용제외를 신청할 수 있다. 다만, 사업주가 보험료를 전액 부담하는 특수형태근로종사자의 경우에는 그러하지 아니하다. 현행법상 해당자 없음(동조 제4항). 사업주는 특수형태근로종사자로부터 노무를 제공받거나 제공받지 아니하게 된 경우에는 이를 대통령령으로 정하는 바에 따라 공단에 신고하여야 한다(동조 제3항).

③ 이 법의 적용 제외를 신청한 경우에는 신청한 날의 다음 날부터 이 법을 적용하지 아니한다. 다만, 처음 이 법의 적용을 받은 날부터 70일 이내에 이 법의 적용 제외를 신청한 경우에는 처음 이 법의 적용을 받은 날로 소급하여 이 법을 적용하지 아니하고, 이 법의 적용을 받지 아니하는 자가 다시 이 법의 적용을 받기 위하여 공단에 신청하는 경우에는 다음 보험연도부터 이 법을 적용한다(동조 제5 · 6항).

④ 이 법의 적용을 받는 특수형태근로종사자에 대한 보험관계의 성립 · 소멸 및 변경, 법 적용 제외 및 재적용의 신청, 보험료의 산정 · 신고 · 납부, 보험료나 그 밖의 징수금의 징수에 필요한 사항은 보험료징수법에서 정하는 바에 따르며, 특수형태근로종사자에 대한 보험급여의 산정 기준이 되는 평균임금은 고용노동부장관이 고시하는 금액으로 한다(동조 제7 · 8항).

(4) 업무상재해와 보험급여

특수형태근로종사자에 대한 보험급여 지급사유인 업무상의 재해의 인정 기준은 대통령령(일반근로자와 동일)으로 정하고, 업무상의 재해가 보험료 체납기간 중에 발생한 경우에는 대통령령으로 정하는 바에 따라 그 업무상의 재해에 따른 보험급여의 전부 또는 일부를 지급하지 아니할 수 있다(동조 제9 · 10항).

6. 국민기초생활수급자에 대한 특례

산재보험법 제5조 제2호에 따른 근로자가 아닌 자로서 「국민기초생활 보장법」 제15조에 따른 자활급여 수급자 중 고용노동부장관이 정하여 고시하는 사업에 종사하는 자는 제5조 제2호에도 불구하고 이 법의 적용을 받는 근로자로 본다(법 제126조 제1항). 자활급여 수급자의 보험료 산정 및 보험급여의 기초가 되는 임금액은 자활급여 수급자가 제1항의 사업에 참여하여 받는 자활급여로 한다(동조 제2항).

Ⅴ 근로복지사업

1. 근로복지 사업

① 고용노동부장관은 근로자의 복지 증진을 위한 다음 각 호의 사업을 한다(법 제92조 제1항).

1. 업무상의 재해를 입은 근로자의 원활한 사회 복귀를 촉진하기 위한 다음 각 목의 보험시설의 설치・운영
   가. 요양이나 외과 후 처치에 관한 시설
   나. 의료재활이나 직업재활에 관한 시설
2. 장학사업 등 재해근로자와 그 유족의 복지 증진을 위한 사업
3. 그 밖에 근로자의 복지 증진을 위한 시설의 설치・운영 사업

② 고용노동부장관은 공단 또는 재해근로자의 복지 증진을 위하여 설립된 법인 중 고용노동부장관의 지정을 받은 법인에 제1항에 따른 사업을 하게 하거나 같은 항 제1호에 따른 보험시설의 운영을 위탁할 수 있다(동조 제2항).

③ 지정법인의 지정 기준에 필요한 사항은 고용노동부령으로 정하고, 고용노동부장관은 예산의 범위에서 지정법인의 사업에 필요한 비용의 일부를 보조할 수 있다(동조 제3・4항).

2. 국민건강보험 요양급여 비용의 본인 일부 부담금의 대부

공단은 질병에 대하여 요양 신청을 한 경우로서 요양급여의 결정에 걸리는 기간 등을 고려하여 대통령령으로 정하는 자에 대하여 「국민건강보험법」에 따른 요양급여 비용의 본인 일부 부담금에 대한 대부사업을 할 수 있고, 그 대부를 받은 자에게 지급할 이 법에 따른 요양급여가 있으면 그 요양급여를 대부금의 상환에 충당할 수 있으며 대부의 금액・조건 및 절차는 고용노동부장관의 승인을 받아 공단이 정한다(법 제93조).

3. 장해급여자의 고용 촉진

고용노동부장관은 보험가입자에 대하여 장해급여 또는 진폐보상연금을 받은 자를 그 적성에 맞는 업무에 고용하도록 권고할 수 있다(법 제94조).

Ⅵ 산업재해보상보험 및 예방기금

1. 산업재해보상보험및예방기금의 설치 및 조성

① **고용노동부장관은 보험사업, 산업재해 예방 사업에 필요한 재원을 확보하고, 보험급여에 충당하기 위하여 산업재해보상보험및예방기금을 설치한다**(법 제95조 제1항).

② 기금은 보험료, 기금운용 수익금, 적립금, 기금의 결산상 잉여금, 정부 또는 정부 아닌 자의 출연금 및 기부금, 차입금, 그 밖의 수입금을 재원으로 하여 조성하며 **정부는 산업재해 예방 사업을 수행하기 위하여 회계연도마다 기금지출예산 총액의 100분의 3의 범위에서 정부의 출연금으로 세출예산에 계상하여야 한다**(동조 제2·3항).

2. 기금의 용도

① 기금은 다음 각 호의 용도에 사용한다(법 제96조 제1항).

1. 보험급여의 지급 및 반환금의 반환
2. 차입금 및 이자의 상환
3. 공단에의 출연
4. 「산업안전보건법」 제12조에 따른 용도
5. 재해근로자의 복지 증진
6. 「한국산업안전보건공단법」에 따른 한국산업안전보건공단에 대한 출연
7. 보험료징수법 제4조에 따른 업무를 위탁받은 자에의 출연
8. 그 밖에 보험사업 및 기금의 관리와 운용

② 고용노동부장관은 회계연도마다 제1항 각 호에 해당하는 기금지출예산 총액의 100분의 8 이상을 제1항 제4호 및 제6호에 따른 용도로 계상하여야 하며, 제1항 제7호에 따라 기금으로부터 「국민건강보험법」에 따른 국민건강보험공단에 출연하는 금액은 징수업무(고지·수납·체납 업무를 말한다)가 차지하는 비율 등을 기준으로 산정한다(동조 제2항).

3. 기금의 관리·운용

① **기금은 고용노동부장관이 관리·운용한다**(법 제97조 제1항).

② 고용노동부장관은 다음 각 호의 방법에 따라 기금을 관리·운용하여야 한다(동조 제2항).

1. 금융기관 또는 체신관서에의 예입(예입) 및 금전신탁
2. 재정자금에의 예탁
3. 투자신탁 등의 수익증권 매입

4. 국가·지방자치단체 또는 금융기관이 직접 발행하거나 채무이행을 보증하는 유가증권의 매입
5. 그 밖에 기금 증식을 위하여 대통령령으로 정하는 사업

③ 고용노동부장관은 제2항에 따라 기금을 관리·운용할 때에는 그 수익이 대통령령으로 정하는 수준 이상이 되도록 하여야 하며, 기금은 「국가회계법」 제11조에 따라 회계처리를 하고, 고용노동부장관은 기금의 관리·운용에 관한 업무의 일부를 공단 또는 한국산업안전보건공단에 위탁할 수 있다(동조 제3~5항).

4. 기금의 운용계획

고용노동부장관은 회계연도마다 위원회의 심의를 거쳐 기금운용계획을 세워야 한다(법 제98조).

5. 책임준비금의 적립

고용노동부장관은 보험급여에 충당하기 위하여 책임준비금을 적립하여야 하고, 고용노동부장관은 회계연도마다 책임준비금을 산정하여 적립금 보유액이 책임준비금의 금액을 초과하면 그 초과액을 장래의 보험급여 지급 재원으로 사용하고, 부족하면 그 부족액을 보험료 수입에서 적립하여야 한다(법 제99조).

6. 잉여금과 손실금의 처리

기금의 결산상 잉여금이 생기면 이를 적립금으로 적립하여야 하며, 기금의 결산상 손실금이 생기면 적립금을 사용할 수 있다(법 제100조).

7. 차입금

기금에 속하는 경비를 지급하기 위하여 필요하면 기금의 부담으로 차입할 수 있고기금에서 지급할 현금이 부족하면 기금의 부담으로 일시차입을 할 수 있으며 일시차입금은 그 회계연도 안에 상환하여야 한다(법 제101조).

8. 기금의 출납 등

기금을 관리·운용을 할 때의 출납 절차 등에 관한 사항은 대통령령으로 정한다(법 제102조).

제2장 근로복지공단

Ⅰ 근로복지공단의 설립

1. 설립

고용노동부장관의 위탁을 받아 제1조의 목적을 달성하기 위한 사업을 효율적으로 수행하기 위하여 근로복지공단(이하 “공단”이라 한다)을 설립한다(법 제10조).

2. 법인격

공단은 법인으로 한다(법 제12조).

3. 사무소

공단의 주된 사무소 소재지는 정관으로 정하고, 공단은 필요하면 정관으로 정하는 바에 따라 분사무소를 둘 수 있다(법 제13조).

4. 정관

① 공단의 정관에는 다음 각 호의 사항을 적어야 한다(법 제14조 제1항).

1. 목적
2. 명칭
3. 주된 사무소와 분사무소에 관한 사항
4. 임직원에 관한 사항
5. 이사회에 관한 사항
6. 사업에 관한 사항
7. 예산 및 결산에 관한 사항
8. 자산 및 회계에 관한 사항
9. 정관의 변경에 관한 사항
10. 내부규정의 제정·개정 및 폐지에 관한 사항
11. 공고에 관한 사항

② 공단의 정관은 고용노동부장관의 인가를 받아야 한다. 이를 변경하려는 때에도 또한 같다(동조 제2항).

5. 설립등기

공단은 그 주된 사무소의 소재지에서 설립등기를 함으로써 성립한다(법 제15조).

Ⅱ 공단의 사업

1. 공단의 업무

※ 근로복지공단의 업무(법 제11조 제1항)

1. 보험가입자와 수급권자에 관한 기록의 관리 · 유지
2. 보험료징수법에 따른 보험료와 그 밖의 징수금의 징수
3. 보험급여의 결정과 지급
4. 보험급여 결정 등에 관한 심사 청구의 심리 · 결정
5. 산업재해보상보험 시설의 설치 · 운영

5의2. 업무상 재해를 입은 근로자 등의 진료 · 요양 및 재활

5의3. 재활보조기구의 연구개발 · 검정 및 보급

5의4. 보험급여 결정 및 지급을 위한 업무상 질병 관련 연구

5의5. 근로자 등의 건강을 유지 · 증진하기 위하여 필요한 건강진단 등 예방 사업

6. 근로자의 복지 증진을 위한 사업
7. 그 밖에 정부로부터 위탁받은 사업
8. 제5호 · 제5호의2부터 제5호의5까지 · 제6호 및 제7호에 따른 사업에 딸린 사업

2. 운영

① 공단은 제1항 제5호의2부터 제5호의5까지의 사업을 위하여 의료기관, 연구기관 등을 설치 · 운영할 수 있고, 제1항 제3호에 따른 사업의 수행에 필요한 자문을 하기 위하여 공단에 관계 전문가 등으로 구성되는 보험급여자문위원회를 둘 수 있으며 보험급여자문위원회의 구성과 운영에 필요한 사항은 공단이 정한다(동조 제2~4항).

② 정부는 예산의 범위에서 공단의 사업과 운영에 필요한 비용을 출연할 수 있다(동조 제5항).

Ⅲ 임 원

1. 임원의 구성

① 공단의 임원은 이사장 1명과 상임이사 4명을 포함한 15명 이내의 이사와 감사 1명으로 하고, 이사장·상임이사 및 감사의 임면에 관하여는 「공공기관의 운영에 관한 법률」 제26조에 따른다(법 제16조 제1·2항).

② 비상임이사(제4항에 따라 당연히 비상임이사로 선임되는 사람은 제외한다)는 다음 각 호의 어느 하나에 해당하는 사람 중에서 「공공기관의 운영에 관한 법률」 제26조 제3항에 따라 고용노동부장관이 임명한다. 이 경우 제1호와 제2호에 해당하는 비상임이사는 같은 수로 하되, 노사 어느 일방이 추천하지 아니하는 경우에는 그러하지 아니하다(동조 제3항).

1. 총연합단체인 노동조합이 추천하는 사람
2. 전국을 대표하는 사용자단체가 추천하는 사람
3. 사회보험 또는 근로복지사업에 관한 학식과 경험이 풍부한 사람으로서 「공공기관의 운영에 관한 법률」 제29조에 따른 임원추천위원회가 추천하는 사람

③ 당연히 비상임이사로 선임되는 사람은 다음 각 호와 같다(동조 제4항).

1. 기획재정부에서 공단 예산 업무를 담당하는 3급 공무원 또는 고위공무원단에 속하는 일반직공무원 중에서 기획재정부장관이 지명하는 1명
2. 고용노동부에서 산업재해보상보험 업무를 담당하는 3급 공무원 또는 고위공무원단에 속하는 일반직공무원 중에서 고용노동부장관이 지명하는 1명

④ 비상임이사에게는 보수를 지급하지 아니한다. 다만, 직무 수행에 드는 실제 비용은 지급할 수 있다(동조 제5항).

2. 임원의 임기

이사장의 임기는 3년으로 하고, 이사와 감사의 임기는 2년으로 하되, 각각 1년 단위로 연임할 수 있다(법 제17조).

3. 임원의 직무

① 이사장은 공단을 대표하고 공단의 업무를 총괄한다(법 제18조 제1항).

② 상임이사는 정관으로 정하는 바에 따라 공단의 업무를 분장하고, 이사장이 사고가 있을 때에는 정관으로 정하는 순서에 따라 그 직무를 대행한다(동조 제2항).

③ 감사(監事)는 공단의 업무와 회계를 감사(監査)한다(동조 제3항).

4. 임원의 결격사유와 당연퇴직

다음 각 호의 어느 하나에 해당하는 사람은 공단의 임원이 될 수 없다(법 제19조).

1. 「국가공무원법」 제33조 각 호의 어느 하나에 해당하는 사람
2. 「공공기관의 운영에 관한 법률」 제34조 제1항 제2호에 해당하는 사람

5. 임원의 해임

임원의 해임에 관하여는 「공공기관의 운영에 관한 법률」에 따른다(법 제20조).

6. 임직원의 겸직 제한 등

① 공단의 상임임원과 직원은 그 직무 외에 영리를 목적으로 하는 업무에 종사하지 못한다(법 제21조 제1항).

② 상임임원이 「공공기관의 운영에 관한 법률」 제26조에 따른 임명권자나 제청권자의 허가를 받은 경우와 직원이 이사장의 허가를 받은 경우에는 비영리 목적의 업무를 겸할 수 있다(동조 제2항).

③ 공단의 임직원이나 그 직에 있었던 자는 그 직무상 알게 된 비밀을 누설하여서는 아니 된다(동조 제3항).

Ⅳ 이사회와 직원

1. 이사회

① 공단에 「공공기관의 운영에 관한 법률」 제17조 제1항 각 호의 사항을 심의 · 의결하기 위하여 이사회를 둔다(법 제22조 제1항).

② 이사회는 이사장을 포함한 이사로 구성하고, 이사장은 이사회의 의장이 된다.

③ 이사회의 회의는 이사회 의장이나 재적이사 3분의 1 이상의 요구로 소집하고, 재적이사 과반수의 찬성으로 의결한다(동조 제2 · 3항).

④ 감사는 이사회에 출석하여 의견을 진술할 수 있다(동조 제3항).

2. 직원의 임면 및 대리인의 선임

① 이사장은 정관으로 정하는 바에 따라 공단의 직원을 임명하거나 해임한다(법 제23조 제1항).

② 이사장은 정관으로 정하는 바에 따라 직원 중에서 업무에 관한 재판상 행위 또는 재판 외의 행위를 할 수 있는 권한을 가진 대리인을 선임할 수 있다(동조 제2항).

3. 벌칙 적용에서의 공무원 의제

공단의 임원과 직원은 「형법」 제129조부터 제132조까지의 규정에 따른 벌칙의 적용에서는 공무원으로 본다(법 제24조).

Ⅴ 회계운영

1. 업무의 지도 · 감독

① 공단은 대통령령으로 정하는 바에 따라 **회계연도마다 사업 운영계획과 예산에 관하여 고용노동부장관의 승인을 받아야 한다**(법 제25조 제1항).

② 공단은 회계연도마다 회계연도가 끝난 후 2개월 이내에 사업 실적과 결산을 고용노동부장관에게 보고하여야 한다(동조 제2항).

③ 고용노동부장관은 공단에 대하여 그 사업에 관한 보고를 명하거나 사업 또는 재산 상황을 검사할 수 있고, 필요하다고 인정하면 정관을 변경하도록 명하는 등 감독상 필요한 조치를 할 수 있다(동조 제3항).

2. 공단의 회계

① 공단의 회계연도는 정부의 회계연도에 따른다(법 제26조 제1항).

② 공단은 보험사업에 관한 회계를 공단의 다른 회계와 구분하여 회계처리하여야 한다(동조 제2항).

③ **공단은 고용노동부장관의 승인을 받아 회계규정을 정하여야 한다**(동조 제3항).

3. 자금의 차입 등

① 공단은 사업을 위하여 필요하면 고용노동부장관의 승인을 받아 자금을 차입(국제기구 · 외국 정부 또는 외국인으로부터의 차입 포함)할 수 있다(법 제27조 제1항).

② 공단은 회계연도마다 보험사업과 관련하여 지출이 수입을 초과하게 되면 제99조에 따른 책임준비금의 범위에서 고용노동부장관의 승인을 받아 산업재해보상보험 및 예방 기금에서 이입(移入)하여 충당할 수 있다(동조 제2항).

4. 잉여금의 처리

공단은 회계연도 말에 결산상 잉여금이 있으면 공단의 회계규정으로 정하는 바에 따라 회계별로 구분하여 손실금을 보전하고 나머지는 적립하여야 한다(법 제28조).

5. 출자 등

공단은 공단의 사업을 효율적으로 수행하기 위하여 필요하면 제11조 제1항 제5호·제5호의2부터 제5호의5까지·제6호 및 제7호에 따른 사업에 출자하거나 출연할 수 있다(법 제32조 제1항).

6. 공단의 수입

공단의 수입은 다음 각 호와 같다(법 제26조의2).

1. 정부나 정부 외의 자로부터 받은 출연금 또는 기부금
2. 공단의 사업수행으로 발생한 수입 및 부대수입
3. 차입금 및 이입충당금
4. 잉여금
5. 그 밖의 수입금

Ⅵ 권 한

1. 보고 등 요구

공단은 필요하다고 인정하면 대통령령으로 정하는 바에 따라 이 법의 적용을 받는 사업의 사업주 또는 그 사업에 종사하는 근로자 및 보험료징수법에 따른 보험사무대행기관에게 보험사업에 관하여 필요한 보고 또는 관계 서류의 제출을 요구할 수 있다(법 제114조 제1항).

2. 공단에의 연금 수급권자등의 출국 신고의무 등

① 대한민국 국민인 장해보상연금 수급권자, 유족보상연금 수급권자, 진폐보상연금 수급권자, 진폐유족연금 수급권자(이하 이 조에서 "장해보상연금 수급권자등"이라 한다) 또는 유족보상연금·진폐유족연금 수급자격자가 외국에서 거주하기 위하여 출국하는 경우에는 장해보상연금 수급권자등은 이를 공단에 신고하여야 한다(법 제115조 제1항).

② 장해보상연금 수급권자등과 유족보상연금·진폐유족연금 수급자격자가 외국에서 거주하는 기간에 장해보상연금, 유족보상연금, 진폐보상연금 또는 진폐유족연금을 받는 경우 장해보상연금 수급권자등은 그 수급권 또는 수급자격과 관련된 사항으로서 대통령령으로 정하는 사항을 매년 1회 이상 고용노동부령으로 정하는 바에 따라 공단에 신고하여야 한다.(동조 제1항).

③ 장해보상연금, 유족보상연금, 진폐보상연금 또는 진폐유족연금을 받을 권리가 있는 자는

보험급여 지급에 필요한 사항으로서 대통령령으로 정하는 사항을 공단에 신고하여야 하며(법 제114조 제2항), 수급권자 및 수급권이 있었던 자는 수급권의 변동과 관련된 사항으로서 대통령령으로 정하는 사항을 공단에 신고하여야 하고,(동조 제3항). 수급권자가 사망하면 「가족관계의 등록 등에 관한 법률」에 따른 신고 의무자는 1개월 이내에 그 사망 사실을 공단에 신고하여야 한다(동조 제4항).

3. 사업장 등에 대한 조사

공단은 보험급여에 관한 결정, 심사 청구의 심리・결정 등을 위하여 확인이 필요하다고 인정하면 소속 직원에게 이 법의 적용을 받는 사업의 사무소 또는 사업장과 보험사무대행기관의 사무소에 출입하여 관계인에게 질문을 하게 하거나 관계 서류를 조사하게 할 수 있고, 공단 직원은 그 권한을 표시하는 증표를 지니고 이를 관계인에게 내보여야 한다(법 제117조).

4. 산재보험 의료기관에 대한 조사 등

공단은 보험급여에 관하여 필요하다고 인정하면 대통령령으로 정하는 바에 따라 보험급여를 받는 근로자를 진료한 산재보험 의료기관(의사를 포함)에 대하여 그 근로자의 진료에 관한 보고 또는 그 진료에 관한 서류나 물건의 제출을 요구하거나 소속 직원으로 하여금 그 관계인에게 질문을 하게 하거나 관계 서류나 물건을 조사하게 할 수 있고, 그 조사에 관하여는 공단 직원은 그 권한을 표시하는 증표를 지니고 이를 관계인에게 내보여야 한다(법 제118조).

5. 진찰 요구

공단은 보험급여에 관하여 필요하다고 인정하면 대통령령으로 정하는 바에 따라 보험급여를 받은 자 또는 이를 받으려는 자에게 산재보험 의료기관에서 진찰을 받을 것을 요구할 수 있다(법 제119조).

6. 포상금의 지급

공단은 보험급여, 진료비 또는 약제비를 부당하게 지급받은 자를 신고한 사람에게 예산의 범위에서 고용노동부령으로 정하는 바에 따라 포상금을 지급할 수 있다(법 제120조).

7. 보험급여의 일시 중지

공단은 보험급여를 받고자 하는 자가 다음 각 호의 어느 하나에 해당되면 보험급여의 지급을 일시 중지할 수 있다(법 제121조 제1항).

1. 요양 중인 근로자가 공단의 전원 요양 지시를 정당한 사유 없이 따르지 아니하는 경우
2. 공단이 직권으로 실시하는 장해등급 또는 진폐장해등급 재판정 요구에 응하지 아니하는

경우
3. 보고·서류제출 또는 신고를 하지 아니하는 경우
4. 질문이나 조사에 응하지 아니하는 경우
5. 진찰 요구에 따르지 아니하는 경우

Ⅶ 권한의 위임 등

1. 권한 또는 업무의 위임 · 위탁

이 법에 따른 공단 이사장의 대표 권한 중 일부를 대통령령으로 정하는 바에 따라 공단의 분사무소(이하 "소속 기관"이라 한다)의 장에게 위임할 수 있고, 이 법에 따른 공단의 업무 중 일부를 대통령령으로 정하는 바에 따라 체신관서나 금융기관에 위탁할 수 있다(법 제29조).

2. 수수료 등의 징수

공단은 공단의 사업에 관하여 고용노동부장관의 승인을 받아 공단 시설의 이용료나 업무위탁 수수료 등 그 사업에 필요한 비용을 수익자가 부담하게 할 수 있다(법 제30조).

3. 자료 제공의 요청

공단은 보험사업을 효율적으로 수행하기 위하여 필요하면 국세청·지방자치단체 등 관계 행정기관이나 보험사업과 관련되는 기관·단체 등에게 필요한 자료의 제공을 요청할 수 있고, 자료의 제공을 요청받은 관계 행정기관이나 관련 기관·단체 등은 정당한 사유 없이 그 요청을 거부할 수 없으며, 공단에 제공되는 자료에 대하여는 수수료나 사용료 등을 면제한다(법 제31조).

4. 유사명칭의 사용 금지

공단이 아닌 자는 근로복지공단 또는 이와 비슷한 명칭을 사용하지 못한다(법 제34조).

5. 「민법」의 준용

공단에 관하여는 이 법과 「공공기관의 운영에 관한 법률」에 규정된 것 외에는 「민법」 중 재단법인에 관한 규정을 준용한다(법 제35조).

제3장 보험급여

I 업무상 재해

1. 업무상 재해 인정기준

(1) 법 규정

「업무상의 재해란 업무상의 사유에 따른 근로자의 부상・질병・장해 또는 사망을 말한다.」 고 규정(법 제5조 제1호)하고 있고, 법 제37조 제1항에서 업무상의 재해인정기준을 업무상 사고와 업무상 질병 및 출퇴근 재해로 구분하여 기준을 규정하고 있다.

(2) 업무수행성

1) 개념

근로자가 사용자의 지휘・감독아래 업무를 수행하는 과정에서 재해가 발생한 것을 말하고, 근로자가 근로계약에 기하여 사업주의 지휘 감독아래에 업무를 수행하고 있는 경우는 물론 업무를 수행하고 있지 않더라도 아직 사업주가 지휘 감독할 여지가 있고 그러한 범위 내에서 업무수행성이 인정된다.

2) 인정범위

업무수행성은 반드시 근로자가 현실적으로 업무를 수행하는 동안만 인정할 수 있는 것이 아니라 그 업무수행에 이르기 전후의 행위나 휴식도 필연적으로 수반하기 마련이므로, 이러한 경우도 인정할 수 있다.[53]

(3) 업무기인성

1) 개념

재해가 업무에 기인하여 발생한 것 즉, 재해와 업무가 인과관계가 있어야 한다.

53) 대판 1993.1.19, 92누13073 ; 대판 1993.1.19, 92누13073 ; 대판 1993.3.12, 92누17471.

2) 판례의 태도

업무상 재해란 근로자가 업무수행 중 그 업무에 기인하여 발생한 재해를 말하므로 업무와 재해 사이에 상당인과관계가 있어야 하고 이 경우 근로자의 업무와 재해간의 인과관계에 관하여는 이를 주장하는 측에서 입증해야 할 것이다.[54] 여기서 인과관계의 입증 정도에 관하여도 반드시 의학적·자연과학적으로 명백히 입증해야 하는 것은 아니고 제반 사정을 고려할 때 업무와 재해 사이에 상당인과관계가 있다고 추단되는 경우에도 그 입증이 있다고 할 것이다.

3) 업무상 과로의 인과관계

질병의 주된 발생원인이 업무와 직접적인 관계가 없다고 하더라도 적어도 업무상의 과로가 질병의 주된 발생원인에 겹쳐서 질병을 유발 또는 악화시켰다면 그 인과관계가 있고, 그 인과관계 또한 반드시 의학적·자연과학적으로 명백히 입증하여야 하는 것은 아니고 제반 사정을 고려할 때 업무와 질병 사이에 상당인과관계가 있다고 추단되는 경우도 그 입증이 있다 할 것이다.[55]

2. 구체적 인정범위

(1) 업무상 사고

1) 근로계약에 따른 업무수행과 관련된 사고(법 제37조 제1항 제1호 가목, 영 제27조 제1항)

① 근로자가 다음 각 호의 어느 하나에 해당하는 행위를 하던 중에 발생한 사고는 법 제37조 제1항 제1호 가목에 따른 업무상 사고로 본다.
1. 근로계약에 따른 업무수행 행위
2. 업무수행 과정에서 하는 용변 등 생리적 필요 행위
3. 업무를 준비하거나 마무리하는 행위, 그 밖에 업무에 따르는 필요적 부수행위
4. 천재지변·화재 등 사업장 내에 발생한 돌발적인 사고에 따른 긴급피난·구조행위 등 사회통념상 예견되는 행위

② 업무의 성질상 업무수행 장소가 정해져 있지 않은 근로자가 최초로 업무수행 장소에 도착하여 업무를 시작한 때부터 최후로 업무를 완수한 후 퇴근하기 전까지 업무와 관련하여 발생한 사고는 법 제37조 제1항 제1호 가목에 따른 업무상 사고로 본다.

54) 대판 1993.3.12, 92누1747.
55) 대판 1995.3.14, 94누7935.

2) 사업주가 제공한 시설물 등의 결함이나 관리소홀로 발생한 사고(법 제37조 제1항 제1호 나목, 영 제28조)

① 사업주가 제공한 시설물, 장비 또는 차량 등(이하 이 조에서 "시설물등"이라 한다)의 결함이나 사업주의 관리 소홀로 발생한 사고는 법 제37조 제1항 제1호 나목에 따른 업무상 사고로 본다.
② 사업주가 제공한 시설물등을 사업주의 구체적인 지시를 위반하여 이용한 행위로 발생한 사고와 그 시설물등의 관리 또는 이용권이 근로자의 전속적 권한에 속하는 경우에 그 관리 또는 이용 중에 발생한 사고는 법 제37조 제1항 제1호 나목에 따른 업무상 사고로 보지 않는다.

3) 출퇴근 중 발생한 사고(법 제37조 제1항 제1호 다목, 영 제29조 : 2017.10.24, 법률 제14933호에 의하여 2016.9.29 헌법재판소에서 헌법불합치 결정된 이 조 제1항 제1호 다목을 삭제함.)

4) 행사나 행사준비 중에 발생한 사고(법 제37조 제1항 제1호 라목, 영 제30조)

운동경기・야유회・등산대회 등 각종 행사(이하 "행사"라 한다)에 근로자가 참가하는 것이 사회통념상 노무관리 또는 사업운영상 필요하다고 인정되는 경우로서 다음 각 호의 어느 하나에 해당하는 경우에 근로자가 그 행사에 참가(행사 참가를 위한 준비・연습을 포함한다)하여 발생한 사고는 법 제37조 제1항 제1호 라목에 따른 업무상 사고로 본다.
1. 사업주가 행사에 참가한 근로자에 대하여 행사에 참가한 시간을 근무한 시간으로 인정하는 경우
2. 사업주가 그 근로자에게 행사에 참가하도록 지시한 경우
3. 사전에 사업주의 승인을 받아 행사에 참가한 경우
4. 그 밖에 제1호부터 제3호까지의 규정에 준하는 경우로서 사업주가 그 근로자의 행사 참가를 통상적・관례적으로 인정한 경우

※ 업무상재해 : 회식

산재법상의 업무상 재해라 함은 업무수행중 그 업무에 기인하여 발생한 재해를 말하고 이른바 회식에 관련된 사고에 있어서도 그 업무수행성이 인정되는 한 업무상 재해라 할 것이지만, 그 회식이 업무의 연장 또는 업무의 원활을 기하기 위한 것이 아니라 참석자들의 사적이거나 자의적인 유흥행위에 지나지 아니할 때에는 업무수행성을 인정할 수 없고, 따라서 그와 같은 행위에 즈음하여 발생한 재해는 업무기인성을 인정할 여지가 없게 되어 업무상 재해로 볼 수 없는 것이다.[56)]

56) 대판 1992.7.10, 92누6280.

5) 휴게시간 중 발생한 사고(법 제37조 제1항 제1호 마목)

휴게시간 중 사업주의 지배관리하에 있다고 볼 수 있는 행위로 발생한 사고로서 근로자가 사업장 내에서 휴게시간을 이용하여 작업, 용변 등 생리적 필요행위, 작업준비·마무리행위 등 작업에 수반되는 필요적 부수행위 등을 하고 있을 때 발생한 사고

6) 그 밖에 업무와 관련하여 발생한 사고(법 제37조 제1항 제1호 바목, 영 제31조)

① 천재·지변이나 돌발적인 사고가 우려되는 장소에서의 사고(영 제31조)

사회통념상 근로자가 사업장 내에서 할 수 있다고 인정되는 행위를 하던 중 태풍·홍수·지진·눈사태 등의 천재지변이나 돌발적인 사태로 발생한 사고, 다만 근로자의 사적 행위, 업무 이탈 등 업무와 관계없는 행위를 하던 중에 사고가 발생한 것이 명백한 경우는 제외한다.

② 요양 중에 발생한 사고(영 제32조)

업무상 재해를 당하여 요양 중에 있는 근로자가 요양과 관련된 행위중에 발생한 사고로 인하여 사상한 경우로써 요양 중인 행위와 사고간에, 사고와 새로운 사상간에 각각 상당인과관계가 있다고 인정되는 경우 인정된다.

③ 제3자의 행위에 의하여 발생한 사고(영 제33조)

재해발생 경위 및 사상한 근로자가 담당한 업무의 성질이 가해행위를 유발할 수 있다고 사회통념상 인정되고 타인의 가해행위와 사상한 근로자의 사상간에 상당인과관계가 있는 경우 인정된다.

산재법상의 업무상의 재해라 함은 업무수행 중 그 업무에 기인하여 발생한 재해를 말하는바, 근로자가 타인의 폭력에 의하여 재해를 입은 경우, 그것이 직장 안의 인간관계 또는 직무에 내재하거나 통상 수반하는 위험의 현실화로서 업무와 상당인과관계가 있으면 업무상 재해로 인정하되, 가해자와 피해자 사이의 사적인 관계에 기인한 경우 또는 피해자가 직무의 한도를 넘어 상대방을 자극하거나 도발한 경우에는 업무기인성을 인정할 수 없어 업무상 재해로 볼 수 없다.[57]

④ 조합활동 중의 사고

사용자의 사업과는 무관한 상부 또는 연합관계에 있는 노동단체와 관련된 활동이나 불법적인 노조활동 또는 사용자와 대립관계로 되는 쟁의 단계에 들어간 이후의 활동 등이 아닌 이상, 노조업무를 수행하거나 이에 수반하는 통상적인 활동을 하는 과정에서 그 업무에 기인하여 발생한 재해는 업무상 재해에 해당한다.

57) 대판 1995.1.24, 94누8587.

(2) 업무상 질병

1) 의의

업무상 질병은 일반적으로 업무에 기인하는 질병을 말한다. 즉, 법 제37조 제1항 제2호에서는 업무상 질병으로 ① 업무수행 과정에서 유해·위험 요인을 취급하거나 그에 노출되어 발생한 질병, ② 업무상 부상이 원인이 되어 발생한 질병, ③ 그 밖에 업무와 관련하여 발생한 질병으로 구분하여 인정하고 있다.

2) 업무상 질병의 인정기준

(가) 유해·위험요인에 의한 질병

① 근로자가 업무수행 과정에서 유해·위험요인을 취급하거나 유해·위험요인에 노출된 경력이 있을 것(제1호), ② 유해·위험요인을 취급하거나 유해·위험요인에 노출되는 업무시간, 그 업무에 종사한 기간 및 업무환경 등에 비추어 볼 때 근로자의 질병을 유발할 수 있다고 인정될 것(제2호), ③ 근로자가 유해·위험요인에 노출되거나 유해·위험요인을 취급한 것이 원인이 되어 그 질병이 발생하였다고 의학적으로 인정될 것(제3호)의 요건 모두에 해당하면 법 제37조 제1항 제2호 가목에 따른 업무상 질병으로 본다(영 제34조 제1항).

(나) 업무상 부상에 의한 질병

① 업무상 부상과 질병 사이의 인과관계가 의학적으로 인정될 것(제1호), ② 기초질환 또는 기초질병이 자연 발생적으로 나타난 증상이 아닐 것(제2호) 이라는 요건에 해당하면 법 제37조 제1항 제2호 나목(업무상 부상이 원인이 되어 발생한 질병)에 따른 업무상 질병으로 본다(동조 제2항). 또한, 공단은 근로자의 업무상 질병 또는 업무상 질병에 따른 사망의 인정 여부를 판정할 때에는 그 근로자의 성별, 연령, 건강 정도 및 체질 등을 고려하여야 한다(동조 제4항).

※ 업무상 질병(진폐증 제외)에 대한 구체적인 인정 기준 [별표 3] (영 제34조 제3항 관련)

1. 뇌혈관 질병 또는 심장 질병
2. 근골격계 질병
3. 호흡기계 질병
4. 신경정신계 질병
5. 림프조혈기계 질병
6. 피부 질병
7. 눈 또는 귀 질병
8. 간 질병

9. 감염성 질병
10. 직업성 암
11. 급성 중독 등 화학적 요인에 의한 질병
12. 물리적 요인에 의한 질병
13. 제1호부터 제12호까지에서 규정된 발병요건을 충족하지 못하였거나, 제1호부터 제12호까지에서 규정된 질병이 아니더라도 근로자의 질병과 업무와의 상당인과관계가 인정되는 경우에는 해당 질병을 업무상 질병으로 본다.

(다) 직장 내 괴롭힘에 의한 질병 등

「근로기준법」 제76조의2에 따른 직장 내 괴롭힘, 고객의 폭언 등으로 인한 업무상 정신적 스트레스가 원인이 되어 발생한 질병이나 그 밖에 업무와 관련하여 발생한 질병도 업무상 질병으로 본다(법 제37조 제1항 제2호 다·라목).

3) 업무상 질병 판정위원회

업무상 질병의 인정 여부를 심의하기 위하여 공단소속 기관에 업무상질병 판정위원회를 둔다(법 제38조 제1항). 그 판정위원회의 심의에서 제외되는 질병과 판정위원회의 심의 절차[58] 및 판정위원회의 구성[59]과 운영[60]에 필요한 사항은 고용노동부령으로 정한다(동조 제2·3항).

58) 규칙 제8조(판정위원회의 심의 절차) ① 공단의 분사무소(이하 "소속 기관"이라 한다)의 장은 판정위원회의 심의가 필요한 질병에 대하여 보험급여의 신청 또는 청구를 받으면 판정위원회에 업무상 질병으로 인정할지에 대한 심의를 의뢰하여야 한다. ② 판정위원회는 제1항에 따라 심의를 의뢰받은 날부터 20일 이내에 업무상 질병으로 인정되는지를 심의하여 그 결과를 심의를 의뢰한 소속 기관의 장에게 알려야 한다. 다만, 부득이한 사유로 그 기간 내에 심의를 마칠 수 없으면 10일을 넘지 않는 범위에서 한 차례만 그 기간을 연장할 수 있다.

59) 규칙 제6조(업무상질병판정위원회의 구성) ① 법 제38조 제1항에 따른 업무상질병판정위원회(이하 "판정위원회"라 한다)는 위원장 1명을 포함하여 150명 이내의 위원으로 구성한다. 이 경우 판정위원회의 위원장은 상임으로 하고, 위원장을 제외한 위원은 비상임으로 한다. ② 판정위원회의 위원장 및 위원은 다음 각 호의 어느 하나에 해당하는 사람 중에서 공단 이사장이 위촉하거나 임명한다. 1. 변호사 또는 공인노무사 2. 「고등교육법」 제2조에 따른 학교에서 조교수 이상으로 재직하고 있거나 재직하였던 사람 3. 의사, 치과의사 또는 한의사 4. 산업재해보상보험 관련 업무에 5년 이상 종사한 사람 5. 「국가기술자격법」에 따른 산업위생관리 또는 인간공학 분야 기사 이상의 자격을 취득하고 관련 업무에 5년 이상 종사한 사람 ③ 판정위원회의 위원 중 3분의 2에 해당하는 위원은 제2항 각 호의 어느 하나에 해당하는 사람으로서 근로자 단체와 사용자 단체가 각각 추천하는 사람 중에서 위촉한다. 이 경우 근로자 단체와 사용자 단체가 추천하는 위원은 같은 수로 한다. ④ 제3항에도 불구하고 근로자 단체나 사용자 단체가 각각 추천하는 사람이 위촉하려는 전체 위원 수의 3분의 1보다 적은 경우에는 제3항 후단을 적용하지 않고 근로자 단체와 사용자 단체가 추천하는 위원 수를 전체 위원 수의 3분의 2 미만으로 할 수 있다. ⑤ 판정위원회의 위원장과 위원의 임기는 2년으로 하되, 연임할 수 있다.

60) 규칙 제9조(판정위원회의 운영) ① 판정위원회의 위원장은 회의를 소집하고, 그 의장이 된다. 다만, 판정위원회의 원활한 운영을 위하여 필요하면 위원장이 지명하는 위원이 회의를 주재할 수 있다. ② 판정위원회의 회의는 위원장(제1항 단서에 따라 위원장이 지명하는 위원이 회의를 주재하는 경우에는 그 위원) 및 회의를 개최할 때마다

(3) 출퇴근 재해

① 출퇴근 재해란 가. **사업주가 제공한 교통수단이나 그에 준하는 교통수단을 이용하는 등 사업주의 지배관리하에서 출퇴근하는 중 발생한 사고**, 나. 그 밖에 통상적인 경로와 방법으로 출퇴근하는 중 발생한 사고를 말한다(법 제37조 제1항 제3호).

근로자가 출퇴근하던 중에 발생한 사고가 다음 각 호의 요건 모두에 해당하면 법 제37조 제1항 제1호 다목에 따른 업무상 사고로 본다.
1. 사업주가 출퇴근용으로 제공한 교통수단이나 사업주가 제공한 것으로 볼 수 있는 교통수단을 이용하던 중에 사고가 발생하였을 것
2. 출퇴근용으로 이용한 교통수단의 관리 또는 이용권이 근로자측의 전속적 권한에 속하지 아니하였을 것

※ 근로자의 통근행위

근로자의 통근행위는 노무의 제공이라는 업무와 밀접불가분의 관계에 있다 하더라도 일반적으로 통근방법과 경로의 선택이 근로자에게 유보되어 있어 통상 사업주의 지배관리하에 있다고 할 수 없으므로 통근중에 발생한 재해가 업무상의 재해로 인정되기 위하여는 사업주가 제공한 교통수단을 근로자가 이용하거나 또는 사업주가 이에 준하는 교통수단을 이용하도록 하는 등 근로자의 통근과정이 사업주의 지배관리하에 있다고 볼 수 있는 경우여야 한다.[61]

② 그 밖에 통상적인 경로와 방법으로 **출퇴근하는 중 발생한 사고 중에서 출퇴근 경로 일탈 또는 중단이 있는 경우에는** 해당 일탈 또는 중단 중의 사고 및 그 후의 이동 중의 사고에 대하여는 **출퇴근 재해로 보지 아니한다**. 다만, 일탈 또는 중단이 일상생활에 필요한 행위로서 대통령령으로 정하는 사유가 있는 경우[62]에는 **출퇴근 재해로 본다**(동조 제3항). 즉, 출

위원장이 지정하는 위원 6명으로 구성한다. 이 경우 위원장은 제6조 제2항 제3호에 해당하는 위원 2명 이상을 지정하여야 한다. ③ 판정위원회의 위원장이 회의를 소집하려면 회의 개최 5일 전까지 일시·장소 및 안건을 제2항에 따라 위원장이 지정하는 위원에게 서면으로 알려야 한다. 다만, 긴급한 경우에는 회의 개최 전날까지 구두(口頭), 전화, 그 밖의 방법으로 알릴 수 있다. ④ 판정위원회 위원의 제척·기피·회피에 관하여는 법 제108조를 준용한다. 이 경우 "재심사위원회"는 "판정위원회"로 본다. ⑤ 판정위원회의 회의는 제2항에 따른 구성원 과반수의 출석과 출석위원 과반수의 찬성으로 의결한다. ⑥ 공단은 판정위원회의 심의 안건 및 심의 결과 등에 관한 사항을 기록·유지하여야 한다. ⑦ 그 밖에 판정위원회의 운영에 필요한 사항은 공단이 정한다.

61) 대판 1994.6.14, 93누24155

62) 영 제35조(출퇴근 중의 사고) ① 근로자가 출퇴근하던 중에 발생한 사고가 다음 각 호의 요건에 모두 해당하면 법 제37조 제1항 제3호 가목에 따른 출퇴근 재해로 본다. 1. 사업주가 출퇴근용으로 제공한 교통수단이나 사업주가 제공한 것으로 볼 수 있는 교통수단을 이용하던 중에 사고가 발생하였을 것 2. 출퇴근용으로 이용한 교통수단의 관리 또는 이용권이 근로자측의 전속적 권한에 속하지 아니하였을 것 ② 법 제37조 제3항 단서에서 "일상생활에 필요한 행위로서 대통령령으로 정하는 사유"란 다음 각 호의 어느 하나에 해당하는 경우를 말한다. 1. 일상생활

장도중 정상적 경로(순로)를 벗어났을 때 발생한 사고로 인한 근로자의 사상, 근로자의 사적행위·자해행위나 범죄행위 또는 그것이 원인이 되어 발생한 사상, 사업주의 구체적인 지시를 위반한 행위는 인정하지 아니한다.

③ 출퇴근 경로와 방법이 일정하지 아니한 직종으로 대통령령으로 정하는 경우에는 그 밖에 통상적인 경로와 방법으로 출퇴근하는 중 발생한 사고에 따른 출퇴근 재해를 적용하지 아니한다(동조 제4항).

영 제35조의2(출퇴근 재해 적용 제외 직종 등) 법 제37조 제4항에서 "출퇴근 경로와 방법이 일정하지 아니한 직종으로 대통령령으로 정하는 경우"란 다음 각 호의 어느 하나에 해당하는 직종에 종사하는 사람(법 제124조에 따라 자기 또는 유족을 보험급여를 받을 수 있는 자로 하여 보험에 가입한 사람으로서 근로자를 사용하지 아니하는 사람을 말한다)이 본인의 주거지에 업무에 사용하는 자동차 등의 차고지를 보유하고 있는 경우를 말한다.
1. 「여객자동차 운수사업법」 제3조 제1항 제3호에 따른 수요응답형 여객자동차운송사업
2. 「여객자동차 운수사업법 시행령」 제3조 제2호 라목에 따른 개인택시운송사업
3. 제122조 제1항 제2호 라목에 해당하는 사람이 수행하는 배송업무

3. 사망의 추정

① 사고가 발생한 선박 또는 항공기에 있던 근로자의 생사가 밝혀지지 아니하거나 항행 중인 선박 또는 항공기에 있던 근로자가 행방불명 또는 그 밖의 사유로 그 생사가 밝혀지지 아니하면 대통령령으로 정하는 바에 따라 사망한 것으로 추정하고, 유족급여와 장의비에 관한 규정을 적용한다(법 제39조 제1항).

② 공단은 사망의 추정으로 보험급여를 지급한 후에 그 근로자의 생존이 확인되면 그 급여를 받은 자가 선의(善意)인 경우에는 받은 금액을, 악의(惡意)인 경우에는 받은 금액의 2배에 해당하는 금액을 징수하여야 한다(동조 제2항).

※ 사망으로 추정하는 경우(영 제37조)

① 법 제39조 제1항에 따라 사망으로 추정하는 경우는 다음 각 호의 어느 하나에 해당하는 경우로 한다.

에 필요한 용품을 구입하는 행위 2. 「고등교육법」 제2조에 따른 학교 또는 「직업교육훈련 촉진법」 제2조에 따른 직업교육훈련기관에서 직업능력 개발향상에 기여할 수 있는 교육이나 훈련 등을 받는 행위 3. 선거권이나 국민투표권의 행사 4. 근로자가 사실상 보호하고 있는 아동 또는 장애인을 보육기관 또는 교육기관에 데려주거나 해당 기관으로부터 데려오는 행위 5. 의료기관 또는 보건소에서 질병의 치료나 예방을 목적으로 진료를 받는 행위 6. 근로자의 돌봄이 필요한 가족 중 의료기관 등에서 요양 중인 가족을 돌보는 행위 7. 제1호부터 제6호까지의 규정에 준하는 행위로서 고용노동부장관이 일상생활에 필요한 행위라고 인정하는 행위 (2017.12.26 신설)

1. 선박이 침몰·전복·멸실 또는 행방불명되거나 항공기가 추락·멸실 또는 행방불명되는 사고가 발생한 경우에 그 선박 또는 항공기에 타고 있던 근로자의 생사가 그 사고 발생일부터 3개월간 밝혀지지 아니한 경우
2. 항행 중인 선박 또는 항공기에 타고 있던 근로자가 행방불명되어 그 생사가 행방불명된 날부터 3개월간 밝혀지지 아니한 경우
3. 천재지변, 화재, 구조물 등의 붕괴, 그 밖의 각종 사고의 현장에 있던 근로자의 생사가 사고 발생일부터 3개월간 밝혀지지 아니한 경우

② 제1항에 따라 사망으로 추정되는 사람은 그 사고가 발생한 날 또는 행방불명된 날에 사망한 것으로 추정한다.

③ 제1항 각 호의 사유로 생사가 밝혀지지 아니하였던 사람이 사고가 발생한 날 또는 행방불명된 날부터 3개월 이내에 사망한 것이 확인되었으나 그 사망 시기가 밝혀지지 아니한 경우에도 제2항에 따른 날에 사망한 것으로 추정한다.

④ 보험가입자는 제1항 각 호의 사유가 발생한 때 또는 사망이 확인된 때(제3항에 따라 사망한 것으로 추정하는 때를 포함한다)에는 지체 없이 공단에 근로자 실종 또는 사망확인의 신고를 하여야 한다.

⑤ 법 제39조 제1항에 따라 보험급여를 지급한 후에 그 근로자의 생존이 확인되면 보험급여를 받은 사람과 보험가입자는 그 근로자의 생존이 확인된 날부터 15일 이내에 공단에 근로자 생존확인신고를 하여야 한다.

⑥ 공단은 근로자의 생존이 확인된 경우에 보험급여를 받은 사람에게 법 제39조 제2항에 따른 금액을 낼 것을 알려야 한다.

⑦ 제6항에 따른 통지를 받은 사람은 그 통지를 받은 날부터 30일 이내에 통지받은 금액을 공단에 내야 한다.

4. 산재법상의 보험급여 지급제한과 면책 사유

(1) 지급제한

공단은 **① 요양 중인 근로자가 정당한 사유 없이 요양에 관한 지시를 위반하여 부상·질병 또는 장해 상태를 악화시키거나 치유를 방해한 경우 ② 장해보상연금 또는 진폐보상연금 수급권자가 제59조에 따른 장해등급 또는 진폐장해등급 재판정 전에 자해**(自害) **등 고의로 장해 상태를 악화시킨 경우** 보험급여의 전부 또는 일부를 지급하지 아니할 수 있다(법 제83조 제1항).

(2) 면책사유

근로자의 고의·자해행위나 범죄행위 또는 그것이 원인이 되어 발생한 부상·질병·장해

또는 사망은 업무상의 재해로 보지 아니한다. 다만, 그 부상・질병・장해 또는 사망이 정상적인 인식능력 등이 뚜렷하게 저하된 상태에서 한 행위로 발생한 경우로서 대통령령으로 정하는 사유가 있으면 업무상의 재해로 본다(법 제37조 제2항).

※ 대통령령으로 정하는 사유(영 제36조)

① 업무상의 사유로 발생한 정신질환으로 치료를 받았거나 받고 있는 사람이 정신적 이상 상태에서 자해행위를 한 경우
② 업무상의 재해로 요양 중인 사람이 그 업무상의 재해로 인한 정신적 이상 상태에서 자해행위를 한 경우
③ 그 밖에 업무상의 사유로 인한 정신적 이상 상태에서 자해행위를 하였다는 것이 의학적으로 인정되는 경우

Ⅱ 보험급여

1. 요양급여

(1) 의의

요양급여는 근로자가 업무상의 사유로 부상을 당하거나 질병에 걸린 경우에 그 근로자에게 지급한다. 다만, 부상 또는 질병이 3일 이내의 요양으로 치유될 수 있는 때에는 지급하지 아니한다(이 경우 근기법상 보상이 행해짐). **요양은 산재보험 의료기관에서 하며, 부득이한 경우에는 요양을 갈음하여 요양비를 지급할 수 있다**(법 제40조 제1~3항).

(2) 범위(법 제40조 제4항)

1. 진찰 및 검사
2. 약제 또는 진료재료와 의지(義肢) 그 밖의 보조기의 지급
3. 처치, 수술, 그 밖의 치료
4. 재활치료
5. 입원
6. 간호 및 간병
7. 이송
8. 그 밖에 고용노동부령으로 정하는 사항

(3) 요양할 산재보험 의료기관

1) 산재보험 의료기관의 지정 및 지정취소 등

① 업무상의 재해를 입은 근로자의 요양을 담당할 의료기관(이하 "산재보험 의료기관"이라 한다)은 다음 각 호와 같다(법 제43조 제1항).

1. 공단에 두는 의료기관
2. 「의료법」에 따른 상급종합병원
3. 「의료법」에 따른 의료기관과 「지역보건법」에 따른 보건소(보건의료원을 포함)로서 고용노동부령으로 정하는 인력·시설 등의 기준에 해당하는 의료기관 또는 보건소 중 공단이 지정한 의료기관 또는 보건소

② 공단은 제1항 제3호에 따라 의료기관이나 보건소를 산재보험 의료기관으로 지정할 때에는 다음 각 호의 요소를 고려하여야 한다(동조 제2항).

1. 의료기관이나 보건소의 인력·시설·장비 및 진료과목
2. 산재보험 의료기관의 지역별 분포

③ 공단은 제1항 제2호 및 제3호에 따른 산재보험 의료기관이 다음 각 호의 어느 하나의 사유에 해당하면 그 지정을 취소(제1항 제3호의 경우만 해당)하거나 12개월의 범위에서 업무상의 재해를 입은 근로자를 진료할 수 없도록 하는 진료제한 조치 또는 개선명령(이하 "진료제한등의 조치"라 한다)을 할 수 있다(동조 제3항).

1. 업무상의 재해와 관련된 사항을 거짓이나 그 밖에 부정한 방법으로 진단하거나 증명한 경우
2. 진료비를 거짓이나 그 밖에 부정한 방법으로 청구한 경우
3. 평가 결과 지정취소나 진료제한등의 조치가 필요한 경우
4. 「의료법」 위반이나 그 밖의 사유로 의료업을 일시적 또는 영구적으로 할 수 없게 되거나, 소속 의사가 의료행위를 일시적 또는 영구적으로 할 수 없게 된 경우
5. 제1항 제3호에 따른 인력·시설 등의 기준에 미치지 못하게 되는 경우
6. 진료제한 등의 조치를 위반하는 경우

④ 지정이 취소된 산재보험 의료기관은 지정이 취소된 날부터 1년의 범위에서 고용노동부령으로 정하는 기간 동안은 산재보험 의료기관으로 다시 지정받을 수 없다(동조 제4항).

⑤ 공단은 제1항 제2호 및 제3호에 따른 산재보험 의료기관이 다음 각 호의 어느 하나의 사유에 해당하면 12개월의 범위에서 진료제한 등의 조치를 할 수 있다(동조 제5항).

1. 요양급여의 산정 기준을 위반하여 진료비를 부당하게 청구한 경우
2. 공단이 아닌 자에게 진료비를 청구한 경우
3. 진료계획을 제출하지 아니하는 경우
4. 보고, 제출 요구 또는 조사에 응하지 아니하는 경우
5. 산재보험 의료기관의 지정 조건을 위반한 경우

⑥ 공단은 제3항 또는 제5항에 따라 지정을 취소하거나 진료제한 조치를 하려는 경우에는 청문을 실시하여야 한다(동조 제6항).

2) 산재보험 의료기관에 대한 과징금 등

① 공단은 제43조 제3항 제1호·제2호 및 같은 조 제5항 제1호 중 어느 하나에 해당하는 사유로 진료제한 조치를 하여야 하는 경우로서 그 진료제한 조치가 그 산재보험 의료기관을 이용하는 근로자에게 심한 불편을 주거나 그 밖에 특별한 사유가 있다고 인정되면, 그 진료제한 조치를 갈음하여 거짓이나 부정한 방법으로 지급하게 한 보험급여의 금액 또는 거짓이나 부정·부당하게 지급받은 진료비의 5배 이하의 범위에서 과징금을 부과할 수 있다(법 제44조 제1항).

② 과징금을 부과하는 위반행위의 종류와 위반정도 등에 따른 과징금의 금액 등에 관한 사항은 대통령령으로 정하고, 과징금 부과 처분을 받은 자가 과징금을 기한 내에 내지 아니하면 고용노동부장관의 승인을 받아 국세 체납처분의 예에 따라 징수한다(동조 제2·3항).

3) 진료비의 청구 등

산재보험 의료기관이 요양을 실시하고 그에 드는 비용(이하 "진료비"라 한다)을 받으려면 공단에 청구하여야 하며, 청구된 진료비에 관한 심사 및 결정, 지급 방법 및 지급 절차는 고용노동부령으로 정한다(법 제45조).

4) 약제비의 청구 등

공단은 제40조 제4항 제2호에 따른 약제의 지급을 「약사법」에 따라 등록한 약국을 통하여 할 수 있고, **약국이 약제비를 받으려면 공단에 청구하여야 한다**(법 제46조).

5) 진료계획의 제출

산재보험 의료기관은 제41조 또는 제91조의5에 따라 요양급여를 받고 있는 근로자의 요양기간을 연장할 필요가 있는 때에는 그 근로자의 상병경과, 치료예정기간 및 치료방법 등을 적은 진료계획을 대통령령으로 정하는 바에 따라 공단에 제출하여야 하며, 공단은 제출된 진료계획이 적절한지를 심사하여 산재보험 의료기관에 대하여 치료기간의 변경을 명하는 등 대통령령으로 정하는 필요한 조치(이하 "진료계획 변경 조치등"이라 한다)를 할 수 있다(법 제47조).

6) 요양할 산재보험 의료기관이 상급종합병원인 경우

업무상의 재해를 입은 근로자가 요양할 산재보험 의료기관이 상급종합병원인 경우에는 「응급의료에 관한 법률」에 따른 응급환자이거나 그 밖에 부득이한 사유가 있는 경우를 제외하고는 그 근로자가 상급종합병원에서 요양할 필요가 있다는 의학적 소견이 있어야 한다(법 40조 제6항).

7) 전원 요양

① 공단은 다음 각 호의 어느 하나에 해당하는 사유가 있으면 **요양 중인 근로자를 다른 산재보험 의료기관으로 옮겨 요양하게 할 수 있다**(법 48조 제1항).

1. 요양 중인 산재보험 의료기관의 인력·시설 등이 그 근로자의 전문적인 치료 또는 재활치료에 맞지 아니하여 다른 산재보험 의료기관으로 옮길 필요가 있는 경우
2. 생활근거지에서 요양하기 위하여 다른 산재보험 의료기관으로 옮길 필요가 있는 경우
3. 상급종합병원에서 전문적인 치료 후 다른 산재보험 의료기관으로 옮길 필요가 있는 경우
4. 그 밖에 대통령령으로 정하는 절차를 거쳐 부득이한 사유가 있다고 인정되는 경우

② 요양 중인 근로자는 제1항 제1호부터 제3호까지의 어느 하나에 해당하는 사유가 있으면 공단에 전원(轉院) 요양을 신청할 수 있다(동조 제2항).

8) 산재보험 의료기관의 평가

공단은 업무상의 재해에 대한 의료의 질 향상을 촉진하기 위하여 산재보험 의료기관 중 대통령령으로 정하는 의료기관에 대하여 인력·시설·의료서비스나 그 밖에 요양의 질과 관련된 사항을 평가할 수 있다. 이 경우 평가의 방법 및 기준은 대통령령으로 정하며, 공단은 평가한 결과를 고려하여 평가한 산재보험 의료기관을 행정적·재정적으로 우대하거나 지정 취소 또는 진료제한등의 조치를 할 수 있다(법 제50조).

(4) 신청

1) 요양급여의 신청

① 요양급여(진폐에 따른 요양급여는 제외)를 받으려는 자는 소속 사업장, 재해발생 경위, 그 재해에 대한 의학적 소견, 그 밖에 고용노동부령으로 정하는 사항을 적은 서류를 첨부하여 공단에 요양급여의 신청을 하여야 한다. 이 경우 요양급여 신청의 절차와 방법은 고용노동부령으로 정한다(법 제41조 제1항).

② **근로자를 진료한 산재보험 의료기관은 그 근로자의 재해가 업무상의 재해로 판단되면 그 근로자의 동의를 받아 요양급여의 신청을 대행할 수 있다**(동조 제2항).

2) 추가상병 요양급여의 신청

업무상의 재해로 요양 중인 근로자는 다음 각 호의 어느 하나에 해당하는 경우에는 그 부상 또는 질병(이하 "추가상병"이라 한다)에 대한 요양급여를 신청할 수 있다(법 제49조).

1. 그 업무상의 재해로 이미 발생한 부상이나 질병이 추가로 발견되어 요양이 필요한 경우

2. 그 업무상의 재해로 발생한 부상이나 질병이 원인이 되어 새로운 질병이 발생하여 요양이 필요한 경우

(5) 재요양

1) 재요양의 의의

재요양이란 요양은 종결하였으나 해당 상병이 재발하여 악화되거나 그 상병에 기인한 합병증이 발병한 경우 산재보험 의료기관에서 다시 요양을 받는 것으로서 요양급여를 받은 자가 치유 후 요양의 대상이 되었던 업무상의 부상 또는 질병이 재발하거나 치유 당시보다 상태가 악화되어 이를 치유하기 위한 적극적인 치료가 필요하다는 의학적 소견이 있으면 다시 요양급여를 받을 수 있다(법 제51조 제1항).

2) 재요양의 요건

재요양은 업무상 부상 또는 질병에 대하여 요양급여(요양급여를 받지 아니하고 장해급여를 받는 부상 또는 질병의 경우에는 장해급여)를 받은 경우로서 다음 각호의 경우에 해당하는 경우에 인정한다(영 제48조 제1항).

① 치유된 업무상 부상 또는 질병과 재요양의 대상이 되는 부상 또는 질병 사이에 상당인과관계가 있을 것
② 재요양의 대상이 되는 부상 또는 질병의 상태가 치유 당시보다 악화된 경우로서 나이나 그 밖에 업무 외의 사유로 악화된 경우가 아닐 것
③ 재요양의 대상이 되는 부상 또는 질병 상태의 호전을 위하여 수술(신체 내 고정물의 제거 수술 또는 의지 장착을 위한 절단 부위의 재수술을 포함한다) 등 적극적인 치료가 필요하다고 인정될 것
④ 재요양의 대상이 되는 부상 또는 질병의 상태가 재요양으로 치료효과를 기대할 수 있다고 인정될 것

(6) 진폐에 대한 요양급여 등

1) 청구

분진작업에 종사하고 있거나 종사하였던 근로자가 업무상 질병인 진폐로 요양급여 또는 진폐보상연금을 받으려면 고용노동부령으로 정하는 서류를 첨부하여 공단에 청구하여야 하며, 요양급여 등을 청구한 사람이 요양급여 등의 지급 또는 부지급 결정을 받은 경우에는 진단이 종료된 날부터 1년이 지나거나 요양이 종결되는 때에 다시 요양급여 등을 청구할 수 있다. 다만, 건강진단기관으로부터 합병증[「진폐의 예방과 진폐근로자의 보호 등에 관한 법률」에 따른 합병증]이나 심폐기능의 고도장해 등으로 응급진단이 필요하다는 의학적 소견이 있으면 1년이 지나지 아니한 경우에도 요양급여 등을 청구할 수 있다(법 제91조의5).

2) 지급 절차와 기준 등

① 공단은 요양급여를 지급하기로 결정된 진폐근로자에 대하여는 제40조 제2항 본문에도 불구하고 산재보험 의료기관 중 진폐근로자의 요양을 담당하는 의료기관(이하 "진폐요양 의료기관"이라 한다)에서 요양을 하게 하며, 고용노동부장관은 진폐요양 의료기관이 적정한 요양을 제공하는 데 활용할 수 있도록 전문가의 자문 등을 거쳐 입원과 통원의 처리기준, 표준적인 진료기준 등을 정하여 고시할 수 있다(법 제91조의9 제1·2항).

② 공단은 진폐요양 의료기관에 대하여 시설, 인력 및 의료의 질 등을 고려하여 3개 이내의 등급으로 나누어 등급화할 수 있다. 이 경우 그 등급의 구분 기준, 등급별 요양대상 환자 및 등급별 요양급여의 산정 기준은 고용노동부령으로 정한다(동조 제3항).

③ 진폐요양 의료기관을 평가하는 업무에 대하여 자문하기 위하여 공단에 진폐요양의료기관평가위원회를 둔다. 이 경우 진폐요양의료기관평가위원회의 구성·운영이나 그 밖에 필요한 사항은 고용노동부령으로 정하며, 진폐요양 의료기관에 대한 평가에 관하여는 제50조를 준용한다. 이 경우 제50조 제1항 중 "제43조 제1항 제3호의 산재보험 의료기관 중 대통령령으로 정하는 의료기관"은 "진폐요양 의료기관"으로 본다(동조 제4·5항).

(7) 국민건강보험법상의 종합전문요양기관 당연지정제 도입

일부 종합전문요양기관이 피재근로자의 요양을 담당하는 산재보험 의료기관으로 지정되는 것을 기피하고 있어 피재근로자가 인력과 시설이 우수한 의료기관에 접근하기 어려운 문제가 있어 국민건강보험법에 따른 종합전문요양기관은 당연히 산재보험의료기관이 되도록 하여 피재근로자가 우수한 인력과 시설을 갖춘 종합전문요양기관에서 전문적인 치료와 양질의 요양서비스를 받을 수 있도록 한다.

(8) 합병증 등 예방관리

1) 의의

산업현장에서 일을 하다 다친 부상 또는 질병이 다 나았지만, 부상 또는 질병의 특성으로 합병증 등이 발생할 우려가 있는 근로자에 대해 산재보험 의료기관에서 치료를 받을 수 있는 제도이다.

2) 적용대상

재요양요건에는 해당하지 아니하나 그 업무상 부상 또는 질병의 특성상 치유된 자 중에서 합병증 등이 발생할 우려가 있는 자에게 산재보험 의료기관에서 그 예방에 필요한 조치를 받도록 할 수 있다(법 제77조).

2. 휴업급여

(1) 휴업급여의 의의

1) 휴업급여의 개념

① 근로자가 업무상 부상 또는 질병에 걸린 근로자에게 요양으로 인하여 취업하지 못하는 기간에 대하여 임금을 지급받을 수 없어 재해근로자와 그 가족의 생계를 보장하기 위하여 임금 대신 지급하는 소정의 보험급여이다.

② **1일당 지급액은 평균임금의 100분의 70에 상당하는 금액이며, 다만, 취업하지 못한 기간이 3일 이내인 때에는 지급하지 아니한다**(법 제52조).

2) 근로기준법상 휴업보상과의 차이

산재보험법은 평균임금의 100분의 70에 상당하는 금액, 근로기준법은 평균임금의 100분의 60에 상당하는 금액이다.

(2) 부분휴업급여

1) 부분휴업급여의 지급

① 요양 또는 재요양을 받고 있는 근로자가 그 요양기간 중 일정 기간 또는 단시간 취업을 하는 경우에는 그 취업한 날 또는 취업한 시간에 해당하는 그 근로자의 평균임금에서 그 취업한 날 또는 취업한 시간에 대한 임금을 뺀 금액의 100분의 90에 상당하는 금액을 지급할 수 있다. 다만, 최저임금액을 1일당 휴업급여 지급액으로 하는 경우에는 최저임금액에서 취업한 날 또는 취업한 시간에 대한 임금을 뺀 금액을 지급할 수 있다(법 제53조 제1항).

② 이 경우 단시간 취업하는 경우 취업하지 못한 시간(8시간에서 취업한 시간을 뺀 시간을 말한다)에 대하여는 1일당 휴업급여 지급액에 8시간에 대한 취업하지 못한 시간의 비율을 곱한 금액을 지급한다(동조 제2항).

구분	통상휴업급여인 경우	최저임금액인 경우
취업한 시간(일)-A	(평균임금-취업임금)×90	최저임금-취업임금
취업하지 않은 시간-B(단시간취업시)	1일 휴업급여×(n÷8)	

※ 단시간 취업시=취업시간 급여(A)+미취업시간 급여(B)

[산정예] 평균임금이 80,000원인 산재근로자가 5시간의 부분취업을 하고 25,000원을 받은 경우 5시간에 해당하는 부분휴업급여는 [80,000×(5÷8)-25,000]×90%=22,500원이고, 나머지 3시간에 해당하는 부분휴업급여는 [80,000×70%×(3÷8)]=21,000원이 되므로 총 43,500원을 부분휴업급여로 지급한다.

2) 부분휴업급여의 요건과 결정

법 제53조에 따른 부분휴업급여를 받으려는 사람은 ① 요양 중 취업 사업과 종사 업무 및 근로시간이 정해져 있을 것(제1호), ② 그 근로자의 부상·질병 상태가 취업을 하더라도 치유 시기가 지연되거나 악화되지 아니할 것이라는 의사의 소견이 있을 것(제2호)의 요건 모두를 갖추어야 한다(영 제49조).

(3) 저소득근로자의 휴업급여

1) 의의

일반근로자에 비하여 평균임금이 지나치게 낮은 저소득근로자의 휴업급여를 일정한 기준에 따라 지급을 보장하는 것이다.

2) 지급수준

① **산정한 1일당 휴업급여 지급액이 최저 보상기준 금액의 100분의 80보다 적거나 같으면 그 근로자에 대하여는 평균임금의 100분의 90에 상당하는 금액을 1일당 휴업급여 지급액으로 한다**. 다만, 그 근로자의 평균임금의 100분의 90에 상당하는 금액이 최저 보상기준 금액의 100분의 80보다 많은 경우에는 최저 보상기준 금액의 100분의 80에 상당하는 금액을 1일당 휴업급여 지급액으로 한다(법 제54조 제1항).

② 이 경우 **산정한 휴업급여 지급액이 최저임금액보다 적으면 그 최저임금액을 그 근로자의 1일당 휴업급여 지급액으로 한다**(동조 제2항).

(4) 고령자의 휴업급여

1) 의의

통상근로자에 비하여 취업연령을 도과하여 고령에 해당하는 자의 휴업급여를 합리적으로 감액하여 지급하는 것이다.

2) 지급수준

① 휴업급여를 받는 근로자가 61세가 되면 그 이후의 휴업급여는 [법 별표 1]에 따라 산정한 금액을 지급한다. 다만, 61세 이후에 취업 중인 자가 업무상의 재해로 요양하거나 61세 전에 업무상 질병으로 장해급여를 받은 자가 61세 이후에 그 업무상 질병으로 최초로 요양하는 경우 대통령령으로 정하는 기간(2년)에는 [별표 1]을 적용하지 아니한다(법 제55조).

② 통상적인 경우

연령	지급액
61세	1일당 휴업급여 지급액×66/70
62세	1일당 휴업급여 지급액×62/70
63세	1일당 휴업급여 지급액×58/70
64세	1일당 휴업급여 지급액×54/70
65세 이후	1일당 휴업급여 지급액×50/70

③ 저소득 근로자의 경우(법 제54조 제1항 본문)

연령	지급액
61세	1일당 휴업급여 지급액×86/90
62세	1일당 휴업급여 지급액×82/90
63세	1일당 휴업급여 지급액×78/90
64세	1일당 휴업급여 지급액×74/90
65세 이후	1일당 휴업급여 지급액×70/90

④ 저소득 근로자의 경우(법 제54조 제1항 단서)

연령	지급액
61세	최저 보상기준 금액×80/100×86/90
62세	최저 보상기준 금액×80/100×82/90
63세	최저 보상기준 금액×80/100×78/90
64세	최저 보상기준 금액×80/100×74/90
65세 이후	최저 보상기준 금액×80/100×70/90

(5) 재요양 기간 중의 휴업급여

1) 기본원칙

재요양을 받는 자에 대하여는 재요양 당시의 임금을 기준으로 산정한 평균임금의 100분의 70에 상당하는 금액을 1일당 휴업급여로 지급한다(법 제56조 제1항).

※ 산정사유발생일(영 제52조)

① 재요양의 대상이 되는 부상 또는 질병에 대하여 재요양이 필요하다고 진단을 받은 날. 다만, 그 재요양의 대상이 되는 부상 또는 질병에 대한 진단 전의 검사·치료가 재요양의 대상이 된다고 인정하는 진단과 시간적·의학적 연속성이 있는 경우에는 그 검사·치료를 시작한 날

② 해당 질병의 특성으로 재요양 대상에 해당하는지를 고용노동부령으로 정하는 절차에 따라 판정하여야 하는 질병은 그 판정 신청을 할 당시에 발급된 진단서나 소견서의 발급일

2) 예외

① 최저임금액

산정한 1일당 휴업급여 지급액이 최저임금액보다 적거나 재요양 당시 평균임금 산정의 대상이 되는 임금이 없으면 최저임금액으로 지급한다(법 제56조 제2항).

② 장해보상연금을 지급받는 자

1일당 장해보상연금액(별표 2에 따라 산정한 장해보상연금액을 365로 나눈 금액을 말한다)과 제1항 또는 제2항에 따라 산정한 1일당 휴업급여 지급액을 합한 금액이 장해보상연금의 산정에 적용되는 평균임금의 100분의 70을 초과하면 그 초과하는 금액 중 휴업급여에 해당하는 금액은 지급하지 아니한다(법 제56조 제3항).

③ 저소득근로자의 휴업급여 미적용

재요양 기간 중의 휴업급여를 산정할 때에는 법 제54조(저소득 근로자의 휴업급여)를 적용하지 아니한다(법 제56조 제4항).

3. 장해급여

(1) 의의

장해급여는 근로자가 업무상의 사유로 부상을 당하거나 질병에 걸려 치유된 후 신체 등에 장해가 있는 경우에 그 근로자에게 지급하는 급여로서, 장해등급에 따라 장해보상연금 또는 장해보상일시금으로 하며(법 제57조 제1 · 2항), **장해보상연금 또는 장해보상일시금은 수급권자의 선택에 따라 이를 지급한다.** 다만, **노동력을 완전히 상실한 장해등급(1급~3급) 근로자에 대하여는 장해보상연금을 지급하고**, 장해급여 청구사유 **발생 당시 대한민국 국민이 아닌 자로서 외국에서 거주하고 있는 근로자에게는 장해보상일시금을 지급**한다(동조 제3항).

[별표 2]

장해급여표(법 제57조 제2항 관련)

(평균임금기준)

장해등급	장해보상연금	장해보상일시금
제1급	329일분	1,474일분
제2급	291일분	1,309일분
제3급	257일분	1,155일분
제4급	224일분	1,012일분
제5급	193일분	869일분
제6급	164일분	737일분
제7급	138일분	616일분

제8급		495일분
제9급		385일분
제10급		297일분
제11급		220일분
제12급		154일분
제13급		99일분
제14급		55일분

(2) 장해급여의 등급기준 등

신체장해등급 기준에 해당하는 **신체장해가 2이상인 경우에는** 그중 중한 신체장해에 해당하는 장해등급을 그 근로자의 장해등급으로 하되, 제13급 이상의 장해가 2이상인 경우에는 아래기준에 따라 조정된 장해등급을 그 근로자의 장해등급으로 한다(영 제53조 제2항).

- **제5급 이상 장해가 2 이상인 경우 : 3개 등급 인상**
- **제8급 이상 장해가 2 이상인 경우 : 2개 등급 인상**
- **제13급 이상 장해가 2 이상인 경우 : 1개 등급 인상**

(3) 장해등급의 재판정

공단은 장해보상연금 또는 진폐보상연금 수급권자 중 그 장해상태가 호전되거나 악화되어 이미 결정된 장해등급 또는 진폐장해등급이 변경될 가능성이 있는 자에 대하여는 그 수급권자의 신청 또는 직권으로 장해등급 등을 재판정할 수 있다. 장해등급 등의 재판정 결과 장해등급 등이 변경되면 그 변경된 장해등급 등에 따라 장해급여 또는 진폐보상연금을 지급하며 장해등급 재판정은 1회 실시한다(법 제59조).[63]

(4) 장해보상연금의 선 지급

장해보상연금은 수급권자가 신청하면 그 연금의 최초의 1년분 또는 2년분(노동력을 완전히 상실한 장해등급의 근로자에게는 그 연금의 최초 1년분부터 4년분까지)**의 2분의 1에 상당하는 금액을 미리 지급할 수 있다**. 이 경우 미리 지급하는 금액에 대하여는 100분의 5의 비율 범위에서 대통령령으로 정하는 바에 따라 이자(그 선지급 연금액에 100분의 2를 곱한 금액)를 공제할 수 있다(법 제57조 제4항).

63) ① 법 제59조에 따른 장해등급등의 재판정은 장해보상연금 또는 진폐보상연금의 지급 결정을 한 날을 기준으로 2년이 지난 날부터 1년 이내에 하여야 한다. ② 제1항에도 불구하고 장해등급등의 재판정 대상자가 재요양을 하는 경우에는 그 재요양 후 치유된 날(장해등급등이 변경된 경우에는 그에 따른 장해보상연금 또는 진폐보상연금의 지급 결정을 한 날)을 기준으로 2년이 지난 날부터 1년 이내에 하여야 한다(영 제56조).

(5) 재요양에 따른 장해급여

장해보상연금의 수급권자가 재요양을 받는 경우에도 그 연금의 지급을 정지하지 아니하며, 재요양을 받고 치유된 후 장해상태가 종전에 비하여 호전되거나 악화된 경우에는 그 호전 또는 악화된 장해상태에 해당하는 장해등급에 따라 장해급여를 지급한다. 이 경우 재요양 후의 장해급여의 산정 및 지급 방법은 대통령령으로 정한다(법 제60조).

(6) 장해보상연금 수급권의 소멸

장해보상연금의 수급권자가 사망하거나 국적을 상실하고 외국에서 거주하고 있는 경우 등에는 그 수급권은 소멸하며(법 제58조), 이 경우 이미 지급한 연금액을 지급당시의 각각의 평균임금으로 나눈 일수의 합계가 장해보상일시금의 일수에 못 미치면 그 못 미치는 일수에 수급권 소멸 당시의 평균임금을 곱하여 산정한 금액을 유족 또는 그 근로자에게 일시금으로 지급한다(법 제57조 제5항).

※ 수급권의 소멸사유(법 제58조)

1. 사망한 경우
2. 대한민국 국민이었던 수급권자가 국적을 상실하고 외국에서 거주하고 있거나 외국에서 거주하기 위하여 출국하는 경우
3. 대한민국 국민이 아닌 수급권자가 외국에서 거주하기 위하여 출국하는 경우
4. 장해등급 또는 진폐장해등급이 변경되어 장해보상연금 또는 진폐보상연금의 지급 대상에서 제외되는 경우

(7) 연금의 지급기간 및 지급시기

① 장해보상연금, 유족보상연금, 진폐보상연금 또는 진폐유족연금의 지급은 그 지급사유가 발생한 달의 다음 달 초일부터 시작되며, 그 지급받을 권리가 소멸한 달의 말일에 끝난다(법 제70조 제1항).

② 장해보상연금, 유족보상연금, 진폐보상연금 또는 진폐유족연금은 그 지급을 정지할 사유가 발생한 때에는 그 사유가 발생한 달의 다음 달 초일부터 그 사유가 소멸한 달의 말일까지 지급하지 아니한다(동조 제2항).

③ 장해보상연금, 유족보상연금, 진폐보상연금 또는 진폐유족연금은 매년 이를 12등분하여 매달 25일에 그 달 치의 금액을 지급하되, 지급일이 토요일이거나 공휴일이면 그 전날에 지급하며, 그 연금을 받을 권리가 소멸한 경우에는 지급일 전이라도 지급할 수 있다(동조 제3·4항).

4. 장해특별급여

(1) 의의

보험가입자의 고의 또는 과실로 발생한 업무상 재해로 근로자가 대통령령으로 정하는 장해등급에 해당하는 장해를 입은 경우에 수급권자가 **「민법」에 따른 손해배상청구에 갈음하여** 장해특별급여를 청구하면 장해급여 또는 진폐보상연금 외에 대통령령으로 정하는 장해특별급여를 지급할 수 있다. 다만, **근로자와 보험가입자 사이에 장해특별급여에 관하여 합의가 이루어진 경우에 한한다**(법 제78조).

(2) 요건

① 보험가입자의 고의, 과실에 의한 업무상 재해이어야 한다.
② 피재근로자의 장해등급 또는 진폐장해등급이 제1급 내지 제3급에 해당하는 재해이어야 한다.
③ 민사상 손해배상청구에 갈음하여 수급권자가 청구하여야 한다.
④ 피재근로자와 보험가입자 사이에 장해특별급여에 관하여 합의가 이루어져야 한다.

(3) 효과

① 공단이 근로자에게 장해급여와 진폐보상연금 외에 별도로 장해특별급여를 지급한다.
② 장해특별급여는 보험가입자의 민사상 손해배상책임에 갈음하므로 수급권자가 장해특별급여를 받으면 동일한 사유에 대하여 보험가입자에게 「민법」이나 그 밖의 법령에 따른 손해배상을 청구할 수 없다.
③ 공단은 장해특별급여를 지급한 때에는 대통령령이 정하는 바에 의하여 그 급여액의 모두를 보험가입자로부터 징수하며, 특별급여액의 징수금은 1년간에 걸쳐 4회로 등분하여 분할납부할 수 있다(영 제75조).

5. 간병급여

(1) 의의

간병급여는 업무상 부상이나 질병 등으로 인하여 **장기간 요양을 할 필요가 있거나 요양 중 일상생활의 처리동작을 스스로 할 수 없어 타인의 도움을 받아야 하는 경우**에 제공되는 의료급부행위를 말한다. 즉, 요양급여를 받은 자 중 치유 후 의학적으로 **상시 또는 수시로 간병이 필요하여 실제로 간병을 받는 자에게 지급**한다(법 제61조).

(2) 간병급여의 지급대상

〈영 제59조 제1항 별표 7〉

구분	지급대상
상시 간병급여	1. 신경계통의 기능, 정신기능 또는 흉복부장기기능의 장해가 장해등급 제1급에 해당하는 장해가 남아 일상생활에 필요한 동작을 하기 위하여 항상 다른 사람의 간병이 필요한 사람 2. 두 눈, 두 팔 또는 두 다리의 장해가 장해등급 제1급에 해당하는 장해가 남고 다른 부위에 장해등급 제7급 이상에 해당하는 장해가 남아 일상생활에 필요한 동작을 하기 위하여 항상 다른 사람의 간병이 필요한 사람
수시 간병급여	3. 신경계통의 기능, 정신기능 또는 흉복부장기기능의 장해가 장해등급 제2급에 해당하는 장해가 남아 일상생활에 필요한 동작을 하기 위하여 수시로 다른 사람의 간병이 필요한 사람 4. 장해등급 제1급(제53조 제2항에 따른 조정의 결과 제1급이 되는 경우를 포함한다)에 해당하는 장해가 남아 일상생활에 필요한 동작을 하기 위하여 수시로 다른 사람의 간병이 필요한 사람

(3) 간병급여의 지급기준과 방법

① **간병급여는 간병급여의 지급 대상에 해당되는 사람이 실제로 간병을 받은 날에 대하여 지급한다. 다만, 간병급여의 대상자가 무료요양소 등에 들어가 간병 비용을 지출하지 않았거나, 제3항에 따른 지급 기준보다 적은 금액을 지출한 경우에는 실제 지출한 금액을 지급한다**(영 제59조 제2·4항).

② 간병급여의 지급 기준은 「통계법」 제3조에 따른 지정통계 중 고용노동부장관이 작성하는 고용형태별근로실태조사의 직종별 월급여총액 등을 기초로 하여 고용노동부장관이 고시하는 금액으로 한다. 이 경우 수시 간병급여의 대상자에게 지급할 간병급여의 금액은 상시 간병급여의 지급 대상자에게 지급할 금액의 3분의 2에 해당하는 금액으로 한다(동조 제3항).

③ **간병급여 수급권자가 재요양을 받는 경우 그 재요양 기간 중에는 간병급여를 지급하지 않는다**(동조 제5항).

6. 유족급여

(1) 의의

① 근로자가 업무상의 사유로 사망한 경우에 유족에게 지급한다(법 제62조 제1항). 유족급여는 유족보상연금 또는 유족보상일시금으로 하되 유족보상일시금은 근로자가 사망할 당시 유족보상연금을 받을 수 있는 자격이 있는 자가 없는 경우 평균임금의 1,300일분에 상당하는 일시금을 지급한다(동조 제1항·2항 별표 3).

② 유족보상연금을 받을 수 있는 자격이 있는 자가 원하면 별표 3의 유족보상일시금의 100분의 50에 상당하는 금액을 일시금으로 지급하고 유족보상연금은 100분의 50을 감액하

여 지급한다(동조 제3항).

[별표 3]

유족급여(법 제62조 제2항 관련)

유족급여의 종류	유족급여의 금액
유족보상연금	유족보상연금액은 다음의 기본금액과 가산금액을 합한 금액으로 한다. 1. 기본금액 급여기초연액(평균임금에 365를 곱하여 얻은 금액)의 100분의 47에 상당하는 금액 2. 가산금액 유족보상연금수급권자 및 근로자가 사망할 당시 그 근로자와 생계를 같이 하고 있던 유족보상연금수급자격자 1인당 급여기초연액의 100분의 5에 상당하는 금액의 합산액. 다만, 그 합산금액이 급여기초연액의 100분의 20을 넘을 때에는 급여기초연액의 100분의 20에 상당하는 금액으로 한다.
유족보상일시금	평균임금의 1,300일분

(2) 유족보상연금 차액일시금 지급

유족보상연금을 받던 자가 그 수급자격을 잃은 경우 다른 수급자격자가 없고 이미 지급한 연금액을 지급 당시의 각각의 평균임금으로 나누어 산정한 일수의 합계가 1,300일에 못 미치면 그 못 미치는 일수에 수급자격 상실 당시의 평균임금을 곱하여 산정한 금액을 수급자격 상실 당시의 유족에게 일시금으로 지급한다(법 제62조 제4항).

(3) 유족보상연금 수급자격자

① 유족보상연금을 받을 수 있는 자격이 있는 자(이하 “유족보상연금 수급자격자”라 한다)는 근로자가 사망할 당시 그 근로자와 생계를 같이 하고 있던 유족(그 근로자가 사망할 당시 대한민국 국민이 아닌 자로서 외국에서 거주하고 있던 유족은 제외한다) 중 배우자와 다음 각 호의 어느 하나에 해당하는 자로 한다. 이 경우 근로자와 생계를 같이 하고 있던 유족의 판단 기준은 대통령령으로 정한다(법 제63조 제1항).

※ 배우자 이외의 자는 일정한 연령 또는 일정한 장해상태에 있을 것을 요건으로 하고 있음.

① 부모 또는 조부모로서 각각 60세 이상인 자
② 자녀 또는 손자녀로서 각각 19세 미만인 자
③ 형제자매로서 19세 미만이거나 60세 이상인 자
④ 제1호부터 제3호까지의 규정 중 어느 하나에 해당하지 아니하는 자녀·부모·손자녀·조부모 또는 형제자매로서 「장애인복지법」 제2조에 따른 장애인 중 장애등급 2급에 해당하는 자

② 근로자가 사망할 당시 태아였던 자녀가 출생한 경우에는 출생한 때부터 장래에 향하여 근로자가 사망할 당시 그 근로자와 생계를 같이 하고 있던 유족으로 본다(법 제63조 제2항).

③ 유족보상연금 수급자격자 중 유족보상연금을 받을 권리의 순위는 배우자 · 자녀 · 부모 · 손자녀 · 조부모 및 형제자매의 순서로 한다(동조 제3항).

(4) 유족보상연금 수급자격자의 자격 상실과 지급 정지 등

① 유족보상연금 수급자격자인 유족이 다음 각 호의 어느 하나에 해당하면 그 자격을 잃는다. 즉, 사망, 재혼, 19세에 달한 때, 장애인이었던 자가 그 상태에서 해소된 때, 사망한 근로자와 친족관계가 종료된 때에는 수급자격 상실한다(법 제64조 제1항).

1. 사망한 경우
2. 재혼한 때(사망한 근로자의 배우자만 해당하며, 재혼에는 사실상 혼인 관계에 있는 경우를 포함한다)
3. 사망한 근로자와의 친족 관계가 끝난 경우
4. 자녀 · 손자녀 또는 형제자매가 19세가 된 때
5. 제63조 제1항 제4호에 따른 장애인이었던 자로서 그 장애 상태가 해소된 경우
6. 근로자가 사망할 당시 대한민국 국민이었던 유족보상연금 수급자격자가 국적을 상실하고 외국에서 거주하고 있거나 외국에서 거주하기 위하여 출국하는 경우
7. 대한민국 국민이 아닌 유족보상연금 수급자격자가 외국에서 거주하기 위하여 출국하는 경우

② 유족보상연금을 받을 권리가 있는 유족보상연금 수급자격자(이하 "유족보상연금 수급권자"라 한다)가 그 자격을 잃은 경우에 유족보상연금을 받을 권리는 같은 순위자가 있으면 같은 순위자에게, 같은 순위자가 없으면 다음 순위자에게 이전된다(동조 제2항).

③ 유족보상연금 수급권자가 3개월 이상 행방불명이면 대통령령으로 정하는 바에 따라 연금 지급을 정지하고, 같은 순위자가 있으면 같은 순위자에게, 같은 순위자가 없으면 다음 순위자에게 유족보상연금을 지급한다(동조 제3항).

(5) 수급권자인 유족의 순위

① 제57조 제5항 · 제62조 제2항(유족보상일시금에 한한다) 및 제4항에 따른 유족 간의 수급권의 순위는 다음 각 호의 순서로 하되, 각 호의 자 사이에서는 각각 그 적힌 순서에 따른다. 이 경우 같은 순위의 수급권자가 2명 이상이면 그 유족에게 똑같이 나누어 지급한다(법 제65조 제1항).

1. 근로자가 사망할 당시 그 근로자와 생계를 같이 하고 있던 배우자 · 자녀 · 부모 · 손자녀 및 조부모
2. 근로자가 사망할 당시 그 근로자와 생계를 같이 하고 있지 아니하던 배우자 · 자녀 · 부모 · 손자녀 및 조부모 또는 근로자가 사망할 당시 근로자와 생계를 같이 하고 있던 형제자매
3. 형제자매

② 부모는 양부모를 선순위로, 실부모를 후순위로 하고, 조부모는 양부모의 부모를 선순위로, 실부모의 부모를 후순위로, 부모의 양부모를 선순위로, 부모의 실부모를 후순위로 한다(동조 제2항).

③ 수급권자인 유족이 사망한 경우 그 보험급여는 같은 순위자가 있으면 같은 순위자에게, 같은 순위자가 없으면 다음 순위자에게 지급하며, 근로자가 유언으로 보험급여를 받을 유족을 지정하면 그 지정에 따른다(동조 제3 · 4항).

관계 순위	근로자의 사망 당시 근로자에 의하여 부양되고 있던 자	관계 순위	근로자의 사망 당시 근로자에 의하여 부양되고 있지 않던 자
1	배우자(사실상혼인관계에 있던 자 포함)	10	배우자(사실상혼인관계에 있던 자 포함)
2	자녀	11	자녀
3	양부모	12	양부모
4	실부모	13	실부모
5	손	14	손
6	양부모의 양부모	15	양부모의 양부모
7	양부모의 실부모	16	양부모의 실부모
8	실부모의 양부모	17	실부모의 양부모
9	실부모의 실부모	18	실부모의 실부모
19	형제자매	20	형제자매

7. 유족특별급여

(1) 의의

<u>보험가입자의 고의 또는 과실로 발생한 업무상의 재해로 근로자가 사망한 경우</u>에 수급권자가 <u>「민법」에 따른 손해배상청구를 갈음하여</u> 유족특별급여를 청구하면 유족급여 또는 진폐유족연금 외에 대통령령으로 정하는 유족특별급여를 지급할 수 있다(법 제79조).

(2) 요건

① 보험가입자의 고의, 과실에 의한 업무상 재해
② 근로자의 사망
③ 민사상 손해배상청구에 갈음하여 수급권자가 청구
④ 수급권자와 보험가입자 사이에 유족특별급여에 관하여 합의성립

(3) 효과(영 제75조)

① 근로복지공단이 수급권자에게 유족급여와 별도로 유족특별급여가 지급된다.

② 유족특별급여는 보험가입자의 민사상 손해배상책임에 갈음한다.

③ 공단은 유족특별급여를 지급한 때에는 대통령령이 정하는 바에 의하여 그 급여액의 전액을 보험가입자로부터 징수하되, 특별급여액의 징수금은 1년간에 걸쳐 4회로 등분하여 분할납부할 수 있다.

8. 상병보상연금

(1) 의의

요양급여를 받는 근로자가 요양을 시작한 지 2년이 지난 날 이후에 ① 그 부상이나 질병이 **치유되지 아니한 상태일 것**과 ② 그 부상이나 질병에 따른 **중증요양상태의 정도가 대통령령으로 정하는 중증요양상태등급 기준에 해당할 것**, ③ **요양으로 인하여 취업하지 못하였을 것의 요건 모두에 해당하는 상태가 계속되면 휴업급여 대신 상병보상연금**을 그 근로자에게 중증요양상태등급에 따라 지급한다(법 제66조). 근로자가 요양을 시작한 지 2년이 지나도 치유되지 않고 요양이 장기화됨에 따라 해당 피재근로자와 그 가족의 생활안정을 도모하기 위하여 휴업급여 대신에 보상수준을 향상시켜 지급하게 되는 보험급여이다.

(2) 지급요건과 청구시기

1) 지급요건

요양을 시작한 지 2년이 지난 날 이후에도 그 부상 또는 질병이 치유되지 아니한 상태에서 폐질등급상의 등급기준이 제1급 내지 제3급에 해당하여야 되고 미취업 상태여야 한다.

2) 청구방법

상병보상연금은 요양을 시작한 지 2년이 지나고 제1급 내지 제3급의 폐질등급을 인정받은 이후 청구할 수 있다. 상병보상연금을 받으려는 사람은 폐질상태를 증명할 수 있는 의사의 진단서를 첨부하여 공단에 청구하여야 한다.

(3) 상병보상연금의 내용

1) 상병보상연금액

상병보상연금액은 폐질등급에 따라 차등 지급

〈상병보상연금표(법 제66조 제2항 관련) : 별표 4〉

폐질등급	상병보상연금
제1급	평균임금의 329일분
제2급	평균임금의 291일분
제3급	평균임금의 257일분

2) 산정방법 및 지급시기

상병보상연금의 산정은 상병 근로자의 평균임금에 해당하는 일수를 곱하여 365일로 나눈 금액으로 산정, 12등분으로 분할하여 매년 월별로 지급한다.

(4) 상병보상연금과 휴업급여와의 관계

상병보상연금 수급권자에게는 휴업급여를 지급하지 아니한다.

(5) 특별한 경우의 상병보상연금

1) 저소득 근로자의 상병보상연금

상병보상연금을 산정할 때 그 근로자의 평균임금이 최저임금액에 70분의 100을 곱한 금액보다 적을 때에는 최저임금액의 70분의 100에 해당하는 금액을 그 근로자의 평균임금으로 보아 산정하고, 산정한 상병보상연금액을 365로 나눈 금액(이하 '1일당 상병보상연금액'이라 한다)이 1일당 휴업급여 지급액보다 적으면 그 휴업급여액을 1일당 상병보상연금액으로 한다(법 제67조).

2) 고령자의 상병보상연금

상병보상연금을 받는 근로자가 61세가 되면 그 이후의 상병보상연금은 별표 5에 따른 1일당 상병보상연금 지급기준에 따라 산정한 금액을 지급한다(법 제68조).

고령자의 상병보상연금 지급기준(법 제68조 관련) : 별표5

① 제66조에 따라 산정한 상병보상연금을 지급받는 자가 해당 연령에 도달하면 다음 산식에 따라 산정한다. 다만, 그 산정한 금액이 별표1 제3호에 따라 산정한 금액보다 적으면 별표1 제3호에 따라 산정한다.

폐질등급 / 연령	제1급	제2급	제3급
61세	평균임금×(329/365-0.04)	평균임금×(291/365-0.04)	평균임금×(257/365-0.04)
62세	평균임금×(329/365-0.08)	평균임금×(291/365-0.08)	평균임금×(257/365-0.08)
63세	평균임금×(329/365-0.12)	평균임금×(291/365-0.12)	평균임금×(257/365-0.12)
64세	평균임금×(329/365-0.16)	평균임금×(291/365-0.16)	평균임금×(257/365-0.16)
65세 이후	평균임금×(329/365-0.20)	평균임금×(291/365-0.20)	평균임금×(257/365-0.20)

② 제67조 제1항 및 제69조 제1항에 따라 산정한 상병보상연금을 지급받는 자가 해당 연령에 도달하면 제1호 본문에 따라 산정한다.
③ 제67조 제2항에 따라 산정한 상병보상연금을 지급받는 경우에는 별표 1에 따라 산정한다.

3) 재요양 기간 중의 상병보상연금

① 재요양을 시작한 지 2년이 지난 후에 상병상태가 제66조 제1항 각 호의 요건 모두에 해당하는 자에게는 휴업급여 대신 [별표4]에 따른 중증요양상태등급에 따라 상병보상연금을 지급. 이 경우 상병보상연금을 산정할 때에는 재요양 기간 중의 휴업급여 산정에 적용되는 평균임금을 적용하되, 그 평균임금이 최저임금액에 70분의 100을 곱한 금액보다 적거나 재요양 당시 평균임금 산정의 대상이 되는 임금이 없을 때에는 최저임금액의 70분의 100에 해당하는 금액을 그 근로자의 평균임금으로 보아 산정한다(법 제69조 제1항).

② 상병보상연금을 받는 근로자가 장해보상연금을 받고 있으면 [별표4]에 따른 중증요양상태등급별 상병보상연금의 지급일수에서 장해등급별 장해보상연금의 지급일수를 뺀 일수에 평균임금을 곱하여 산정한 금액을 그 근로자의 상병보상연금으로 한다(동조 제2항). 상병보상연금을 받는 근로자가 61세가 된 이후에는 별표 5에 따라 산정한 1일당 상병보상연금 지급액에서 평균임금을 기준으로 산정한 1일당 장해보상연금 지급액을 뺀 금액을 1일당 상병보상연금 지급액으로 한다(동조 제3항).

③ 그러나 법 제57조 제3항 단서에 따른 장해보상연금을 받는 근로자가 재요양하는 경우에는 상병보상연금을 지급하지 아니한다. 다만, 재요양 중에 중증요양상태등급이 높아지면 제1항 전단에도 불구하고 재요양을 시작한 때부터 2년이 경과한 것으로 보아 제2항에 따라 산정한 상병보상연금을 지급한다(동조 제4항). 재요양 기간 중 상병보상연금을 산정할 때에는 제67조(저소득근로자의 상병보상연금)를 적용하지 아니한다(동조 제5항).

4) 일시보상으로 간주

<u>요양급여를 받는 근로자가 요양을 시작한 후 3년이 지난 날 이후에 상병보상연금을 지급받고 있으면 근로기준법 제23조 제2항 단서를 적용할 때 그 사용자는 그 3년이 지난 날 이후에는 같은 법 제84조에 따른 일시보상을 지급한 것으로 본다</u>(법 제80조 제4항).

9. 장의비

(1) 원칙 : 유족지급

근로자가 <u>업무상의 사유로 사망한 경우</u>에 지급하되, <u>평균임금의 120일분에 상당하는 금액을 그 장제(葬祭)를 지낸 유족에게 지급</u>한다.

(2) 예외 : 실제 장제를 행하는 자

① 장제를 지낼 유족이 없거나 그 밖에 부득이한 사유로 유족이 아닌 자가 장제를 지낸 경우에는 평균임금의 120일분에 상당하는 금액의 범위에서 실제 드는 비용을 그 장제를 지낸 자에게 지급한다(법 제71조 제1항).

② 장의비가 대통령령으로 정하는 바에 따라 고용노동부장관이 고시하는 최고 금액을 초과하거나 최저 금액에 미달하면 그 최고 금액 또는 최저 금액을 각각 장의비로 한다(동조 제2항).

※ 장의비 최고 · 최저금액의 산정(영 제66조)

① 법 제71조 제2항에 따른 장의비의 최고금액 및 최저금액은 다음 각 호의 구분에 따라 산정한다.
1. 장의비 최고금액 : 전년도 장의비 수급권자에게 지급된 1인당 평균 장의비 90일분+법 제36조 제7항에 따른 최고 보상기준 금액의 30일분
2. 장의비 최저금액 : 전년도 장의비 수급권자에게 지급된 1인당 평균 장의비 90일분+법 제36조 제7항에 따른 최저 보상기준 금액의 30일분

② 장의비 최고금액 및 최저금액을 산정할 때 10원 미만은 버린다.

③ 장의비 최고금액 및 최저금액의 적용기간은 다음 연도 1월 1일부터 12월 31일까지로 한다.

10. 직업재활급여

(1) 직업재활급여의 의의

1) 직업재활급여의 종류

직업재활급여 종류는 ① 장해급여 또는 진폐보상연금을 받은 자나 장해급여를 받을 것이 명백한 자로서 대통령령이 정하는 자(이하 "장해급여자"라 한다) 중 취업을 위하여 직업훈련이 필요한 자(이하 "훈련대상자"라 한다)에 대하여 실시하는 직업훈련에 드는 비용 및 직업훈련수당과 ② 업무상의 재해가 발생할 당시의 사업장에 복귀한 장해급여자에 대하여 사업주가 고용을 유지하거나 직장적응훈련 또는 재활운동을 실시하는 경우에 각각 지급하는 직장복귀지원금, 직장적응훈련비 및 재활운동비가 있다(법 제72조 제1항).

2) 직업재활급여의 대상자

① (가) 장해등급 제1급부터 제12급까지의 어느 하나에 해당할 것, (나) 업무상의 사유로 발생한 부상 또는 질병으로 인하여 요양 중으로서 그 부상 또는 질병의 상태가 치유 후에도 장해등급 제1급 내지 제12급까지의 어느 하나에 해당 될 것이라는 의학적 소견이 있을 것(제1호), ② 취업하고 있지 아니한 사람일 것.[64] 이 경우 취업의 범위는 고용노동부령으로 정

함(제3호), ③ 다른 직업훈련을 받고 있지 아니할 것(제4호), ④ 산재보험법 시행령 제67조 제1항에 따른 직업복귀계획을 수립하였을 것(제5호)의 요건을 모두 갖춘 사람이어야 한다(영 제68조 제1항).

(2) 직업훈련비용

1) 직업훈련비용의 지급

① 훈련대상자에 대한 직업훈련은 공단과 계약을 체결한 직업훈련기관(이하 "직업훈련기관"이라 한다)에서 실시하게 하고, 직업훈련에 드는 비용(이하 "직업훈련비용"이라 한다)은 직업훈련을 실시한 직업훈련기관에 지급한다(법 제73조 제1항).

② 직업훈련비용의 금액은 고용노동부장관이 훈련비용, 훈련기간 및 노동시장의 여건 등을 고려하여 고시하는 금액의 범위에서 실제 드는 비용으로 하되, 직업훈련비용을 지급하는 훈련기간은 12개월 이내로 한다(동조 제3항).

2) 직업훈련비용의 지급 제한

직업훈련기관이 「장애인고용촉진 및 직업재활법」, 「고용보험법」 또는 「근로자직업능력 개발법」이나 그 밖에 **다른 법령에 따라 직업훈련비용에 상당한 비용을 받은 경우 등 대통령령으로 정하는 경우에는 지급하지 아니한다**(동조 제2항 단서).

※ 대통령령으로 정하는 경우(영 제69조)

① 「장애인고용촉진 및 직업재활법」 제11조에 따른 직업적응훈련 및 같은 법 제12조에 따른 직업능력개발훈련의 지원을 받은 경우
② 「고용보험법」 제29조에 따른 직업능력개발훈련의 지원을 받은 경우
③ 「근로자직업능력개발법」 제12조부터 제15조까지, 제18조 및 제21조에 따른 직업능력개발훈련의 지원을 받은 경우
④ 훈련대상자를 고용하려는 사업주가 직업훈련비용을 부담한 경우
⑤ 그 밖에 법 또는 다른 법령에 따라 직업훈련비용에 상당하는 지원을 받은 경우의 어느 하나에 해당하는 경우

64) 직업훈련을 받고 있는 훈련대상자가 직업훈련 기간 중에 취업을 한 경우에는 그 직업훈련 과정이 끝날 때까지 직업훈련을 받게 할 수 있되, 취업한 기간에 대하여는 직업훈련수당을 지급하지 않고, 직업훈련을 받고 있는 훈련대상자가 직업훈련 기간 중에 취업을 한 경우에는 그 직업훈련 과정이 끝날 때까지 직업훈련을 받게 할 수 있되, 취업한 기간에 대하여는 직업훈련수당을 지급하지 않는다(영 제68조 제2·3항).

(3) 직업훈련수당

① 직업훈련수당은 제73조 제1항에 따라 직업훈련을 받는 훈련대상자에게 그 직업훈련으로 인하여 취업하지 못하는 기간에 대하여 지급하되, 1일당 지급액은 최저임금액에 상당하는 금액으로 한다. 다만, 휴업급여나 상병보상연금을 받는 훈련대상자에게는 직업훈련수당을 지급하지 아니한다(법 제74조 제1항).

② 직업훈련수당을 받는 자가 장해보상연금 또는 진폐보상연금을 받는 경우에는 1일당 장해보상연금액 또는 1일당 진폐보상연금액(제91조의3 제2항에 따라 산정한 진폐보상연금액을 365로 나눈 금액을 말한다)과 1일당 직업훈련수당을 합한 금액이 그 근로자의 장해보상연금 또는 진폐보상연금 산정에 적용되는 평균임금의 100분의 70을 초과하면 그 초과하는 금액 중 직업훈련수당에 해당하는 금액은 지급하지 아니한다(동조 제2항).

(4) 직장복귀지원금 등

① <u>직장복귀지원금, 직장적응훈련비 및 재활운동비는 장해급여자에 대하여 고용을 유지하거나 직장적응훈련 또는 재활운동을 실시하는 사업주에게 각각 지급한다.</u> 이 경우 직장복귀지원금, 직장적응훈련비 및 재활운동비의 지급요건은 각각 대통령령으로 정한다(법 제75조 제1항).

② 직장복귀지원금은 고용노동부장관이 고시하는 금액의 범위에서 사업주가 장해급여자에게 지급한 임금액으로 하되, <u>그 지급기간은 12개월 이내로 하며</u>(동조 제2항), 직장적응훈련비 및 재활운동비는 고용노동부장관이 고시하는 금액의 범위에서 실제 드는 비용으로 하되, 그 지급기간은 3개월 이내로 한다(동조 제3항).

③ 사업주가 「장애인고용촉진 및 직업재활법」 제28조에 따른 의무로써 <u>장애인을 고용한 경우 직장복귀지원금 등을 지급하지 아니한다</u>(동조 제5항).

III 보험급여 청구권

1. 보험급여의 종류와 산정기준 등

(1) 보험급여의 종류

① 보험급여의 종류는 다음 각 호와 같다. 다만, 진폐에 따른 보험급여의 종류는 <u>요양급여, 간병급여, 장의비, 직업재활급여, 진폐보상연금 및 진폐유족연금</u>으로 한다(법 제36조 제1항).

※ 보험급여의 종류(법 제36조 제1항)

1. 요양급여
2. 휴업급여
3. 장해급여
4. 간병급여
5. 유족급여
6. 상병보상연금
7. 장의비
8. 직업재활급여

② 보험급여는 보험급여를 받을 수 있는 자(이하 "수급권자"라 한다)의 **청구에 따라 지급한다**(동조 제2항).

(2) 보험급여의 산정기준

① 보험급여를 산정하는 경우 해당 근로자의 평균임금을 산정하여야 할 사유가 발생한 날부터 1년이 지난 이후에는 매년 전체 근로자의 임금 평균액의 증감률에 따라 평균임금을 증감하되, 그 근로자의 연령이 60세에 도달한 이후에는 소비자물가변동률에 따라 평균임금을 증감한다. 다만, 제6항에 따라 산정한 금액을 평균임금으로 보는 진폐에 걸린 근로자에 대한 보험급여는 제외한다(법 제36조 제3항).

② 전체 근로자의 임금 평균액의 증감률 및 소비자물가변동률의 산정 기준과 방법은 대통령령으로 정한다. 이 경우 산정된 증감률 및 변동률은 매년 고용노동부장관이 고시한다(동조 제4항).

③ 보험급여(진폐보상연금 및 진폐유족연금은 제외한다)를 산정할 때 해당 근로자의 근로 형태가 특이하여 평균임금을 적용하는 것이 적당하지 아니하다고 인정되는 경우로서 대통령령으로 정하는 경우에는 대통령령으로 정하는 산정 방법에 따라 산정한 금액을 평균임금으로 한다(동조 제5항).

④ 보험급여를 산정할 때 진폐 등 대통령령으로 정하는 직업병으로 보험급여를 받게 되는 근로자에게 그 평균임금을 적용하는 것이 근로자의 보호에 적당하지 아니하다고 인정되면 대통령령으로 정하는 산정 방법에 따라 산정한 금액을 그 근로자의 평균임금으로 한다(동조 제6항).

⑤ 보험급여(장의비는 제외)를 산정할 때 그 근로자의 평균임금 또는 보험급여의 산정 기준이 되는 평균임금이 「고용정책 기본법」의 고용구조 및 인력수요 등에 관한 통계에 따른 상용

근로자 5명 이상 사업체의 전체 근로자의 임금 평균액의 1.8배(이하 "최고 보상기준 금액"이라 한다)를 초과하거나, 2분의 1(이하 "최저 보상기준 금액"이라 한다)보다 적으면 그 최고 보상기준 금액이나 최저 보상기준 금액을 각각 그 근로자의 평균임금으로 하되, 최저 보상기준 금액이 「최저임금법」에 따른 시간급 최저임금액에 8을 곱한 금액(이하 "최저임금액"이라 한다)보다 적으면 그 최저임금액을 최저 보상기준 금액으로 한다. 다만, 휴업급여 및 상병보상연금을 산정할 때에는 최저 보상기준 금액을 적용하지 아니한다(동조 제7항).

⑥ 최고 보상기준 금액이나 최저 보상기준 금액의 산정방법 및 적용기간은 대통령령으로 정한다. 이 경우 산정된 최고 보상기준 금액 또는 최저 보상기준 금액은 매년 고용노동부장관이 고시한다(동조 제8항).

2. 보험급여의 지급

(1) 보험급여 지급의 원칙

① 보험급여는 지급 결정일부터 14일 이내에 지급하여야 한다(법 제82조 제1항).

② 공단은 수급권자의 신청이 있는 경우에는 보험급여를 수급권자 명의의 지정된 계좌(이하 "보험급여수급계좌"라 한다)로 입금하여야 한다. 다만, 정보통신장애나 그 밖에 대통령령으로 정하는 불가피한 사유로 보험급여를 보험급여수급계좌로 이체할 수 없을 때에는 대통령령으로 정하는 바에 따라 보험급여를 지급할 수 있다(동조 제1항).

③ 보험급여수급계좌의 해당 금융기관은 이 법에 따른 보험급여만이 보험급여수급계좌에 입금되도록 관리하여야 하며, 신청의 방법·절차와 보험급여수급계좌의 관리에 필요한 사항은 대통령령으로 정한다(동조 제1항).

(2) 보험급여의 일시지급

① 대한민국 국민이 아닌 근로자가 업무상의 재해에 따른 부상 또는 질병으로 요양 중 치유되기 전에 출국하기 위하여 보험급여의 일시지급을 신청하는 경우에는 출국하기 위하여 요양을 중단하는 날 이후에 청구 사유가 발생할 것으로 예상되는 보험급여를 한꺼번에 지급할 수 있다(법 제76조 제1항).

② 한꺼번에 지급할 수 있는 금액은 다음 각 호의 보험급여를 미리 지급하는 기간에 따른 이자 등을 고려하여 대통령령으로 정하는 방법에 따라 각각 환산한 금액을 합한 금액으로 한다. 이 경우 해당 근로자가 제3호 및 제4호에 따른 보험급여의 지급사유 모두에 해당될 것으로 의학적으로 판단되는 경우에는 제4호에 해당하는 보험급여의 금액은 합산하지 아니한다.(동조 제2항).

1. 출국하기 위하여 요양을 중단하는 날부터 업무상의 재해에 따른 부상 또는 질병이 치유될 것으로 예상되는 날까지의 요양급여
2. 출국하기 위하여 요양을 중단하는 날부터 업무상 부상 또는 질병이 치유되거나 그 상병상태가 취업할 수 있게 될 것으로 예상되는 날(그 예상되는 날이 요양 개시일부터 2년이 넘는 경우에는 요양 개시일부터 2년이 되는 날)까지의 기간에 대한 휴업급여
3. 출국하기 위하여 요양을 중단할 당시 업무상의 재해에 따른 부상 또는 질병이 치유된 후에 남을 것으로 예상되는 장해의 장해등급에 해당하는 장해보상일시금
4. 출국하기 위하여 요양을 중단할 당시 요양 개시일부터 2년이 지난 후에 상병보상연금의 지급대상이 되는 중증요양상태가 지속될 것으로 예상되는 경우에는 그 예상되는 중증요양상태등급(요양 개시일부터 2년이 경과한 후 출국하기 위하여 요양을 중단하는 경우에는 그 당시의 상병상태에 따른 중증요양상태등급)과 같은 장해등급에 해당하는 장해보상일시금에 해당하는 금액
5. 요양 당시 받고 있는 진폐장해등급에 따른 진폐보상연금

(3) 미지급 보험급여의 지급

보험급여의 수급권자가 사망한 경우에 그 수급권자에게 지급하여야 할 보험급여로서 아직 지급되지 아니한 보험급여가 있으면 그 수급권자의 유족(유족급여의 경우에는 그 유족급여를 받을 수 있는 다른 유족)의 **청구에 따라 그 보험급여를 지급하고,** 그 수급권자가 사망 전에 보험급여를 청구하지 아니하면 유족의 청구에 따라 그 보험급여를 지급한다(법 제81조).

(4) 보험급여 지급의 제한

① 공단은 근로자가 다음 각 호의 어느 하나에 해당되면 보험급여의 전부 또는 일부를 지급하지 아니할 수 있다(법 제83조 제1항).

1. 요양 중인 근로자가 정당한 사유 없이 요양에 관한 지시를 위반하여 부상·질병 또는 장해 상태를 악화시키거나 치유를 방해한 경우[65]
2. 장해보상연금 또는 진폐보상연금 수급권자가 장해등급 또는 진폐장해등급 재판정 전에 자해 등 고의로 장해 상태를 악화시킨 경우[66]

---

65) 공단은 보험급여 수급권자가 법 제83조 제1항 제1호에 해당하면 보험급여의 지급을 제한하기로 결정한 날 이후에 지급사유가 발생하는 휴업급여 또는 상병보상연금의 20일분(지급사유가 발생한 기간이 20일 미만이면 그 기간 해당분)에 상당하는 금액을 지급하지 않는다(영 제78조 제1항).

66) 공단은 장해보상연금 또는 진폐보상연금 수급권자가 법 제83조 제1항 제2호에 해당하면 다음 각 호에 따라 장해급여를 지급한다. 1. 장해상태가 종전의 장해등급등보다 심해진 경우에도 종전의 장해등급등에 해당하는 장해보상연금 또는 진폐보상연금 지급 2. 장해상태가 종전의 장해등급등보다 호전되었음이 의학적 소견 등으로 확인되는 경우로서 재판정 전에 장해상태를 악화시킨 경우에는 그 호전된 장해등급등에 해당하는 장해급여 또는 진폐보상

② 공단은 보험급여를 지급하지 아니하기로 결정하면 지체 없이 이를 관계 보험가입자와 근로자에게 알려야 한다(동조 제2항).

(5) 보험급여의 일시 중지

① 공단은 보험급여를 받고자 하는 자가 다음 각 호의 어느 하나에 해당되면 보험급여의 지급을 일시 중지할 수 있다(법 제120조 제1항).

1. 요양 중인 근로자가 공단의 전원 요양 지시를 정당한 사유 없이 따르지 아니하는 경우
2. 공단이 직권으로 실시하는 장해등급 또는 진폐장해등급 재판정 요구에 응하지 아니하는 경우
3. 보고·서류제출 또는 신고를 하지 아니하는 경우
4. 질문이나 조사에 응하지 아니하는 경우
5. 진찰 요구에 따르지 아니하는 경우

② 일시 중지의 대상이 되는 보험급여의 종류, 일시 중지의 기간 및 일시 중지 절차는 대통령령[67]으로 정한다(동조 제2항).

3. 부당이득의 징수 등

(1) 부당이득의 징수

① 공단은 보험급여를 받은 자가 다음 각 호의 어느 하나에 해당하면 그 급여액에 해당하는 금액(제1호의 경우에는 그 급여액의 2배에 해당하는 금액)을 징수하여야 한다. 이 경우 공단이 국민건강보험공단등에 청구하여 받은 금액은 징수할 금액에서 제외한다(법 제84조 제1항).

1. 거짓이나 그 밖의 부정한 방법으로 보험급여를 받은 경우
2. 수급권자 또는 수급권이 있었던 자가 신고의무를 이행하지 아니하여 부당하게 보험급여를 지급받은 경우
3. 그 밖에 잘못 지급된 보험급여가 있는 경우

② 제1항 제1호의 경우 보험급여의 지급이 보험가입자·산재보험 의료기관 또는 직업훈련

연금 지급(영 제78조 제2항).

67) 보험급여의 지급을 일시 중지하기 전에 그 보험급여를 받으려는 사람에게 상당한 기간을 정하여 문서로 의무이행을 촉구하여야 한다. ② 법 제120조에 따라 일시 중지할 수 있는 보험급여는 보험급여를 받으려는 사람이 제1항에 따른 의무를 이행하지 아니하여 그 보험급여를 받으려는 사람에게 지급될 보험급여의 지급결정이 곤란하거나 이에 지장을 주게 되는 모든 보험급여로 하되, 법 제120조 제1항 제1호의 경우에는 휴업급여 또는 상병보상연금 또는 진폐보상연금으로 한다. ③ 보험급여를 일시 중지할 수 있는 기간은 공단이 제1항에 따라 의무를 이행하도록 지정한 날의 다음 날부터 그 의무를 이행한 날의 전날까지로 한다(영 제119조).

기관의 거짓된 신고, 진단 또는 증명으로 인한 것이면 그 보험가입자·산재보험 의료기관 또는 직업훈련기관도 연대하여 책임을 진다(동조 제2항).

③ 공단은 산재보험 의료기관이나 약국이 다음 각 호의 어느 하나에 해당하면 그 진료비나 약제비에 해당하는 금액을 징수하여야 한다. 다만, 제1호의 경우에는 그 진료비나 약제비의 2배에 해당하는 금액(제44조 제1항에 따라 과징금을 부과하는 경우에는 그 진료비에 해당하는 금액)을 징수한다(동조 제3항).

1. 거짓이나 그 밖의 부정한 방법으로 진료비나 약제비를 지급받은 경우
2. 요양급여의 산정 기준 및 합병증 등 예방에 따른 조치비용 산정 기준을 위반하여 부당하게 진료비나 약제비를 지급받은 경우
3. 그 밖에 진료비나 약제비를 잘못 지급받은 경우

④ 제1항 및 제3항 단서에도 불구하고 공단은 거짓이나 그 밖의 부정한 방법으로 보험급여, 진료비 또는 약제비를 받은 자(제2항에 따라 연대책임을 지는 자를 포함한다)가 부정수급에 대한 조사가 시작되기 전에 부정수급 사실을 자진 신고한 경우에는 그 보험급여액, 진료비 또는 약제비에 해당하는 금액을 초과하는 부분은 징수를 면제할 수 있다(동조 제4항).

(2) 부정수급자 명단 공개 등

① 공단은 제84조 제1항 제1호 또는 같은 조 제3항 제1호에 해당하는 자(이하 "부정수급자"라 한다)로서 매년 직전 연도부터 과거 3년간 다음 각 호의 어느 하나에 해당하는 자의 명단을 공개할 수 있다. 이 경우 같은 조 제2항에 따른 연대책임자의 명단을 함께 공개할 수 있다(법 제84의2 제1항).

1. 부정수급 횟수가 2회 이상이고 부정수급액의 합계가 1억원 이상인 자
2. 1회의 부정수급액이 2억원 이상인 자

② 부정수급자 또는 연대책임자의 사망으로 명단 공개의 실효성이 없는 경우 등 대통령령으로 정하는 경우에는 명단을 공개하지 아니할 수 있고, 이의신청이나 그 밖의 불복절차가 진행 중인 부당이득징수결정처분에 대해서는 해당 이의신청이나 불복절차가 끝난 후 명단을 공개할 수 있으며, 공개대상자에게 고용노동부령으로 정하는 바에 따라 미리 그 사실을 통보하고 소명의 기회를 주어야 한다(동조 제2~4항).

(3) 징수금의 징수

보험급여액의 징수, 장해특별급여액의 징수, 유족특별급여액의 징수 및 부당이득의 징수에 관하여는 보험료징수법 제27조, 제28조, 제29조, 제30조, 제32조, 제39조, 제41조 및 제42조를 준용한다. 이 경우 "건강보험공단"은 "공단"으로 본다(법 제85조).

(4) 보험급여 등의 충당

공단은 부당이득을 받은 자, 연대책임이 있는 보험가입자 또는 산재보험 의료기관에 지급할 보험급여·진료비 또는 약제비가 있으면 이를 징수할 금액에 충당할 수 있다(법 제86조 제1항).

(5) 공과금 면제

보험급여로서 지급된 금품에 대하여는 국가나 지방자치단체의 공과금을 부과하지 아니한다(법 제91조).

4. 수급권의 보호

(1) 퇴직으로 인한 불소멸

① 근로자의 보험급여를 받을 권리는 퇴직하여도 소멸되지 아니한다(법 제88조 제1항). 단, 3년간 행사하지 아니하면 시효로 말미암아 소멸한다(법 제112조 제1항).

② 지정된 보험급여수급계좌의 예금 중 대통령령으로 정하는 액수 이하의 금액에 관한 채권은 압류할 수 없다(법 제88조 제3항).

(2) 보험급여청구권의 양도 또는 압류불가

보험급여를 받을 권리는 양도 또는 압류하거나 담보로 제공할 수 없다(법 제88조 제2항).

(3) 수급권의 대위

보험가입자(보험료징수법에 따른 하수급인 포함)가 소속 근로자의 업무상의 재해에 관하여 이 법에 따른 보험급여의 지급 사유와 동일한 사유로 「민법」이나 그 밖의 법령에 따라 보험급여에 상당하는 금품을 수급권자에게 미리 지급한 경우로서 그 금품이 보험급여에 대체하여 지급한 것으로 인정되는 경우에 보험가입자는 대통령령으로 정하는 바에 따라 그 수급권자의 보험급여를 받을 권리를 대위한다(법 제89조).

(4) 요양급여 비용의 정산

① 공단은 「국민건강보험법」에 따른 국민건강보험공단 또는 「의료급여법」에 따른 시장, 군수 또는 구청장(이하 "국민건강보험공단등"이라 한다)이 이 법에 따른 요양급여의 수급권자에게 건강보험 요양급여등을 우선 지급하고 그 비용을 청구하는 경우에는 그 건강보험 요양급여등이 이 법에 따라 지급할 수 있는 요양급여에 상당한 것으로 인정되면 그 요양급여에 해당하는 금액을 지급할 수 있다(법 제90조 제1항).

② 공단이 수급권자에게 요양급여를 지급한 후 그 지급결정이 취소된 경우로서 그 지급한 요양급여가 「국민건강보험법」 또는 「의료급여법」에 따라 지급할 수 있는 건강보험 요양급여등에 상당한 것으로 인정되면 공단은 그 건강보험 요양급여등에 해당하는 금액을 국민건강보험공단등에 청구할 수 있다(동조 제2항).

(5) 국민건강보험 요양급여 비용의 정산

요양급여나 재요양을 받은 사람이 요양이 종결된 후 2년 이내에 「국민건강보험법」에 따른 요양급여를 받은 경우(종결된 요양의 대상이 되었던 업무상의 부상 또는 질병의 증상으로 요양급여를 받은 경우로 한정한다)에는 공단은 그 요양급여 비용 중 국민건강보험공단이 부담한 금액을 지급할 수 있다(법 제90조의2 제1항).

(6) 불이익 처우의 금지

사업주는 근로자가 보험급여를 신청한 것을 이유로 근로자를 해고하거나 그 밖에 근로자에게 불이익한 처우를 하여서는 아니 된다(법 제111조의2).

(7) 사업주의 조력의무

① 보험급여를 받을 자가 사고로 보험급여의 청구 등의 절차를 행하기 곤란하면 사업주는 이를 도와야 한다(법 제116조 제1항).

② 사업주는 보험급여를 받을 자가 보험급여를 받는 데에 필요한 증명을 요구하면 그 증명을 하여야 하며 사업주의 행방불명, 그 밖의 부득이한 사유로 불가능하면 그 증명을 생략할 수 있다(동조 제2·3항).

5. 제3자에 대한 구상권

(1) 제3자에 대한 구상권의 의의

보험관장자인 공단이 제3자의 행위로 인하여 발생한 업무상 재해에 대하여 보험급여 수급권자인 피재근로자나 그 유족에게 보험급여를 지급한 때에 공단이 지급한 그 급여의 한도 내에서 가해자인 제3자에 대한 손해배상청구권을 대위하여 지급된 보험급여액을 제3자로부터 징수할 수 있는 제도이다.

(2) 구상권 행사의 요건

1) 제3자에 의하여 재해가 발생할 것

여기서 제3자란 공단, 보험가입자, 당해사업체의 소속 근로자 및 유족을 제외한 자를 말함.

다만, 보험가입자인 2이상의 사업주가 같은 장소에서 하나의 사업을 분할하여 각각 행하다가 그 중 사업주를 달리하는 근로자의 행위로 재해가 발생하면 공단은 구상권을 행사하지 아니한다(법 제87조 제1항 단서).

2) 보험급여를 하였을 것

공단이 피재근로자에게 보험급여를 이미 행하였어야 한다.

3) 피재자의 제3자에 대한 손해배상청구권의 존재

피재 근로자가 제3자의 손해배상청구권을 양도 또는 면제하였다면 위 1. 2.의 요건이 충족되었다 하더라도 구상권을 행사할 수 없다.

4) 제3자의 행위에 의한 재해의 신고

제3자의 행위에 의한 재해가 발생한 때에는 수급권자 및 보험가입자는 지체 없이 이를 공단에 신고해야 한다(법 제87조 제3항).

(3) 구상금협의조정기구 등

공단은 「자동차손해배상 보장법」에 따른 보험회사등에게 구상권을 행사하는 경우 그 구상금 청구액을 협의·조정하기 위하여 보험회사등과 구상금협의조정기구를 구성하여 운영할 수 있고, 공단과 보험회사등은 협의·조정을 위하여 상대방에게 필요한 자료의 제출을 요구할 수 있다. 이 경우 자료의 제출을 요구받은 상대방은 특별한 사정이 없으면 그 요구에 따라야 하며, 구상금협의조정기구의 구성 및 운영 등에 관하여 필요한 사항은 공단이 정한다(법 제87조의2).

(4) 구상권 행사의 범위

1) 동일한 사유

구상권 행사 범위는 보험급여가 지급된 사유와 동일한 사유의 범위에 국한. 공단이 요양급여를 행한 때에는 수급권자의 제3자에 대한 적극적 손해 중 치료비 손해배상청구권의 범위 내에서 구상권 행사할 수 있다.

2) 구상할 수 있는 금액

구상권을 행사할 수 있는 금액은 제3자의 행위로 인하여 지급한 보험급여액에 한정한다.

3) 제3자로부터 배상받은 자에 대한 보험급여의 조정

수급권자가 제3자로부터 동일한 사유로 인하여 이 법의 보험급여에 상당하는 손해배상을 받으면 공단은 그 배상액을 대통령령으로 정하는 방법에 따라 환산한 금액의 한도 안에서 이 법에 따른 보험급여를 지급하지 아니한다(법 제87조 제2항).

4) 구상권의 소멸시효

제3자의 불법행위가 있는 날로부터 10년, 이를 안 날로부터 3년 이내에 청구하지 않으면 그 구상권은 소멸한다.

6. 다른 보상이나 배상과의 관계

① 수급권자가 이 법에 따라 보험급여를 받았거나 받을 수 있으면 보험가입자는 동일한 사유에 대하여 「근로기준법」에 따른 재해보상 책임이 면제된다(법 제80조 제1항).

② 수급권자가 동일한 사유에 대하여 이 법에 따른 보험급여를 받으면 보험가입자는 그 금액의 한도 안에서 「민법」이나 그 밖의 법령에 따른 손해배상의 책임이 면제된다. 이 경우 장해보상연금 또는 유족보상연금을 받고 있는 자는 장해보상일시금 또는 유족보상일시금을 받은 것으로 본다(동조 제2항).

③ 수급권자가 동일한 사유로 「민법」이나 그 밖의 법령에 따라 이 법의 보험급여에 상당한 금품을 받으면 공단은 그 받은 금품을 대통령령으로 정하는 방법에 따라 환산한 금액의 한도 안에서 이 법에 따른 보험급여를 지급하지 아니한다. 다만, 제2항 후단에 따라 수급권자가 지급받은 것으로 보게 되는 장해보상일시금 또는 유족보상일시금에 해당하는 연금액에 대하여는 그러하지 아니하다(동조 제3항).

④ 요양급여를 받는 근로자가 요양을 시작한 후 3년이 지난 날 이후에 상병보상연금을 지급받고 있으면 「근로기준법」 제23조 제2항 단서를 적용할 때 그 사용자는 그 3년이 지난 날 이후에는 일시보상을 지급한 것으로 본다(동조 제4항).

7. 소멸시효

(1) 시효

① 다음 각 호의 권리는 3년간 행사하지 아니하면 시효로 말미암아 소멸한다. 다만, 제1호의 보험급여 중 장해급여, 유족급여, 장의비, 진폐보상연금 및 진폐유족연금을 받을 권리는 5년간 행사하지 아니하면 시효의 완성으로 소멸한다(법 제112조 제1항).

1. 보험급여를 받을 권리
2. 산재보험 의료기관의 권리
3. 약국의 권리
4. 보험가입자의 권리

5. 국민건강보험공단등의 권리
② 소멸시효에 관하여는 이 법에 규정된 것 외에는 「민법」에 따른다(동조 제2항).

(2) 시효의 중단

<u>소멸시효는 수급권자의 청구로 중단</u>된다. 이 경우 청구가 업무상의 재해 여부의 판단을 필요로 하는 최초의 청구인 경우에는 그 청구로 인한 시효중단의 효력은 제36조 제1항에서 정한 다른 보험급여에도 미친다(법 제113조).

제4장 진폐에 따른 보험급여의 특례

I 진폐증의 의의

① 진폐[68]증이란 분진을 흡입함으로써 폐장내에 병적변화를 가져오는 질병을 말한다(법 제5조 제7호). 진폐증의 정의에서 유념해야 할 점은 분진이 폐조직에 단순히 침착된 상태가 아니고 폐에 침착된 분진이 조직반응 즉, 병리적인 변화를 일으킨 상태를 의미한다는 것이다.

② 진폐증에 대하여는 진폐에 걸린 근로자와 그 유족의 건강보험 및 복리증진을 위하여 특별법으로 「진폐의 예방과 진폐근로자보호등에 관한 법률(이하에서는 "진폐법"이라 약칭한다)」을 제정하여 시행하고 있다.

II 진폐에 따른 보험급여의 특례

1. 진폐에 대한 업무상의 재해의 인정기준

근로자가 진폐에 걸릴 우려가 있는 작업으로서 암석, 금속이나 유리섬유 등을 취급하는 작업 등 고용노동부령으로 정하는 분진작업(이하 "분진작업"이라 한다)에 종사하여 진폐에 걸리면 제37조 제1항 제2호 가목에 따른 업무상 질병으로 본다(법 제91조의2).

2. 진폐보상연금

진폐보상연금은 업무상 질병인 진폐에 걸린 근로자(이하 "진폐근로자"라 한다)에게 지급한다(법 제91조의3 제1항). 진폐보상연금은 평균임금을 기준으로 하여 별표 6에 따라 산정하는 진폐장해등급별 진폐장해연금과 기초연금을 합산한 금액으로 한다. 이 경우 기초연금은 최저임금액의 100분의 60에 365를 곱하여 산정한 금액으로 한다(동조 제2항). 진폐보상연금을 받던 사람이 그 진폐장해등급이 변경된 경우에는 변경된 날이 속한 달의 다음 달부터 기초연금과 변경된 진폐장해등급에 해당하는 진폐장해연금을 합산한 금액을 지급한다(동조 제3항).

68) 진폐란 분진을 흡입함으로써 폐에 생기는 섬유증식성 변화를 주 증상으로 하는 질병을 말한다(진폐법 제2조 제1호).

[별표 6]

진폐장해연금표(제91조의3 제2항 관련)

(평균임금기준)

진폐장해등급	진폐장해연금
제1급	132일분
제3급	132일분
제5급	72일분
제7급	72일분
제9급	24일분
제11급	24일분
제13급	24일분

3. 진폐유족연금

① 진폐유족연금은 진폐근로자가 진폐로 사망한 경우에 유족에게 지급한다(법 제91조의4 제1항). 진폐유족연금은 사망 당시 진폐근로자에게 지급하고 있거나 지급하기로 결정된 진폐보상연금과 같은 금액으로 한다. 이 경우 진폐유족연금은 제62조 제2항 및 별표 3에 따라 산정한 유족보상연금을 초과할 수 없다(동조 제2항).

② 진폐에 대한 진단을 받지 아니한 근로자가 업무상 질병인 진폐로 사망한 경우에 그 근로자에 대한 진폐유족연금은 제91조의3 제2항에 따른 기초연금과 제91조의8 제3항에 따라 결정되는 진폐장해등급별로 별표 6에 따라 산정한 진폐장해연금을 합산한 금액으로 한다(동조 제3항). 진폐유족연금을 받을 수 있는 유족의 범위 및 순위, 자격 상실과 지급 정지 등에 관하여는 유족보상연금 제63조 및 제64조를 준용한다. 이 경우 "유족보상연금"은 "진폐유족연금"으로 본다(동조 제4항).

4. 진폐에 대한 요양급여 등의 청구

① 분진작업에 종사하고 있거나 종사하였던 근로자가 업무상 질병인 진폐로 요양급여 또는 진폐보상연금을 받으려면 고용노동부령으로 정하는 서류를 첨부하여 공단에 청구하여야 한다(법 제91조의5 제1항).

② 요양급여 등을 청구한 사람이 요양급여 등의 지급 또는 부지급 결정을 받은 경우에는 진단이 종료된 날부터 1년이 지나거나 요양이 종결되는 때에 다시 요양급여 등을 청구할 수 있다. 다만, 건강진단기관으로부터 합병증[진폐법에 따른 합병증을 말한다]이나 심폐기능의 고도장해 등으로 응급진단이 필요하다는 의학적 소견이 있으면 1년이 지나지 아니한 경우에도 요양급여 등을 청구할 수 있다(동조 제2항).

5. 진폐의 진단

① 공단은 근로자가 요양급여 등을 청구하면 진폐법에 따른 건강진단기관(이하 "건강진단기관"이라 한다)에 진폐판정에 필요한 진단을 의뢰하여야 한다(법 제91조의6 제1항). 건강진단기관은 진폐에 대한 진단을 의뢰받으면 고용노동부령으로 정하는 바에 따라 진폐에 대한 진단을 실시하고 그 진단결과를 공단에 제출하여야 한다(동조 제2항). 근로자가 진폐법에 따른 건강진단을 받은 후에 건강진단기관이 해당 근로자의 흉부 엑스선 사진 등을 고용노동부장관에게 제출한 경우에는 요양급여 등을 청구하고 진단결과를 제출한 것으로 본다(동조 제3항).

② 공단은 진단을 실시한 건강진단기관에 그 진단에 드는 비용을 지급한다. 이 경우 그 비용의 산정 기준 및 청구 등에 관하여는 요양급여 규정 제40조 제5항 및 제45조를 준용한다(법 제91조의6 제4항). 진단을 받는 근로자에게는 고용노동부장관이 정하여 고시하는 금액을 진단수당으로 지급할 수 있다. 다만, 장해보상연금 또는 진폐보상연금을 받고 있는 사람에게는 진단수당을 지급하지 아니한다(동조 제5항). 진단의뢰, 진단결과의 제출 및 진단수당의 구체적인 지급절차 등에 관한 사항은 고용노동부령으로 정한다(동조 제6항).

6. 진폐심사회의

① 진단결과에 대하여 진폐병형 및 합병증 등을 심사하기 위하여 공단에 관계 전문가 등으로 구성된 진폐심사회의를 둔다(법 제91조의7 제1항). 진폐심사회의의 위원 구성 및 회의 운영이나 그 밖에 필요한 사항은 고용노동부령으로 정한다(동조 제2항).

② 업무상질병판정위원회에서 제외하는 질병 중 진폐증이 걸렸는지 여부와 그에 따른 요양의 필요성 및 장해정도를 심사하기 위하여 공단에 진폐심사회의를 둔다(규칙 제38조 제1항). 진폐심사회의의 구성, 운영 그밖에 필요한 사항은 공단이 정한다(동조 제2항).

7. 진폐판정 및 보험급여의 결정 등

① 공단은 진단결과를 받으면 진폐심사회의의 심사를 거쳐 해당 근로자의 진폐병형, 합병증의 유무 및 종류, 심폐기능의 정도 등을 판정(이하 "진폐판정"이라 한다)하여야 한다. 이 경우 진폐판정에 필요한 기준은 대통령령으로 정한다(법 제91조의8 제1항). 공단은 진폐판정 결과에 따라 요양급여의 지급 여부, 진폐장해등급과 그에 따른 진폐보상연금의 지급 여부 등을 결정하여야 한다. 이 경우 진폐장해등급 기준 및 합병증 등에 따른 요양대상인정기준은 대통령령으로 정한다(동조 제2항).

② 공단은 합병증 등으로 심폐기능의 정도를 판정하기 곤란한 진폐근로자에 대하여는 진폐

장해등급 기준에도 불구하고 진폐병형을 고려하여 진폐장해등급을 결정한다. 이 경우 진폐장해등급 기준은 대통령령으로 정한다(동조 제3항). 공단은 보험급여의 지급 여부 등을 결정하면 그 내용을 해당 근로자에게 알려야 한다(동조 제4항).

8. 진폐에 따른 요양급여의 지급 절차와 기준 등

① 공단은 요양급여를 지급하기로 결정된 진폐근로자에 대하여는 제40조 제2항 본문에도 불구하고 산재보험 의료기관 중 진폐근로자의 요양을 담당하는 의료기관(이하 "진폐요양 의료기관"이라 한다)에서 요양을 하게 한다(법 제91조의9 제1항). 고용노동부장관은 진폐요양 의료기관이 적정한 요양을 제공하는 데 활용할 수 있도록 전문가의 자문 등을 거쳐 입원과 통원의 처리기준, 표준적인 진료기준 등을 정하여 고시할 수 있다(동조 제2항).

② 공단은 진폐요양 의료기관에 대하여 시설, 인력 및 의료의 질 등을 고려하여 3개 이내의 등급으로 나누어 등급화할 수 있다. 이 경우 그 등급의 구분 기준, 등급별 요양대상 환자 및 등급별 요양급여의 산정 기준은 고용노동부령으로 정한다(동조 제3항). 진폐요양 의료기관을 평가하는 업무에 대하여 자문하기 위하여 공단에 진폐요양의료기관평가위원회를 둔다. 이 경우 진폐요양의료기관평가위원회의 구성·운영이나 그 밖에 필요한 사항은 고용노동부령으로 정한다(동조 제4항). 진폐요양 의료기관에 대한 평가에 관하여는 산재보험 의료기관 평가규정 제50조를 준용한다. 이 경우 산재보험 의료기관 중 대통령령으로 정하는 의료기관"은 "진폐요양 의료기관"으로 본다(동조 제5항).

9. 진폐에 따른 사망의 인정과 확인

① 분진작업에 종사하고 있거나 종사하였던 근로자가 진폐, 합병증이나 그 밖에 진폐와 관련된 사유로 사망하였다고 인정되면 업무상의 재해로 본다. 이 경우 진폐에 따른 사망 여부를 판단하는 때에 고려하여야 하는 사항은 대통령령으로 정한다(법 제91조의10 제1항).

② 분진작업에 종사하고 있거나 종사하였던 근로자의 사망원인을 알 수 없는 경우에 그 유족은 해당 근로자가 진폐 등으로 사망하였는지 여부에 대하여 확인하기 위하여 병리학 전문의가 있는 산재보험 의료기관 중에서 공단이 지정하는 의료기관에 전신해부에 대한 동의서를 첨부하여 해당 근로자의 시신에 대한 전신해부를 의뢰할 수 있다. 이 경우 그 의료기관은 「시체해부 및 보존에 관한 법률」에도 불구하고 전신해부를 할 수 있다(법 제91조의11 제1항). 공단은 전신해부를 실시한 의료기관 또는 유족에게 그 비용의 전부 또는 일부를 지원할 수 있다. 이 경우 비용의 지급기준 및 첨부서류 제출, 그 밖에 비용지원 절차에 관한 사항은 고용노동부령으로 정한다(법 제91조의10 제2항).

제5장 심사 청구 및 재심사 청구

Ⅰ 서 설

법에서는 피재근로자가 보험급여의 결정에 관하여 불복이 있는 경우 근로복지공단의 심사와 산업재해보상보험심사위원회에 재심사를 청구하여 구제를 받을 수 있는 제도를 마련하고 있다. 이러한 구제제도는 탄력적이고 간이·신속한 구제를 위하여 마련된 제도이지만, 근로자는 이러한 구제절차를 거치지 않고 곧 바로 소송에 의한 구제를 받을 수 있다.

Ⅱ 근로복지공단의 심사

1. 심사청구의 제기

① 다음 각 호의 어느 하나에 해당하는 공단의 결정 등(이하 "보험급여 결정등"이라 한다)에 불복하는 자는 공단에 심사 청구를 할 수 있다(법 제103조 제1항).

1. 보험급여에 관한 결정
2. 진료비에 관한 결정
3. 약제비에 관한 결정
4. 진료계획 변경 조치등
5. 보험급여의 일시지급에 관한 결정

5의2. 합병증 등 예방관리에 관한 조치

6. 부당이득의 징수에 관한 결정
7. 수급권의 대위에 관한 결정

② 심사 청구는 그 보험급여 결정등을 한 공단의 소속 기관을 거쳐 공단에 제기하여야 하며 보험급여 결정등이 있음을 안 날부터 90일 이내에 하여야 하고, 심사 청구서를 받은 공단의 소속 기관은 5일 이내에 의견서를 첨부하여 공단에 보내야 한다(동조 제2~4항).

③ 보험급여 결정등에 대하여는 「행정심판법」에 따른 행정심판을 제기할 수 없다(동조 제5항).

2. 산업재해보상보험심사위원회

(1) 구성

① **심사 청구를 심의하기 위하여 공단에 관계 전문가 등으로 구성되는 산업재해보상보험심사위원회를 둔다**(법 제104조 제1항). 심사위원회는 위원장 1명을 포함하여 150명 이내의 위원으로 구성하되, 위원 중 2명은 상임으로 한다(영 제99조 제1항).

② 심사위원회의 위원은 다음 각 호의 어느 하나에 해당하는 사람 중에서 공단 이사장이 위촉하거나 임명한다(동조 제2항).

1. 판사・검사・변호사 또는 경력 5년 이상의 공인노무사
2. 「고등교육법」에 따른 학교에서 조교수 이상으로 재직하고 있거나 재직하였던 사람
3. 노동 관계 업무 또는 산업재해보상보험 관련 업무에 10년 이상 종사한 사람
4. 사회보험이나 산업의학에 관한 학식과 경험이 풍부한 사람

③ 심사위원회의 위원장은 상임위원 중에서 공단 이사장이 임명하고, 심사위원회의 위원 중 5분의 2에 해당하는 위원은 제2항 각 호의 어느 하나에 해당하는 사람으로서 근로자 단체 및 사용자 단체가 각각 추천하는 사람 중에서 위촉한다. 이 경우 근로자 단체 및 사용자 단체가 추천한 위원은 같은 수로 한다(동조 제3・4항).

④ 심사위원회 위원의 임기는 3년으로 하되, 연임할 수 있다. 다만, 임기가 끝난 위원은 그 후임자가 위촉되거나 임명될 때까지 그 직무를 수행할 수 있고, 이 영에서 규정한 것 외에 심사위원회의 구성에 필요한 사항은 공단이 정하며,(동조 제5・6항). 심사위원회 위원의 제척・기피・회피에 관하여는 제108조를 준용한다(법 제104조 제2항).

(2) 운영

① 심사위원회의 위원장은 심사위원회의 회의를 소집하고, 그 의장이 된다. 다만, 위원장은 심사위원회의 원활한 운영을 위하여 필요하면 상임위원 또는 그 밖에 위원장이 지명하는 위원이 심사위원회의 회의를 주재하도록 할 수 있다(영 제100조 제1항).

② 심사위원회의 회의는 위원장(제1항 단서에 따라 상임위원 또는 위원장이 지명하는 위원이 회의를 주재하는 경우에는 그 위원)과 회의를 개최할 때 마다 위원장이 지정하는 위원 6명으로 구성하고, 회의는 구성원 과반수의 출석으로 개의하고, 출석위원 과반수의 찬성으로 의결한다(동조 제2・3항).

③ 공단은 심사 청구에 대하여 심사위원회의 심의를 거쳐 결정하는 경우에는 그 심리 경과에 관하여 심리조서를 작성하여야 하며, 심리조서의 작성・열람 등에 관하여는 제110조를 준용한다. 이 경우 "재심사위원회"는 "심사위원회"로, "재심사 청구"는 "심사 청구"로

본다(동조 제4・5항).

④ 심사위원회의 회의에 출석한 상임위원 및 공단의 임직원인 위원 외의 위원에게는 예산의 범위에서 수당과 여비를 지급할 수 있고, 이 영에서 규정한 것 외에 심사위원회의 운영에 필요한 사항은 공단이 정한다(동조 제6・7항).

(3) 심사 청구에 대한 결정의 방법

① **심사 청구에 대한 결정은 문서로 하여야 하며**, 결정서에는 다음 각 호의 사항을 적어야 한다(영 제101조 제1항).

1. 사건번호 및 사건명
2. 심사 청구인의 이름 및 주소(심사 청구인이 법인인 경우에는 그 명칭・소재지 및 대표자의 이름)
3. 선정대표자 또는 대리인의 이름 및 주소(제96조 제3항에 따른 심사 청구인 경우만 해당한다)
4. 심사 청구인이 재해를 입은 근로자가 아닌 경우에는 재해를 입은 근로자의 이름 및 주소
5. 주문
6. 심사 청구의 취지
7. 이유
8. 결정연월일

② 공단은 심사 청구에 대한 결정을 하면 심사 청구인에게 심사 결정서 정본을 보내야 하며, 공단이 보험급여 결정등을 하거나 심사 청구에 대한 결정을 할 때에는 그 상대방 또는 심사 청구인에게 그 보험급여 결정등 또는 심사 청구에 대한 결정에 관하여 심사 청구 또는 재심사 청구를 제기할 수 있는지 여부, 제기하는 경우의 절차 및 청구기간을 알려야 한다(동조 제2・3항).

(4) 심사위원회의 심의 제외 대상

① 법 제105조 제2항에서 "대통령령으로 정하는 사유"란 해당 심사 청구가 다음 각 호의 어느 하나에 해당하는 경우를 말한다(영 제102조 제1항).

1. 업무상질병판정위원회의 심의를 거쳐 업무상 질병의 인정 여부가 결정된 경우
2. 진폐인 경우
3. 이황화탄소 중독인 경우
4. 각하 결정 사유에 해당하는 경우
5. 진료비 또는 약제비(법 제40조 제2항 단서에 따른 요양비 중 진료비 또는 약제비에 해당하는 비용을 포함한다)에 관한 결정에 불복하여 심사 청구가 제기된 경우
6. 그 밖에 심사 청구의 대상이 되는 보험급여 결정등이 적법한지를 명백히 알 수 있는

경우

② 제1항에도 불구하고 제1항 각 호의 어느 하나에 해당하는 심사 청구 중 공단이 심사위원회의 심의를 거쳐 결정할 필요가 있다고 인정하는 경우에는 심사위원회의 심의를 거쳐 결정할 수 있다(동조 제2항).

(5) 심리를 위한 조사

① 심사 청구에 대한 심리를 위한 조사 신청은 다음 각 호의 사항을 적은 문서로 하여야 한다(영 제103조 제1항).

1. 심사 청구 사건명
2. 신청의 취지 및 이유
3. 출석할 관계인의 이름 및 주소(법 제105조 제4항 제1호의 경우만 해당한다)
4. 제출할 문서나 그 밖의 물건의 표시 및 그 소유자 또는 보관자의 이름과 주소(법 제105조 제4항 제2호의 경우만 해당한다)
5. 감정할 사항 및 그 이유(법 제105조 제4항 제3호의 경우만 해당한다)
6. 출입할 사업장이나 그 밖의 장소의 명칭 · 소재지, 질문할 사업주 · 근로자, 그 밖의 관계인의 이름 · 주소, 검사할 문서나 그 밖의 물건의 표시(법 제105조 제4항 제4호의 경우만 해당한다)
7. 진단받을 근로자의 이름 및 주소(법 제105조 제4항 제5호의 경우만 해당한다)

② 공단이 조사를 한 경우에는 다음 각 호의 사항을 적은 조서를 작성하여야 한다. 이 경우 심사 청구인 또는 관계인으로부터 진술을 받은 경우에는 진술조서를 작성하여 첨부하여야 한다(동조 제2항).

1. 사건번호 및 사건명
2. 조사의 일시 및 장소
3. 조사대상 및 조사방법
4. 조사의 결과

(6) 실비 지급

지정된 장소에 출석한 관계인과 감정을 한 감정인에게는 고용노동부령으로 정하는 바에 따라 실비를 지급한다(법 제104조).

3. 심사청구에 대한 결정

① **공단은 심사 청구서를 받은 날부터 60일 이내에 심사위원회의 심의를 거쳐 심사 청구에 대한 결정을 하여야 한다**. 다만, 부득이한 사유로 그 기간 이내에 결정을 할 수 없으면 1차에 한하여 20일을 넘지 아니하는 범위에서 그 기간을 연장할 수 있고, 그 결정기간을 연장할 때에는 최초의 결정기간이 끝나기 7일 전까지 심사 청구인 및 보험급여 결정등을 한 공단의 소속 기관에 알려야 한다(법 제105조 제1·3항).

② 심사 청구 기간이 지난 후에 제기된 심사 청구 등 대통령령으로 정하는 사유에 해당하는 경우에는 심사위원회의 심의를 거치지 아니할 수 있다(동조 제2항).

③ 공단은 심사 청구의 심리를 위하여 필요하면 청구인의 신청 또는 직권으로 다음 각 호의 행위를 할 수 있다(동조 제4·5항).

1. 청구인 또는 관계인을 지정 장소에 출석하게 하여 질문하거나 의견을 진술하게 하는 것
2. 청구인 또는 관계인에게 증거가 될 수 있는 문서나 그 밖의 물건을 제출하게 하는 것
3. 전문적인 지식이나 경험을 가진 제3자에게 감정하게 하는 것
4. 소속 직원에게 사건에 관계가 있는 사업장이나 그 밖의 장소에 출입하여 사업주·근로자, 그 밖의 관계인에게 질문하게 하거나, 문서나 그 밖의 물건을 검사하게 하는 것. 이 경우 질문이나 검사를 하는 공단의 소속 직원은 그 권한을 표시하는 증표를 지니고 이를 관계인에게 내보여야 한다.
5. 심사 청구와 관계가 있는 근로자에게 공단이 지정하는 의사·치과의사 또는 한의사(이하 "의사등"이라 한다)의 진단을 받게 하는 것

Ⅲ 산업재해보상보험재심사위원회의 재심사(재심)

1. 산업재해보상보험재심사위원회 설치

① **재심사 청구를 심리·재결하기 위하여 고용노동부에 산업재해보상보험재심사위원회(이하 "재심사위원회"라 한다)를 둔다**(법 제107조 제1·3항).

② **재심사위원회는 위원장 1명을 포함한 90명 이내의 위원으로 구성**하되, 위원 중 2명은 상임위원으로, 1명은 당연직위원으로 하며, 재심사위원회의 위원 중 5분의 2에 해당하는 위원은 제5항 제2호부터 제5호까지에 해당하는 자 중에서 근로자 단체 및 사용자 단체가 각각 추천하는 자로 구성한다. 이 경우 근로자 단체 및 사용자 단체가 추천한 자는 같은 수로 하여야 한다. 그럼에도 불구하고 근로자단체나 사용자단체가 각각 추천하는 사람이

위촉하려는 전체 위원 수의 5분의 1보다 적은 경우에는 제3항 후단을 적용하지 아니하고 근로자단체와 사용자단체가 추천하는 위원 수를 전체 위원 수의 5분의 2 미만으로 할 수 있다(동조 제2·4항).

③ **재심사위원회의 위원장 및 위원은 다음 각 호의 어느 하나에 해당하는 자 중에서 고용노동부장관의 제청으로 대통령이 임명한다.** 다만, 당연직위원은 고용노동부장관이 소속 3급의 일반직 공무원 또는 고위공무원단에 속하는 일반직 공무원 중에서 지명하는 자로 한다(동조 제5항).

1. 3급 이상의 공무원 또는 고위공무원단에 속하는 일반직 공무원으로 재직하고 있거나 재직하였던 자
2. 판사·검사·변호사 또는 경력 10년 이상의 공인노무사
3. 「고등교육법」 제2조에 따른 학교에서 부교수 이상으로 재직하고 있거나 재직하였던 자
4. 노동 관계 업무 또는 산업재해보상보험 관련 업무에 15년 이상 종사한 자
5. 사회보험이나 산업의학에 관한 학식과 경험이 풍부한 자

④ 다음 각 호의 어느 하나에 해당하는 자는 위원에 임명될 수 없다(동조 제6항).

1. 피성년후견인·피한정후견인 또는 파산선고를 받고 복권되지 아니한 자
2. 금고 이상의 형을 선고받고 그 형의 집행이 종료되거나 집행을 받지 아니하기로 확정된 후 3년이 지나지 아니한 자
3. 심신 상실자·심신 박약자

⑤ 재심사위원회 위원(당연직위원은 제외한다)의 임기는 3년으로 하되 연임할 수 있고, 위원장이나 위원의 임기가 끝난 경우 그 후임자가 임명될 때까지 그 직무를 수행하고, 재심사위원회의 위원은 다음 각 호의 어느 하나에 해당하는 경우 외에는 그 의사에 반하여 면직되지 아니한다(동조 제7·8항).

1. 금고 이상의 형을 선고받은 경우
2. 오랜 심신 쇠약으로 직무를 수행할 수 없게 된 경우
3. 직무와 관련된 비위사실이 있거나 재심사위원회 위원직을 유지하기에 적합하지 아니하다고 인정되는 비위사실이 있는 경우

⑥ 재심사위원회에 사무국을 둔다(동조 제9항).

2. 위원의 제척 · 기피 · 회피

① 재심사위원회의 위원은 다음 각 호의 어느 하나에 해당하는 경우에는 그 사건의 심리 · 재결에서 제척된다(법 제108조 제1항).

1. 위원 또는 그 배우자나 배우자였던 자가 그 사건의 당사자가 되거나 그 사건에 관하여 공동권리자 또는 의무자의 관계에 있는 경우
2. 위원이 그 사건의 당사자와 「민법」 제777조에 따른 친족이거나 친족이었던 경우
3. 위원이 그 사건에 관하여 증언이나 감정을 한 경우
4. 위원이 그 사건에 관하여 당사자의 대리인으로서 관여하거나 관여하였던 경우
5. 위원이 그 사건의 대상이 된 보험급여 결정등에 관여한 경우

② 당사자는 위원에게 심리 · 재결의 공정을 기대하기 어려운 사정이 있는 경우에는 기피신청을 할 수 있고, 위원은 제1항이나 제2항의 사유에 해당하면 스스로 그 사건의 심리 · 재결을 회피할 수 있다(동조 제2 · 3항).

③ 사건의 심리 · 재결에 관한 사무에 관여하는 위원 아닌 직원에게도 제1항부터 제3항까지의 규정을 준용한다(동조 제4항).

3. 재심사 청구의 제기

① 심사 청구에 대한 결정에 불복하는 자는 산업재해보상보험재심사위원회에 재심사 청구를 할 수 있다. 다만, (업무상질병)판정위원회의 심의를 거친 보험급여에 관한 결정에 불복하는 자는 심사청구를 하지 아니하고 재심사 청구를 할 수 있다(법 제106조 제1항).

② 재심사 청구는 그 보험급여 결정등을 한 공단의 소속 기관을 거쳐 산업재해보상보험재심사위원회에 제기하여야 한다(동조 제2항).

③ 재심사 청구는 심사 청구에 대한 결정이 있음을 안 날부터 90일 이내에 제기하여야 한다. 다만, 제1항 단서에 따라 심사 청구를 거치지 아니하고 재심사 청구를 하는 경우에는 보험급여에 관한 결정이 있음을 안 날부터 90일 이내에 제기하여야 하며,재심사 청구에 관하여는 제103조 제4항을 준용한다. 이 경우 "심사 청구서"는 "재심사 청구서"로, "공단"은 "산업재해보상보험재심사위원회"로 본다(동조 제3 · 4항).

4. 재심사 청구에 대한 심리와 재결

재심사 청구에 대한 심리 · 재결에 관하여는 제105조 제1항 및 같은 조 제3항부터 제5항까지를 준용한다. 이 경우 "공단"은 "재심사위원회"로, "심사위원회의 심의를 거쳐 심사 청구"는 "재심사 청구"로, "결정"은 "재결"로, "소속 직원"은 "재심사위원회의 위원"으로 보며,

재심사위원회의 재결은 공단을 기속한다(법 제108조 제1·2항). 즉, 공단은 심사 청구서를 받은 날부터 60일 이내에 심사위원회의 심의를 거쳐 심사 청구에 대한 결정을 하여야 한다. 다만, 부득이한 사유로 그 기간 이내에 결정을 할 수 없으면 1차에 한하여 20일을 넘지 아니하는 범위에서 그 기간을 연장할 수 있다.

5. 심사 청구인 및 재심사 청구인의 지위 승계

심사 청구인 또는 재심사 청구인이 사망한 경우 그 청구인이 보험급여의 수급권자이면 유족이, 그 밖의 자이면 상속인 또는 심사 청구나 재심사 청구의 대상인 보험급여에 관련된 권리·이익을 승계한 자가 각각 청구인의 지위를 승계한다(법 제109조).

6. 다른 법률과의 관계

① <u>심사 청구 및 재심사 청구의 제기는 시효의 중단에 관하여 「민법」 제168조에 따른 재판상의 청구로 본다</u>(법 제111조).

② 재심사 청구에 대한 재결은 「행정소송법」 제18조를 적용할 때 행정심판에 대한 재결로 본다. 재심사위원회의 재결은 공단을 기속하며, 이에 불복하는 자는 행정소송을 제기할 수 있다(동조 제2항). <u>공단의 심사는 일종의 행정처분이며 재심사위원회의 재결은 행정심판이다.</u>

③ 심사 청구 및 재심사 청구에 관하여 이 법에서 정하고 있지 아니한 사항에 대하여는 「행정심판법」에 따른다(동조 제3항).

7. 벌칙 적용에서 공무원 의제

<u>재심사위원회 위원 중 공무원이 아닌 위원은</u> 「형법」 제129조부터 제132조까지의 <u>뇌물죄 규정을 적용할 때에는 공무원으로 본다</u>(법 제126조의2).

제6장 벌 칙

1. 벌칙

① 산재보험 의료기관이나 약국의 종사자로서 거짓이나 그 밖의 부정한 방법으로 진료비나 약제비를 지급받은 자는 3년 이하의 징역 또는 3천만원 이하의 벌금에 처한다(법 제127조 제1항).

② 다음 각 호의 어느 하나에 해당하는 자는 2년 이하의 징역 또는 2천만원 이하의 벌금에 처한다(동조 제2항).

1. 거짓이나 그 밖의 부정한 방법으로 보험급여를 받은 자
2. 거짓이나 그 밖의 부정한 방법으로 보험급여를 받도록 시키거나 도와준 자
3. 불이익처우금지규정을 위반하여 근로자를 해고하거나 그 밖에 근로자에게 불이익한 처우를 한 사업주

③ 공단 임직원의 비밀준수의무 규정을 위반하여 비밀을 누설한 자는 2년 이하의 징역 또는 1천만원 이하의 벌금에 처한다(동조 제3항).

2. 양벌규정

법인의 대표자나 법인 또는 개인의 대리인, 사용인, 그 밖의 종업원이 그 법인 또는 개인의 업무에 관하여 제127조 제1항의 위반행위를 하면 그 행위자를 벌하는 외에 그 법인 또는 개인에게도 해당 조문의 벌금형을 과한다. 다만, 법인 또는 개인이 그 위반행위를 방지하기 위하여 해당 업무에 관하여 상당한 주의와 감독을 게을리하지 아니한 경우에는 그러하지 아니하다(법 제128조).

3. 과태료

① 다음 각 호의 어느 하나에 해당하는 자에게는 200만원 이하의 과태료를 부과한다(법 제129조 제1항).

1. 근로복지공단 아닌 자가 근로복지공단 또는 이와 비슷한 명칭을 사용한 자
2. 공단이 아닌 자에게 진료비를 청구한 자

② 다음 각 호의 어느 하나에 해당하는 자에게는 100만원 이하의 과태료를 부과한다(법 제

127조 제2항).

1. 진료계획을 정당한 사유 없이 제출하지 아니하는 자
2. 질문에 답변하지 아니하거나 거짓된 답변을 하거나 검사를 거부·방해 또는 기피한 자
3. 보고를 하지 아니하거나 거짓된 보고를 한 자 또는 서류나 물건의 제출 명령에 따르지 아니한 자
4. 공단의 소속 직원의 질문에 답변을 거부하거나 조사를 거부·방해 또는 기피한 자
5. 공단에 사업주의 특수형태종사자에 대한 신고를 하지 아니한 자

③ 제1항 또는 제2항에 따른 과태료는 대통령령으로 정하는 바에 따라 고용노동부장관이 부과·징수한다(동조 제3항).

1차 공인노무사
시/험/대/비

CHAPTER

5

국민건강보험법

제1장 총 칙
제2장 국민건강보험의 적용과 운영
제3장 국민건강보험공단
제4장 보험급여
제5장 건강보험심사평가원
제6장 보험료
제7장 수급권 보호와 권리구제 등

제1장 총 칙

I 건강보험

1. 의의

국민건강보험법은 광의로는 국민건강보험제도에 관한 법규의 총체를 의미하고, 협의로는 국민건강보험법만을 의미하며, 1999.2.8.자 제정되어 2000.7.1.자부터 시행되었다.

2. 목적

이 법은 국민의 질병·부상에 대한 예방·진단·치료·재활과 출산·사망 및 건강증진에 대하여 보험급여를 실시함으로써 국민보건 향상과 사회보장 증진에 이바지함을 목적으로 한다(법 제1조).

3. 국민건강보험의 특성

(1) 법률에 의한 강제가입

건강보험은 일정한 요건이 충족되면 사보험(私保險)과는 달리 본인의 의사와 관계없이 법률에 의하여 가입이 강제되는 사회보험이다.

(2) 부담능력에 따른 보험료의 차등부담

가입자가 부담하는 보험료는 개인의 소득수준에 따라 차등적으로 부과한다.

(3) 보험급여의 균등성

사보험은 가입자의 보험료 수준, 계약기간 및 내용에 따라 보험급여가 차등적으로 적용되나, 건강보험은 가입자의 보험료납부 수준과 관계없이 보험사고가 발생하면 관계법령에 의하여 균등하게 보험급여가 지급된다.

(4) 보험료납부의 강제성

건강보험은 법률에 의한 강제보험이기 때문에 실효성을 확보하기 위해서 가입자로 하여금 당연히 보험료를 납부할 법적 의무가 부여되고, 보험자인 공단은 보험료 체납자에 대하여 보험료를 징수할 수 있는 강제성이 부여된다.

(5) 단기보험

건강보험은 1년 단위의 회계연도를 기준으로 수입과 지출을 예정하여 보험료를 결정하고, 지급기간이 단기라는 점에서 단기보험에 해당한다.

(6) 개보험

건강보험은 모든 국민을 가입자 또는 피부양자로 하는 개보험에 해당한다.

Ⅱ 정의규정(법 제3조)

1. "근로자"란 직업의 종류와 관계없이 근로의 대가로 보수를 받아 생활하는 사람(법인의 이사와 그 밖의 임원을 포함한다)으로서 공무원 및 교직원을 제외한 사람을 말한다.
2. "사용자"란 다음 각 목의 어느 하나에 해당하는 자를 말한다.
   가. 근로자가 소속되어 있는 사업장의 사업주
   나. 공무원이 소속되어 있는 기관의 장으로서 대통령령으로 정하는 사람
   다. 교직원이 소속되어 있는 사립학교(「사립학교교직원 연금법」 제3조에 규정된 사립학교)를 설립·운영하는 자
3. "사업장"이란 사업소나 사무소를 말한다.
4. "공무원"이란 국가나 지방자치단체에서 상시 공무에 종사하는 사람을 말한다.
5. "교직원"이란 사립학교나 사립학교의 경영기관에서 근무하는 교원과 직원을 말한다.

제2장 국민건강보험의 적용과 운영

I 국민건강보험의 적용대상

1. 가입자

(1) 원칙

의료급여법에 따라 의료급여를 받는 자와 독립유공자예우에 관한 법률 및 국가유공자 등 예우 및 지원에 관한 법률에 따라 의료보호를 받는 자를 제외한 국내의 거주하는 모든 국민은 건강보험의 가입자 또는 피부양자가 되어 국민건강보험법의 적용대상자가 된다. 다만, 유공자등 의료보호대상자 중 건강보험의 적용을 보험자에게 신청한 자와 건강보험을 적용받고 있던 사람이 유공자등 의료보호대상자로 되었으나 건강보험의 적용배제신청을 보험자에게 하지 아니한 자는 이 법의 적용대상에서 해당한다(법 제5조 제1항 제2호 각목).

(2) 예외적 적용

외국정부가 사용자인 사업장의 근로자에 대한 건강보험의 적용여부는 외국정부와의 합의에 의하여 정부가 따로 정할 수 있다(법 제109조 제1항).

※ 대상 외국인

1. 「주민등록법」 제6조 제1항 제3호에 따라 등록한 사람
2. 「재외동포의 출입국과 법적 지위에 관한 법률」 제6조에 따라 국내거소 신고를 한 사람
3. 「출입국관리법」 제31조에 따라 외국인등록을 한 사람

2. 피부양자

직장가입자에 의하여 주로 생계를 유지하는 사람으로서 소득 및 재산이 보건복지부령이 정하는 기준 이하에 해당하는 직장가입자의 배우자, 직장가입자의 직계존속(배우자의 직계존속 포함), 직장가입자의 직계비속(배우자의 직계비속 포함) 및 그 배우자, 직장가입자의 형제・자매를 말한다(법 제5조 제2항).

3. 가입자의 종류(직장가입자와 지역가입자로 구분)

(1) 직장가입자

1) 직장가입자의 의의

모든 사업장의 근로자 및 사용자와 공무원 및 교직원은 직장가입자가 된다(법 제6조 제2항).

2) 적용제외 범위(법 제6조 제2항 단서 · 영 제9조)

① 고용 기간이 1개월 미만인 일용근로자
② 병역법에 따른 현역병(지원에 의하지 아니하고 임용된 하사를 포함한다), 전환복무된 사람 및 군간부후보생
③ 선거에 당선되어 취임하는 공무원으로서 매월 보수 또는 보수에 준하는 급료를 받지 아니하는 사람
④ 비상근 근로자 또는 1개월간의 소정근로시간이 60시간 미만인 단시간근로자
⑤ 비상근 교직원 또는 1개월간의 소정근로시간이 60시간 미만인 시간제공무원 및 교직원
⑥ 소재지가 일정하지 아니한 사업장의 근로자 및 사용자
⑦ 근로자가 없거나 비상근 근로자 또는 1월간의 근로시간이 60시간 미만인 단시간근로자 만을 고용하고 있는 사업장의 사업주

(2) 임의계속가입자(실업자에 대한 특례)

1) 의의

사용관계가 끝난 직장가입자가 임의계속가입을 희망하는 경우에는 예외적으로 36개월 동안은 직장가입자의 자격을 유지할 수 있다(법 제110조 · 영 제77조).

2) 요건

① 사용관계가 끝난 사람 중 직장가입자로서의 자격을 유지한 기간이 보건복지부령으로 정하는 기간 동안 통산 1년 이상인 사람은 지역가입자가 된 이후 최초로 지역가입자 보험료를 고지받은 날부터 그 납부기한에서 2개월이 지나기 이전까지 공단에 직장가입자로서의 자격을 유지할 것을 신청할 것
② 임의계속가입신청 후 최초 보험료 납부기한으로부터 2개월 이내까지 보험료를 납부하였을 것
③ 임의계속가입자의 보수월액은 보수월액보험료가 산정된 최근 12개월간의 보수월액을 평균한 금액으로 함

(3) 지역가입자

직장가입자와 그 피부양자를 제외한 가입자를 말한다(법 제6조 제3항).

Ⅱ 가입자격의 취득 · 상실

구분	시기	신고(보험자)
취득 (법 제8조)	※ 국내에 거주하게 된 날 직장 또는 지역가입자격 취득(원칙) ① 수급권자이었던 자는 그 대상자에서 제외된 날 ② 직장가입자의 피부양자이었던 자가 그 자격을 잃은 날 ③ 유공자 등 의료수급권자이었던 자는 그 대상자에서 제외된 날 ④ 유공자 등 의료보호대상자로서 건강보험의 적용을 급여지에서 신청한 자는 그 신청한 날	자격취득일로부터 14일 이내 (직장가입자의 사용자 및 지역가입자의 세대주)
변동 (법 제9조)	① 지역가입자가 적용대상사업장의 사용자로 되거나, 근로자 · 공무원 또는 교직원(이하 "근로자등"이라 한다)으로 사용된 날 ② 직장가입자가 다른 적용대상사업장의 사용자로 되거나 근로자 등으로 사용된 날 ③ 직장가입자인 근로자 등이 그 사용관계가 종료된 날의 다음 날 ④ 직장가입자인 사용자의 사업장에 제7조 제2호(휴업, 폐업 등) 에 따른 사유가 발생한 날의 다음 날 ⑤ 지역가입자가 다른 세대로 전입한 날	자격변동일로부터 14일 이내
상실 (법 제10조)	① 가입자는 사망한 날의 다음 날 ② 국적을 잃은 날의 다음 날 ③ 국내에 거주하지 아니하게 된 날의 다음 날 ④ 직장가입자의 피부양자가 된 ⑤ 수급권자가 된 날, 건강보험을 적용받고 있던 사람이 유공자 등 의료보호대상자가 되어 건강보험의 적용배제신청을 한 날	자격을 잃은 날로부터 14일 이내

Ⅲ 국민건강보험제도의 관리운영

1. 의의

국민건강보험제도의 감독 및 최종책임은 보건복지부장관이 지지만, 그 운영주체로서의 보험자는 법인형태의 국민건강보험공단(이하 "건강보험공단")이 된다.

2. 국가의 감독

① 건강보험공단은 매 회계연도의 사업운영계획과 예산에 관하여 보건복지부장관의 승인을 얻어야 하고(법 제36조), 조직 · 인사 · 보수 및 회계에 관한 규정은 이사회의 의결을 거쳐 보건복지부장관의 승인을 받아 정한다(법 제29조).

② 보건복지부장관은 여러 가지 항목에 대하여 보고하거나 자료 등을 검사하게 할 수 있음. 다만, 질문 · 검사 · 조사 또는 확인을 하는 소속 공무원은 그 권한을 표시하는 증표를 지니고 관계인에게 보여주어야 한다(법 제97조).

제3장 국민건강보험공단

Ⅰ 보험자

건강보험의 보험자는 국민건강보험공단(이하 "공단"이라 한다)으로 하며(법 제13조), 공단은 법인으로 한다(법 제15조 제1항).

Ⅱ 임원 등

1. 구성

① 공단은 임원으로서 이사장 1명, 이사 14명 및 감사 1명을 둔다. 이 경우 이사장, 이사 중 5명 및 감사는 상임으로 한다(법 제20조 제1항).

② 이사장은 「공공기관의 운영에 관한 법률」에 따른 임원추천위원회가 복수로 추천한 사람 중에서 보건복지부장관의 제청으로 대통령이 임명하고, 상임이사는 보건복지부령으로 정하는 추천 절차를 거쳐 이사장이 임명하며, 비상임이사는 다음 각 호의 사람을 보건복지부장관이 임명한다(동조 제2~4항).

1. 노동조합·사용자단체·시민단체·소비자단체·농어업인단체 및 노인단체가 추천하는 각 1명
2. 대통령령으로 정하는 바에 따라 추천하는 관계 공무원 3명

③ 감사는 임원추천위원회가 복수로 추천한 사람 중에서 기획재정부장관의 제청으로 대통령이 임명하고, 비상임이사는 정관으로 정하는 바에 따라 실비변상을 받을 수 있으며, 이사장의 임기는 3년, 이사(공무원인 이사는 제외)와 감사의 임기는 각각 2년으로 한다(동조 제5~7항).

2. 징수이사

보험료와 그 밖에 이 법에 따른 징수금의 부과·징수와 국민연금법, 보험료징수법, 임금채권보장법 및 석면피해구제법에 따라 위탁받은 업무를 담당하는 이사(이하 "징수이사"라 한다)는 경영, 경제 및 사회보험에 관한 학식과 경험이 풍부한 사람으로서 보건복지부령으로 정

하는 자격을 갖춘 사람 중에서 선임하며, 징수이사 후보를 추천하기 위하여 공단에 이사를 위원으로 하는 징수이사추천위원회를 둔다. 이 경우 추천위원회의 위원장은 이사장이 지명하는 이사로 한다(법 제21조 제1·2항).

3. 재정운영위원회

① 요양급여비용의 계약 및 결손처분 등 보험재정에 관련된 사항을 심의·의결하기 위하여 공단에 재정운영위원회를 두며, 동 위원회의 위원장은 위원 중에서 호선한다(법 제33조).

② 재정운영위원회는 다음 각 호의 위원으로 구성한다(법 제34조 제1·2항).

1. 직장가입자를 대표하는 위원 10명(노동조합과 사용자단체에서 추천하는 각 5명)
2. 지역가입자를 대표하는 위원 10명(농어업인 단체 및 도시자영업자단체에서 각각 3명씩, 시민단체에서 4명 추천)
3. 공익을 대표하는 위원 10명(기획재정부장관 및 보건복지부장관이 해당 기관 소속의 4급 이상 공무원 또는 고위공무원단에 속하는 일반직공무원 중에서 각각 1명씩 지명하는 사람 및 건강보험에 관한 학식과 경험이 풍부한 사람)

③ 재정운영위원회 위원(공무원인 위원은 제외)의 임기는 2년으로 한다. 다만, 위원의 사임 등으로 새로 위촉된 위원의 임기는 전임위원 임기의 남은 기간으로 한다(동조 제3항).

Ⅲ 기 타

1. 차입금

공단은 지출할 현금이 부족한 경우에는 차입할 수 있다. 다만, 1년 이상 장기로 차입하려면 보건복지부장관의 승인을 받아야 한다(법 제37조).

2. 준비금

공단은 회계연도마다 결산상의 잉여금 중에서 그 연도의 보험급여에 든 비용의 100분의 5 이상에 상당하는 금액을 그 연도에 든 비용의 100분의 50에 이를 때까지 준비금으로 적립하여야 하고, 그 준비금은 부족한 보험급여 비용에 충당하거나 지출할 현금이 부족할 때 외에는 사용할 수 없으며, 현금 지출에 준비금을 사용한 경우에는 해당 회계연도 중에 이를 보전하여야 한다(법 제38조 제1·2항).

3. 결산

공단은 회계연도마다 결산보고서와 사업보고서를 작성하여 다음해 2월 말일까지 보건복지부장관에게 보고하여야 한다(법 제39조 제1항).

4. 민법의 준용

공단에 관하여 이 법과 「공공기관의 운영에 관한 법률」에서 정한 사항 외에는 「민법」 중 재단법인에 관한 규정을 준용한다(법 제40조).

제4장 보험급여

I 보험급여의 원칙

1. 현물급여의 원칙

국민건강보험법은 현물급여의 원칙을 채택하고 예외적으로 비용보상을 인정. 현물급여의 원칙이란 보험자가 보험가입자인 수진자로 하여금 제3자인 요양기관에서 진료를 받게 하고 수진자가 별도로 의료비용을 부담하지 않는 것을 말한다.

2. 일부 본인부담 적용의 원칙

건강보험에서 제공되는 요양급여는 전액 보험자의 비용으로 부담하는 것이 아니라 일부 요양급여 비용은 본인이 부담한다(법 제44조 · 영 제19조).

II 급여의 종류와 내용

1. 요양급여

요양급여는 가입자 및 피부양자가 질병 · 부상 · 출산 등으로 요양기관에서 진료를 받은 경우에 요양기관이 지급하는 급여를 말한다.

※ 요양급여의 종류(법 제41조 제1항)

① 진찰 · 검사, ② 약제 또는 치료재료의 지급, ③ 처치 · 수술 기타의 치료, ④ 예방 · 재활, ⑤ 입원, ⑥ 간호, ⑦ 이송

2. 요양비

보험자가 요양을 받은 가입자 및 피부양자에게 요양급여에 상당하는 금액을 현금으로 지급하는 요양급여를 말한다.

3. 장애인보장구급여

상병이 치유된 후의 신체적 결함을 보충하기 위하여 지급되는 의수족·휠체어·보조기·안경·보철 및 보청기 등 보장구를 지급하는 것을 말한다(법 제51조 제1항).

4. 선별급여

요양급여를 결정함에 있어 경제성 또는 치료효과성 등이 불확실하여 그 검증을 위하여 추가적인 근거가 필요하거나, 경제성이 낮아도 가입자와 피부양자의 건강회복에 잠재적 이득이 있는 등 대통령령으로 정하는 경우[69]에는 **예비적인 요양급여인 선별급여로 지정하여 실시할 수 있고**, 보건복지부장관은 대통령령으로 정하는 절차와 방법에 따라 선별급여에 대하여 주기적으로 요양급여의 적합성을 평가(선별급여를 실시한 날부터 5년마다 평가할 것)하여 요양급여 여부를 다시 결정하고, 요양급여의 기준을 조정하여야 한다(법 제41조의4 제1·2항).

5. 방문요양급여

가입자 또는 피부양자가 질병이나 부상으로 거동이 불편한 경우 등 보건복지부령으로 정하는 사유에 해당하는 경우에는 가입자 또는 피부양자를 직접 방문하여 제41조에 따른 요양급여를 실시할 수 있다(법 제41조의5).

6. 건강검진

(1) 종류

공단은 가입자와 피부양자에 대하여 질병의 조기 발견과 그에 따른 요양급여를 하기 위하여 실시하는 건강검진은 **일반건강검진, 암검진 및 영유아건강검진으로 구분하여 실시**한다(법 제52조 제1항·영 제25조 제1항).

(2) 대상자(영 제25조 제2항)

① 일반건강검진 : 직장가입자, 세대주인 지역가입자, 20세 이상인 지역가입자 및 20세 이상인 피부양자

---

69) 1. 경제성 또는 치료효과성 등이 불확실하여 그 검증을 위하여 추가적인 근거가 필요한 경우 2. 경제성이 낮아도 가입자와 피부양자의 건강회복에 잠재적 이득이 있는 경우 3. 제1호 또는 제2호에 준하는 경우로서 요양급여에 대한 사회적 요구가 있거나 국민건강 증진의 강화를 위하여 보건복지부장관이 특히 필요하다고 인정하는 경우(영 제18조의4 제1항).

② 암검진 : 「암관리법」에 따른 암의 종류별 검진 주기와 연령 기준 등에 해당하는 사람
③ 영유아건강검진 : 6세 미만의 가입자 및 피부양자

(3) 시기

① 건강검진의 검진항목은 성별, 연령 등의 특성 및 생의 주기에 맞게 설계되어야 하며(법 제52조 제3항), **건강검진은 2년마다 1회 이상 실시하되, 사무직에 종사하지 않는 직장가입자에 대해서는 1년에 1회 실시**한다. 다만, 암검진은 「암관리법 시행령」에서 정한 바에 따르며, 영유아건강검진은 영유아의 나이 등을 고려하여 보건복지부장관이 정하여 고시하는 바에 따라 검진주기와 검진횟수를 다르게 할 수 있다(영 제25조 제1항).

② 건강검진은 「건강검진기본법」 제14조에 따라 지정된 건강검진기관(이하 "검진기관"이라 한다)에서 실시해야 하며, 공단은 건강검진을 실시하려면 건강검진의 실시에 관한 사항을 다음 각 호의 구분에 따라 통보해야 한다(동조 제2·3항).

1. 일반건강검진 및 암검진 : 직장가입자에게 실시하는 건강검진의 경우에는 해당 사용자에게, 직장가입자의 피부양자 및 지역가입자에게 실시하는 건강검진의 경우에는 검진을 받는 사람에게 통보
2. 영유아건강검진 : 직장가입자의 피부양자인 영유아에게 실시하는 건강검진의 경우에는 그 직장가입자에게, 지역가입자인 영유아에게 실시하는 건강검진의 경우에는 해당 세대주에게 통보

③ 건강검진을 실시한 검진기관은 공단에 건강검진의 결과를 통보해야 하며, 공단은 이를 건강검진을 받은 사람에게 통보해야 한다. 다만, 검진기관이 건강검진을 받은 사람에게 직접 통보한 경우에는 공단은 그 통보를 생략할 수 있다(동조 제4항).

7. 부가급여

공단은 이 법에서 정한 요양급여 외에 대통령령으로 정하는 바에 따라 임신·출산 진료비, 장제비, 상병수당, 그 밖의 급여를 실시할 수 있다. **현재 인정되는 부가급여는 임신·출산 진료비**이다(영 제23조 제1항).

1. 하나의 태아를 임신·출산한 경우 : 60만원
2. 둘 이상의 태아를 임신·출산한 경우 : 100만원

Ⅲ 요양급여의 내용

1. 청구 · 지급

요양기관은 공단에 요양급여비용의 지급을 청구할 수 있고(법 제47조 제1항), 요양급여비용을 청구하고자 하는 요양기관은 심사평가원에 의한 당해 요양급여비용의 심사와 적정성의 평가를 거쳐야 하며, 심사청구를 받은 심사평가원은 이를 심사한 후 지체 없이 공단 및 요양기관에게 통보하여야 하고, 심사내용을 통보받은 공단은 지체 없이 그 내용에 따라 요양급여비용을 요양기관에 지급한다(법 제47조 제2항).

2. 제한 · 정지

(1) 제한

공단은 법 제53조에 따라 보험급여를 제한하는 경우에는 구두가 아닌 문서로 그 내용과 사유를 가입자에게 알려야 하고, 법 제79조에 따라 보험료의 납입고지를 할 때에는 법 제53조 제3항에 따른 급여 제한의 내용을 안내하여야 한다(규칙 제27조).

1) 수급자 귀책사유에 의한 제한(법 제53조 제1항)

① 고의 또는 중대한 과실로 인한 범죄행위에 그 원인이 있거나 고의로 사고를 일으킨 경우

② 고의 또는 중대한 과실로 공단이나 요양기관의 요양에 관한 지시에 따르지 아니한 경우

③ 고의 또는 중대한 과실로 문서와 그 밖의 물건의 제출을 거부하거나 질문 또는 진단을 기피한 경우

④ 업무 또는 공무로 생긴 질병 · 부상 · 재해로 다른 법령에 따른 보험급여나 보상 또는 보상을 받게 되는 경우

2) 이중급여의 제한

공단은 보험급여를 받을 수 있는 사람이 다른 법령에 따라 국가나 지방자치단체로부터 보험급여에 상당하는 급여를 받거나 보험급여에 상당하는 비용을 지급받게 되는 경우에는 그 한도에서 보험급여를 하지 아니한다(동조 제2항).

3) 보험료 체납에 의한 제한

① 가입자가 대통령령으로 정하는 기간(1개월) 이상 소득월액보험료 또는 세대단위의 보험료를 체납한 경우 그 체납한 보험료를 완납할 때까지 그 가입자 및 피부양자에 대하여 보험급여를 실시하지 아니할 수 있다. 다만, 보험료의 체납기간에 관계없이 월별 보험료의 총체납횟수(이미 납부된 체납보험료는 총체납횟수에서 제외)가 대통령령으로 정하는 횟수(6회)

미만이거나 가입자 및 피부양자의 소득·재산 등이 대통령령으로 정하는 기준(체납한 가입자가 속한 세대의 소득이 100만원 미만이고, 그 세대의 재산과세표준이 100만원 미만일 것과 사업자등록을 한 사업에서 소득이 없을 것) **미만인 경우에는 급여를 지급한다**(동조 제3항).

② 공단은 납부의무를 부담하는 사용자가 보수월액보험료를 체납한 경우에는 그 체납에 대하여 직장가입자 본인에게 귀책사유가 있는 경우에 한하여 제3항의 규정을 적용하고(동조 제4항), 이에 불구하고 공단으로부터 분할납부 승인을 받고 그 승인된 보험료를 1회 이상 낸 경우에는 보험급여를 할 수 있지만, **분할납부 승인을 받은 사람이 정당한 사유 없이 5회**(승인받은 분할 납부 횟수가 5회 미만인 경우에는 해당 분할 납입 횟수) **이상 그 승인된 보험료를 내지 아니한 경우에는 지급이 제한**된다(동조 제5항).

(2) 정지

보험급여를 받을 수 있는 사람이 **다음 각 호의 어느 하나에 해당하면 그 기간에는 보험급여를 하지 아니한다**(법 제54조).

1. 국외에 여행 중인 경우
2. 국외에서 업무에 종사하고 있는 경우
3. 「병역법」에 따른 현역병(지원에 의하지 아니하고 임용된 하사 포함), 전환복무된 사람 및 군간부후보생
4. 교도소, 그 밖에 이에 준하는 시설에 수용되어 있는 경우

3. 급여의 조정

(1) 제3자의 행위로 인한 구상권의 대위 취득

공단은 제3자의 행위로 보험급여사유가 생겨 가입자 또는 피부양자에게 보험급여를 한 경우에는 **그 급여에 들어간 비용 한도에서 그 제3자에게 손해배상을 청구할 권리를 얻으며**, 보험급여를 받은 사람이 제3자로부터 이미 손해배상을 받은 경우에는 공단은 그 배상액 한도에서 보험급여를 하지 아니한다(법 제58조 제1·2항).

(2) 업무상 재해와 보험급여의 면책

요양급여 신청권자는 근로복지공단이 산재법에 따른 요양급여에 관한 결정을 하기 전에는 우선적으로 국민건강보험법상 요양급여를 받을 수 있다(산재법 제42조 제1항).

(3) 요양급여비용의 정산

공단은 산재법 제10조에 따른 근로복지공단이 이 법에 따라 요양급여를 받을 수 있는 사람에게 **산재법 제40조에 따른 요양급여를 지급한 후 그 지급결정이 취소되어 해당 요양급여**

의 비용을 청구하는 경우에는 그 요양급여가 이 법에 따라 실시할 수 있는 요양급여에 상당한 것으로 인정되면 그 요양급여에 해당하는 금액을 지급할 수 있다(법 제61조).

(4) 현역병 등에 대한 요양급여비용 등의 지급

공단은 현역병 등이나 교도소에 수용되어 있는 사람이 요양기관에서 대통령령으로 정하는 치료 등(이하 이 조에서 "요양급여"라 한다)을 받은 경우 그에 따라 공단이 부담하는 비용과 요양비를 법무부장관·국방부장관·경찰청장·소방청장 또는 해양경찰청장으로부터 예탁받아 지급할 수 있다. 이 경우 법무부장관·국방부장관·경찰청장·소방청장 또는 해양경찰청장은 예산상 불가피한 경우 외에는 연간 들어갈 것으로 예상되는 요양급여비용과 요양비를 대통령령으로 정하는 바에 따라 미리 공단에 예탁하여야 한다(법 제60조).

4. 요양기관

(1) 종류

1. 「의료법」에 따라 개설된 의료기관
2. 「약사법」에 따라 등록된 약국
3. 「약사법」 제91조에 따라 설립된 한국희귀·필수의약품센터
4. 「지역보건법」에 따른 보건소·보건의료원 및 보건지소
5. 「농어촌 등 보건의료를 위한 특별조치법」에 따라 설치된 보건진료소

요양급여(간호와 이송은 제외)는 위의 요양기관에서 실시하며, 이 경우 보건복지부장관은 공익이나 국가정책에 비추어 요양기관으로 적합하지 아니한 대통령령으로 정하는 의료기관 등[70]은 요양기관에서 제외할 수 있다(법 제42조 제1항).

(2) 전문요양기관

전문요양기관으로 인정된 요양기관 또는 「의료법」에 따른 상급종합병원에 대하여는 요양급여의 절차 및 요양급여비용을 다른 요양기관과 달리 할 수 있다(동조 제4항). 다만, 보건복지부장관은 인증서를 발급받은 전문요양기관으로 인정받은 요양기관이 다음 각 호의 어느 하

70) 1. 「의료법」 제35조에 따라 개설된 부속 의료기관, 2. 「사회복지사업법」 제34조에 따른 사회복지시설에 수용된 사람의 진료를 주된 목적으로 개설된 의료기관, 3. 본인일부부담금을 받지 아니하거나 경감하여 받는 등의 방법으로 가입자나 피부양자를 유인하는 행위 또는 이와 관련하여 과잉 진료행위를 하거나 부당하게 많은 진료비를 요구하는 행위를 하여 다음 각 목의 어느 하나에 해당하는 업무정지 처분 등을 받은 의료기관 가. 업무정지 또는 과징금 처분을 5년 동안 2회 이상 받은 의료기관 나. 면허자격정지 처분을 5년 동안 2회 이상 받은 의료인이 개설·운영하는 의료기관 4. 업무정지 처분 절차가 진행 중이거나 업무정지 처분을 받은 요양기관의 개설자가 개설한 의료기관 또는 약국(영 제18조).

나에 해당하는 경우에는 그 인정을 취소한다(동조 제3항).

1. 시설·장비·인력 및 진료과목 등 보건복지부령으로 정하는 인정기준에 미달하게 된 경우
2. 시설·장비·인력 및 진료과목 등 보건복지부령으로 정하는 인정기준 따라 발급받은 인정서를 반납한 경우

5. 부당이득의 징수

(1) 의의

공단은 속임수나 그 밖의 부당한 방법으로 보험급여를 받은 사람이나 보험급여 비용을 받은 요양기관에 대하여 그 보험급여나 보험급여 비용에 상당하는 금액의 전부 또는 일부를 징수한다(법 제57조 제1항).

(2) 징수의 범위

① 공단은 부당이득한 요양기관이 다음 각 호의 어느 하나에 해당하는 경우에는 그 요양기관을 개설한 자에게 그 요양기관과 연대하여 징수금을 납부하게 할 수 있다(동조 제2항).

1. 「의료법」을 위반하여 의료기관을 개설할 수 없는 자가 의료인의 면허나 의료법인 등의 명의를 대여받아 개설·운영하는 의료기관
2. 「약사법」을 위반하여 약국을 개설할 수 없는 자가 약사 등의 면허를 대여받아 개설·운영하는 약국

② 사용자나 가입자의 거짓 보고나 거짓 증명(건강보험증이나 신분증명서를 양도·대여하여 다른 사람이 보험급여를 받게 하는 것 포함) 또는 요양기관의 거짓 진단에 따라 보험급여가 실시된 경우 공단은 이들에게 보험급여를 받은 사람과 연대하여 징수금을 내게 할 수 있다(동조 제3항).

③ 공단은 속임수나 그 밖의 부당한 방법으로 보험급여를 받은 사람과 같은 세대에 속한 가입자(속임수나 그 밖의 부당한 방법으로 보험급여를 받은 사람이 피부양자인 경우에는 그 직장가입자를 말한다)에게 속임수나 그 밖의 부당한 방법으로 보험급여를 받은 사람과 연대하여 징수금을 내게 할 수 있다(동조 제4항).

④ 요양기관이 가입자나 피부양자로부터 속임수나 그 밖의 부당한 방법으로 요양급여비용을 받은 경우 공단은 해당 요양기관으로부터 이를 징수하여 가입자나 피부양자에게 지체 없이 지급하여야 한다. 이 경우 공단은 가입자나 피부양자에게 지급하여야 하는 금액을 그 가입자 및 피부양자가 내야 하는 보험료등과 상계할 수 있다(동조 제5항).

Ⅳ 요양급여 비용의 산정

1. 요양급여비용에 관한 계약의 체결

(1) 의의

요양급여비용은 공단의 이사장과 대통령령이 정하는 의약계를 대표하는 사람들의 계약으로 정하고, 계약기간은 1년으로 한다(법 제45조 제1항). 계약은 직전 계약기간 만료일이 속하는 연도의 5월 31일까지 체결하여야 하며(동조 제3항), 계약이 체결되면 그 계약은 공단과 각 요양기관 간에 체결된 것으로 보며(동조 제2항), 공단의 이사장은 재정운영위원회의 심의·의결을 거쳐 계약을 체결하여야 한다(동조 제5항).

(2) 계약의 당사자

요양급여비용의 계약 당사자인 의약계를 대표하는 자는 다음과 같다.

요양기관의 유형	의약계를 대표하는 자
병원·요양병원 및 종합병원에 대한 요양급여비용	대한병원협회의 장
의원에 대한 요양급여비용	의사회의 장
치과의원 및 치과병원에 대한 요양급여비용	치과의사회의 장
한의원 및 한방병원에 대한 요양급여비용	한의사회의 장
조산원에 대한 요양급여비용	조산사회 또는 간호사회의 장 중 1명
약국 및 한국희귀의약품센터에 대한 요양급여비용	대한약사회의 장
보건소·보건의료원 및 보건지소와 보건진료소	보건복지부장관이 지정하는 자

(3) 계약이 체결되지 않는 경우

5.31일자 기한까지 계약이 체결되지 아니하는 경우 보건복지부장관이 그 직전 계약기간 만료일이 속하는 연도의 6월 30일까지 심의위원회의 의결을 거쳐 요양급여비용을 정한다. 이 경우 보건복지부장관이 정하는 요양급여비용은 공단의 이사장과 대통령령이 정하는 의약계를 대표하는 자와의 계약으로 정한 요양급여비용으로 본다(동조 제3항).

(4) 요양급여비용의 고시 등

요양급여비용이 정하여지는 경우에 보건복지부장관은 그 요양급여비용의 명세를 지체없이 고시하여야 하고(동조 제4항), 심사평가원은 공단의 이사장이 계약을 체결하기 위하여 필요한 자료를 요청하면 그 요청에 성실히 따라야 한다(동조 제6항).

제5장 건강보험심사평가원

Ⅰ 설 립

요양급여비용을 심사하고 요양급여의 적정성을 평가하기 위하여 건강보험심사평가원을 설립한다(법 제62조).

Ⅱ 업무 등

심사평가원은 다음 각 호의 업무를 관장한다. 제2호 및 제7호에 따른 요양급여 등의 적정성 평가의 기준·절차·방법 등에 필요한 사항은 보건복지부장관이 정하여 고시한다(법 제63조).

1. 요양급여비용의 심사
2. 요양급여의 적정성 평가
3. 심사기준 및 평가기준의 개발
4. 제1호부터 제3호까지의 규정에 따른 업무와 관련된 조사연구 및 국제협력
5. 다른 법률에 따라 지급되는 급여비용의 심사 또는 의료의 적정성 평가에 관하여 위탁받은 업무
6. 건강보험과 관련하여 보건복지부장관이 필요하다고 인정한 업무
7. 그 밖에 보험급여 비용의 심사와 보험급여의 적정성 평가와 관련하여 대통령령으로 정하는 업무

Ⅲ 진료심사평가위원회

심사평가원의 업무를 효율적으로 수행하기 위하여 심사평가원에 진료심사평가위원회를 두며, 심사위원회는 위원장을 포함하여 90명 이내의 상근 심사위원과 1천명 이내의 비상근 심사위원으로 구성하며, 진료과목별 분과위원회를 둘 수 있고, 상근 심사위원은 심사평가원의 원장이 보건복지부령으로 정하는 사람 중에서 임명한다(법 제66조).

제6장 보험료

Ⅰ 보험재정의 충당

① 이 법은 보험급여, 관리비 등 건강보험사업에 드는 비용을 충당하기 위하여 납부의무자로부터 보험료를 징수하고(법 제69조 제1항), 국가는 매년 예산의 범위에서 해당 연도 보험료 예상 수입액의 100분의 14에 상당하는 금액을 국고에서 공단에 지원하며(법 제108조 제1항), 공단은 국민건강증진법이 정하는 바에 따라 국민건강증진기금에서 자금을 지원 받을 수 있다(동조 제2항). 또한 국고에서 지원된 재원은 아래 사업에 사용한다.

1. 가입자 및 피부양자에 대한 보험급여
2. 건강보험사업에 대한 운영비
3. 보험료 경감에 대한 지원

② 보험료는 가입자의 보수월액과 보험료율에 따라 차등적으로 부과되고, 보험사고가 발생한 경우에는 가입자의 보험료 수준과 관계없이 공평하게 요양급여가 지급된다.

Ⅱ 보험료

1. 보험료 산정

(1) 직장가입자의 월별 보험료액 산정

1) 보수월액 보험료

① 산정

직장가입자의 보험료는 가입자의 보수월액에 보험료율을 곱하여 산정(동조 제4항 제1호).

직장가입자 보험료=보수월액×보험료율

② 보수월액

직장가입자의 보수월액은 직장가입자가 지급받는 보수를 기준으로 하여 산정하고, 휴직이나 그 밖의 사유로 보수의 전부 또는 일부가 지급되지 아니하는 가입자의 보수월액보험료는 해당 사유가 생기기 전 달의 보수월액을 기준으로 산정한다. 여기서 보수는 근로자등이 근로를 제공하고 사용자・국가 또는 지방자치단체로부터 지급받는 금품(실비변상적인 성격을 갖는 금품은 제외)으로서 대통령령으로 정하는 것[71]을 말한다. 이 경우 보수 관련 자료가 없거나 불명확한 경우 등 대통령령으로 정하는 사유[72]에 해당하면 보건복지부장관이 정하여 고시하는 금액을 보수로 본다(법 제70조, 영 제33조).

2) 소득월액 보험료

① 산정

직장가입자의 보험료는 가입자의 소득월액에 보험료율을 곱하여 산정(동조 제4항 제2호).

직장가입자 보험료=소득월액×보험료율

② 소득월액

소득월액은 보수월액의 산정에 포함된 보수를 제외한 직장가입자의 소득(이하 "보수외소득"이라 한다)이 대통령령으로 정하는 금액(7,200만원)을 초과하는 경우 다음의 계산식에 따라 산정한다(법 제71조, 영 제41조 제2항).

$$\text{소득월액} = (\text{연간 보수외소득} - \text{대통령령으로 정하는 금액}) \times \frac{1}{12}$$

3) 보험료율

공단에 설치되어 있는 심의위원회의 의결을 거쳐 보수월액의 1천분의 80의 범위에서 정하여지며(법 제73조 제1항) 현재 직장인가입자의 보험료율은 1만분의 646(영 제44조 제1항). 다만, 국외에서 업무에 종사하고 있는 직장가입자에 대한 보험료율은 정해진 보험료율의 50으로 한다(법 제73조 제2항).

71) 근로의 대가로 받은 봉급, 급료, 보수, 세비, 임금, 상여, 수당, 그 밖에 이와 유사한 성질의 금품으로서 다음 각 호의 것을 제외한 것을 말한다. 1.퇴직금 2.현상금, 번역료 및 원고료 3.「소득세법」에 따른 비과세근로소득. 다만, 「소득세법」 제12조 제3호 차목・파목 및 거목에 따라 비과세되는 소득은 제외한다(영 제33조 제1항).

72) 1. 보수 관련 자료가 없거나 불명확한 경우 2.「최저임금법」 제5조에 따른 최저임금액 등을 고려할 때 보수 관련 자료의 신뢰성이 없다고 공단이 인정하는 경우(영 제33조 제2항).

(2) 지역가입자의 보험료산정

1) 기본원칙

지역가입자의 보험료는 세대단위로 산정하되, 보험료부과점수에 심의위원회의 의결을 거친 보험료부과점수당 금액 189.7원을 곱한 금액으로 산정한다(영 제44조 제2항).

2) 보험료 부과점수

보험료부과점수는 지역가입자의 소득 및 재산 기준으로 산정하고, **보험료부과점수의 산정 방법과 산정기준을 정할 때 법령에 따라 재산권의 행사가 제한되는 재산에 대하여는 다른 재산과 달리 정할 수 있다**(법 제72조 제1·2항).

※ 보험료부과점수 산정기준(영 제42조)

① 소득. 단, 「소득세법」에 따른 비과세소득은 제외한다.

1. 이자소득 : 「소득세법」 제16조에 따른 소득
2. 배당소득 : 「소득세법」 제17조에 따른 소득
3. 사업소득 : 「소득세법」 제19조에 따른 소득
4. 근로소득 : 「소득세법」 제20조에 따른 소득. 다만, 같은 법 제47조에 따른 근로소득공제는 적용하지 아니한다.
5. 연금소득 : 「소득세법」 제20조의3에 따른 소득. 다만, 같은 법 제20조의3 제2항 및 제47조의2는 적용하지 아니한다.
6. 기타소득 : 「소득세법」 제21조에 따른 소득

② 재산

1. 「지방세법」 제105조에 따른 재산세의 과세대상이 되는 토지, 건축물, 주택, 선박 및 항공기. 다만, 종중재산, 마을 공동재산, 그 밖에 이에 준하는 공동의 목적으로 사용하는 건축물 및 토지는 제외한다.
2. 주택을 소유하지 아니한 지역가입자의 경우에는 임차주택에 대한 보증금 및 월세금액
3. 「지방세법 시행령」 제123조 제1호에 따른 승용자동차 및 같은 조 제2호에 따른 그 밖의 승용자동차. 다만, 다음 각 목의 어느 하나에 해당하는 경우에는 제외한다.
   가. 사용연수가 9년 이상인 경우
   나. 배기량이 1,600시시 이하인 경우. 다만, 「지방세법」 제10조에 따른 과세표준에 「지방세법 시행령」 제4조 제1항 제3호에 따른 차량의 경과연수별 잔존가치율을 고려하여 보건복지부장관이 고시한 비율을 적용하여 산정된 차량의 가액이 4천만원 이상인 경우는 제외한다.
   다. 「국가유공자 등 예우 및 지원에 관한 법률」 제4조·제73조 및 제74조에 따른 국가유공자 등(법률 제11041호로 개정되기 전의 「국가유공자 등 예우 및 지원에 관한 법률」 제73조의2에 따른 국가유공자 등을 포함한다)으로서 같은 법 제6조의4에 따른 상이등급 판정을 받은

사람과 「보훈보상대상자 지원에 관한 법률」 제2조에 따른 보훈보상대상자로서 같은 법 제6조에 따른 상이등급 판정을 받은 사람이 소유한 자동차
라. 「장애인복지법」에 따라 등록한 장애인이 소유한 자동차
마. 「지방세특례제한법」 제4조에 따라 과세하지 아니하는 자동차
바. 「지방세법 시행령」 제122조에 따른 영업용 자동차

월별보험료액의 상한과 하한(영 제32조)

※ 월별 보험료액은 가입자의 보험료 평균액의 일정비율에 해당하는 금액을 고려하여 대통령령으로 정하는 기준에 따라 상한 및 하한을 정하는 바, 이에 따른 월별 보험료액의 상한 및 하한은 다음 각 호의 구분에 따른다.

1. 월별 보험료액의 상한은 다음 각 목과 같다.
   가. 직장가입자의 보수월액보험료 : 보험료가 부과되는 연도의 전전년도 직장가입자 평균 보수월액보험료(이하 이 조에서 "전전년도 평균 보수월액보험료"라 한다)의 30배에 해당하는 금액을 고려하여 보건복지부장관이 정하여 고시하는 금액
   나. 직장가입자의 소득월액보험료 및 지역가입자의 월별 보험료액 : 보험료가 부과되는 연도의 전전년도 평균 보수월액보험료의 15배에 해당하는 금액을 고려하여 보건복지부장관이 정하여 고시하는 금액
2. 월별 보험료액의 하한은 다음 각 목과 같다.
   가. 직장가입자의 보수월액보험료 : 보험료가 부과되는 연도의 전전년도 평균 보수월액보험료의 1천분의 80 이상 1천분의 85 미만의 범위에서 보건복지부장관이 정하여 고시하는 금액
   나. 지역가입자의 월별 보험료액 : 보험료가 부과되는 연도의 전전년도 평균 보수월액보험료의 1천분의 60 이상 1천분의 65 미만의 범위에서 보건복지부장관이 정하여 고시하는 금액

2. 건강보험료의 부담

(1) 보험료의 부담

① **직장가입자의 보수월액보험료는 직장가입자와 다음 각 호의 구분에 따른 자가 각각 보험료액의 100분의 50씩 부담한다.** 다만, 직장가입자가 교직원으로서 **사립학교에 근무하는 교원이면 보험료액은 그 직장가입자가 100분의 50을, 교직원이 소속되어 있는 사립학교를 설립·운영하는 자가 100분의 30을, 국가가 100분의 20을 각각 부담한다**(법 제76조 제1항).

1. 직장가입자가 근로자인 경우에는 **근로자가 소속되어 있는 사업주**
2. 직장가입자가 공무원인 경우에는 그 **공무원이 소속되어 있는 국가 또는 지방자치단체**

3. 직장가입자가 교직원(사립학교에 근무하는 교원은 제외한다)인 경우에는 교직원이 소속되어 있는 사립학교를 설립·운영하는 자

② 직장가입자의 소득월액보험료는 직장가입자가 부담하고, 직장가입자가 교직원인 경우 교직원이 소속되어 있는 사립학교를 설립·운영하는 자가 부담액 전부를 부담할 수 없으면 그 부족액을 학교에 속하는 회계에서 부담하게 할 수 있다(동조 제2·4항).

③ 지역가입자의 보험료는 그 가입자가 속한 세대의 지역가입자 전원이 연대하여 부담한다(동조 제3항).

(2) 보험료 납부의무

① 직장가입자의 보험료는 다음 각 호의 구분에 따라 그 각 호에서 정한 자가 납부한다(법 제77조 제1항).

1. 보수월액보험료 : 사용자. 이 경우 사업장의 사용자가 2명 이상인 때에는 그 사업장의 사용자는 해당 직장가입자의 보험료를 연대하여 납부한다.
2. 소득월액보험료 : 직장가입자

② 지역가입자의 보험료는 그 가입자가 속한 세대의 지역가입자 전원이 연대하여 납부한다. 다만, 소득 및 재산이 없는 미성년자와 소득 및 재산 등을 고려하여 대통령령으로 정하는 기준에 해당하는 미성년자는 납부의무를 부담하지 아니한다(동조 제2항).

③ 사용자는 보수월액보험료 중 직장가입자가 부담하여야 하는 그 달의 보험료액을 그 보수에서 공제하여 납부하여야 한다. 이 경우 직장가입자에게 공제액을 알려야 한다(동조 제3항).

(3) 제2차 납부의무

① 법인의 재산으로 그 법인이 납부하여야 하는 보험료, 연체금 및 체납처분비를 충당하여도 부족한 경우에는 해당 법인에게 보험료의 납부의무가 부과된 날 현재의 무한책임사원 또는 과점주주(「국세기본법」 제39조 각 호의 어느 하나에 해당하는 자를 말한다)가 그 부족한 금액에 대하여 제2차 납부의무를 진다. 다만, 과점주주의 경우에는 그 부족한 금액을 그 법인의 발행주식 총수(의결권이 없는 주식은 제외한다) 또는 출자총액으로 나눈 금액에 해당 과점주주가 실질적으로 권리를 행사하는 주식 수(의결권이 없는 주식은 제외한다) 또는 출자액을 곱하여 산출한 금액을 한도로 한다(법 제77조의2 제1항).

② 사업이 양도·양수된 경우에 양도일 이전에 양도인에게 납부의무가 부과된 보험료, 연체금 및 체납처분비를 양도인의 재산으로 충당하여도 부족한 경우에는 사업의 양수인이 그 부족한 금액에 대하여 양수한 재산의 가액을 한도로 제2차 납부의무를 진다. 이 경우 양수인의 범위 및 양수한 재산의 가액은 대통령령으로 정한다(동조 제2항).

3. 건강보험료의 납부 및 징수

(1) 건강보험료의 납부

1) 산정기간

보험료는 가입자의 자격을 취득한 날이 속하는 달의 다음 달부터 가입자의 자격을 잃은 날의 전날이 속하는 달까지 징수한다. 다만, 가입자의 자격을 매월 1일에 취득한 경우에는 그 달부터 징수하며, 그 보험료를 징수할 때 가입자의 자격이 변동된 경우에는 변동된 날이 속하는 달의 보험료는 변동되기 전의 자격을 기준으로 징수한다. 다만, 가입자의 자격이 매월 1일에 변동된 경우에는 변동된 자격을 기준으로 징수한다(법 제69조 제2·3항).

2) 납부기한

① 보험료 납부의무가 있는 자는 가입자에 대한 그 달의 보험료를 그 다음 달 10일까지 납부하여야 한다(법 제78조 제1항). 다만, 직장가입자의 소득월액보험료 및 지역가입자의 보험료는 보건복지부령으로 정하는 바에 따라 분기별로 납부할 수 있다.

② 납입 고지의 송달 지연 등 보건복지부령으로 정하는 사유가 있는 경우 납부의무자의 신청에 따라 납부기한부터 1개월의 범위에서 납부기한을 연장할 수 있다(동조 제2항).

3) 납입고지

① 공단은 보험료등을 징수하려면 그 금액을 결정하여 납부의무자에게 다음 각 호의 사항을 적은 문서로 납입 고지를 하여야 하며, 그 납입 고지를 할 때 납부의무자의 신청이 있으면 전자문서교환방식 등에 의하여 전자문서로 고지할 수 있다(법 제79조 제1·2항).

1. 징수하려는 보험료등의 종류 / 2. 납부해야 하는 금액 / 3. 납부기한 및 장소

② 공단은 전자문서로 고지하는 경우에는 전자문서가 보건복지부령으로 정하는 정보통신망에 저장되거나 납부의무자가 지정한 전자우편주소에 입력된 때에 납입 고지가 그 납부의무자에게 도달된 것으로 본다(동조 제3항).

③ 직장가입자의 사용자가 2명 이상인 경우 또는 지역가입자의 세대가 2명 이상으로 구성된 경우 그 중 1명에게 한 고지는 해당 사업장의 다른 사용자 또는 세대 구성원인 다른 지역가입자 모두에게 효력이 있는 것으로 본다(동조 제4항).

(2) 건강보험료의 체납 및 가산금의 징수

1) 체납

① 보험자는 납부의무자가 보험료 등을 납부하지 아니한 때에는 10일 이상 15일 이내의 납

<u>부기한을 정하여 독촉장을 발부하여야 하고</u>, 독촉장을 받은 자가 납부기한까지 보험료 등을 납부하지 아니하면 <u>보건복지부장관의 승인을 받아 국세체납처분의 예의 따라 이를 징수할 수 있다</u>(법 제81조 제2·3항). 이 경우 직장가입자의 사용자가 2명 이상인 경우 또는 지역가입자의 세대가 2명 이상으로 구성된 경우에는 그 중 1명에게 한 독촉은 해당 사업장의 다른 사용자 또는 세대 구성원인 다른 지역가입자 모두에게 효력이 있는 것으로 본다(동조 제1항).

② 공단은 체납처분을 하기 전에 보험료등의 체납 내역, 압류 가능한 재산의 종류, 압류 예정 사실 및 「국세징수법」에 따른 소액금융재산에 대한 압류금지 사실 등이 포함된 통보서를 발송하여야 한다. 다만, 법인 해산 등 긴급히 체납처분을 할 필요가 있는 경우로서 대통령령으로 정하는 경우에는 그러하지 아니하다(동조 제4항).

③ 공단은 국세 체납처분의 예에 따라 압류한 재산의 공매에 대하여 전문지식이 필요하거나 그 밖에 특수한 사정으로 직접 공매하는 것이 적당하지 아니하다고 인정하는 경우에는 한국자산관리공사에 공매를 대행하게 할 수 있고, 그 공매는 공단이 한 것으로 보며. 그 공사가 공매를 대행하면 보건복지부령으로 정하는 바에 따라 수수료를 지급할 수 있다(동조 제5·6항).

2) 연체금

① 공단은 보험료등의 납부의무자가 납부기한까지 보험료등을 내지 아니하면 그 납부기한이 지난 날부터 매 1일이 경과할 때마다 다음 각 호에 해당하는 연체금을 징수한다(법 제80조 제1항).

1. 보험료 또는 보험급여 제한 기간 중 받은 보험급여에 대한 징수금을 체납한 경우 : <u>해당 체납금액의 1천500분의 1에 해당하는 금액</u>. 이 경우 연체금은 해당 체납금액의 1천분의 20 초과 불가
2. 제1호 외에 이 법에 따른 징수금을 체납한 경우 : <u>해당 체납금액의 1천분의 1에 해당하는 금액.</u> 이 경우 연체금은 해당 체납금액의 1천분의 30 초과 불가

② 공단은 보험료등의 납부의무자가 체납된 보험료등을 내지 아니하면 납부기한 후 30일이 지난 날부터 매 1일이 경과할 때마다 다음 각 호에 해당하는 연체금을 제1항에 따른 연체금에 더하여 징수한다(동조 제2항).

1. 보험료 또는 보험급여 제한 기간 중 받은 보험급여에 대한 징수금을 체납한 경우 : <u>해당 체납금액의 6천분의 1에 해당하는 금액.</u> 이 경우 연체금은 해당 체납금액의 1천분의 50 초과불가
2. 제1호 외에 이 법에 따른 징수금을 체납한 경우 : 해당 체납금액의 3천분의 1에 해당하

는 금액. 이 경우 연체금은 해당 체납금액의 1천분의 90 초과불가

③ 공단은 천재지변이나 그 밖에 보건복지부령으로 정하는 부득이한 사유가 있으면 연체금을 징수하지 아니할 수 있다(동조 제3항).

3) 가산금

사업장의 사용자가 대통령령으로 정하는 사유에 해당되어 직장가입자가 될 수 없는 자를 자격의 취득·변동신고 규정을 위반하여 거짓으로 보험자에게 직장가입자로 신고한 경우 아래와 같이 가산금을 그 사용자에게 부과하여 징수하며, 가산금이 소액이거나 그 밖에 가산금을 징수하는 것이 적절하지 아니하다고 인정되는 등 대통령령으로 정하는 경우에는 징수하지 아니할 수 있다(법 제78조의2 제1·2항).

$$\text{가산금} = \left(\begin{array}{c}\text{사용자가 직장가입자로 신고한 사람이 직장가입자로 처리된 기간}\\ \text{동안 그 가입자가 부담하여야 하는 보험료의 총액} - \text{그 기간 동안}\\ \text{공단이 해당 가입자에 대하여 산정하여 부과한 보험료의 총액}\end{array}\right) \times \frac{10}{100}$$

(3) 과오납부한 보험료의 우선 충당

공단은 납부의무자가 보험료등·연체금 또는 체납처분비로 낸 금액 중 과오납부한 금액이 있으면 즉시 그 과오납금을 환급금으로 결정하여야 하며, 그 환급금은 대통령령으로 정하는 바에 따라 납부의무자가 내야 할 보험료등·연체금 또는 체납처분비에 충당하여야 하며, 충당하고 남은 금액은 결정일부터 30일 이내에 납부자에게 지급하여야 한다. 이 경우 공단이 환급금을 충당하거나 지급할 때에는 환급금에 대통령령으로 정하는 이자를 가산하여야 한다(법 제86조 제1·2항).

4. 건강보험료의 면제와 경감 등

(1) 직장가입자의 면제

직장가입자가 아래의 제1호부터 제3호까지의 어느 하나에 해당하면 그 가입자의 보험료를 면제한다. **다만, 제3호에 해당하는 직장가입자의 경우에는 국내에 거주하는 피부양자가 없을 때에만 보험료를 면제**한다(법 제74조 제1항).

1. 국외에서 업무에 종사하고 있는 경우(국외에서 여행하는 경우는 제외)
2. 제6조 제2항 제2호(현역병 등)에 해당하게 된 경우
3. 교도소, 그 밖에 이에 준하는 시설에 수용되어 있는 경우

(2) 지역가입자의 면제

지역가입자가 위의 제1호부터 제3호까지의 어느 하나에 해당하면 **그 가입자가 속한 세대의 보험료를 산정할 때 그 지역가입자의 소득 및 재산을 기준으로 산정하는 보험료부과점수를 제외**한다(법 제74조 제2항).

(3) 일부경감

다음 각 호의 어느 하나에 해당하는 가입자에 대하여는 **그 가입자 또는 그 가입자가 속한 세대의 보험료의 일부를 경감**할 수 있다(법 제75조 제1항).

1. 섬·벽지·농어촌 등 대통령령으로 정하는 지역에 거주하는 사람
2. 65세 이상인 사람
3. 「장애인복지법」에 따라 등록한 장애인
4. 「국가유공자 등 예우 및 지원에 관한 법률」에 따른 국가유공자
5. 휴직자
6. 그 밖에 생활이 어렵거나 천재지변 등의 사유로 보험료를 경감할 필요가 있다고 보건복지부장관이 정하여 고시하는 사람

(4) 보험료의 감액 등

보험료 납부의무자가 다음 각 호의 어느 하나에 해당하는 경우에는 대통령령으로 정하는 바에 따라 보험료를 감액하는 등 재산상의 이익을 제공할 수 있다(법 제75조 제2항).

1. 보험료의 납입 고지를 전자문서로 받는 경우
2. 보험료를 자동 계좌이체의 방법으로 내는 경우

5. 결손처분

(1) 사유

공단은 다음 각 호의 어느 하나에 해당하는 사유가 있으면 재정운영위원회의 의결을 받아 보험료 등을 결손처분 할 수 있다(법 제84조 제1항).

1. 체납처분이 끝나고 체납액에 충당될 배분금액이 그 체납액에 미치지 못하는 경우
2. 해당 권리에 대한 소멸시효가 완성된 경우
3. 그 밖에 징수할 가능성이 없다고 인정되는 경우로서 대통령령으로 정하는 경우

※ 대통령령이 정하는 사유(영 제50조)

① 체납자의 재산이 없거나 체납처분의 목적물인 총재산의 견적가격이 체납처분비에 충당하고 나면 남을 여지가 없음이 확인된 경우

② 체납처분의 목적물인 총재산이 보험료등보다 우선하는 국세, 지방세, 전세권 · 질권 · 저당권 또는 「동산 · 채권 등의 담보에 관한 법률」에 따른 담보권에 따라 담보된 채권 등의 변제에 충당하고 나면 남을 여지가 없음이 확인된 경우

③ 그 밖에 징수할 가능성이 없다고 재정운영위원회에서 의결한 경우

(2) 결손처분의 취소

보험자가 결손처분을 한 후, 그 처분 당시 압류할 수 있는 다른 재산이 있었던 것을 발견한 때에는 지체 없이 그 처분을 취소하고 체납처분을 하여야 한다(법 제84조 제2항).

제7장 수급권 보호와 권리구제 등

I 수급권의 보호

1. 양도 · 압류 금지

보험급여를 받을 권리는 양도하거나 압류할 수 없고, 또한 요양비등수급계좌에 입금된 요양비등은 압류할 수 없다(법 제59조). 이를 위반한 수급권의 양도 또는 압류는 법률상 무효이다.

2. 상계금지

상계는 원칙적으로 허용되지 않으나 다만, 공단은 가입자에게 지급하여야 하는 금액을 그 가입자가 내야 하는 보험료와 그 밖에 이 법에 따른 징수금과 상계할 수 있다(법 제47조 제4항).

3. 소멸시효(권리행사기간)

(1) 원칙

보험당사자의 권리는 소멸시효기간(3년)에 내에 권리를 행사하여야 한다[73](법 제91조 제1항).

1. 보험료, 연체금 및 가산금을 징수할 권리
2. 보험료, 연체금 및 가산금으로 과오납부한 금액을 환급받을 권리
3. 보험급여를 받을 권리
4. 보험급여 비용을 받을 권리
5. 과다납부된 본인일부부담금을 돌려받을 권리
6. 제61조에 따른 근로복지공단의 권리

(2) 소멸시효 중단 사유(법 제91조 제2항)

1. 보험료의 고지 또는 독촉
2. 보험급여 또는 보험급여 비용의 청구

73) 그러나 건강보험법 제52조의 부당이득금 징수권의 소멸시효는 민법 제162조 제1항에 따라 10년으로 보아야 한다(대판 2006.11.9, 2004두7467 ; 대판 1999.7.13, 97누119).

Ⅱ 권리구제

1. 이의신청

(1) 공단에 대한 이의신청

① 가입자 및 피부양자의 자격, 보험료등, 보험급여, 보험급여 비용에 관한 공단의 처분에 이의가 있는 자는 공단에 이의신청을 할 수 있다(법 제87조 제1항).

② 요양급여비용 및 요양급여의 적정성 평가 등에 관한 심사평가원의 처분에 이의가 있는 공단, 요양기관 또는 그 밖의 자는 심사평가원에 이의신청을 할 수 있다(동조 제2항).

③ 이의신청은 처분이 있음을 안 날부터 90일 이내에 문서(전자문서를 포함한다)로 하여야 하며 처분이 있은 날부터 180일을 지나면 제기하지 못한다. 다만, 정당한 사유로 그 기간에 이의신청을 할 수 없었음을 소명한 경우에는 그러하지 아니하다(동조 제3항).

(2) 심사평가원에 대한 이의신청

요양기관이 심사평가원의 확인에 대하여 이의신청을 하려면 통보받은 날부터 30일 이내에 하여야 한다(법 제87조 제4항).

2. 심판청구

(1) 청구기관

이의신청에 대한 보험자 또는 심사평가원의 결정에 불복이 있는 자는 그 결정서를 받은 날로부터 90일 이내(또는 결정이 있은 날부터 180일 이내)에 건강보험분쟁조정위원회(이하 "분쟁조정위원회")에 심판청구를 할 수 있다(법 제88조 제1항).

(2) 청구상대방

분쟁조정위원회에 심판을 청구하고자 하는 자는 심판청구서를 처분을 행한 건강보험공단 또는 심사평가원에 제출하거나 직접 건강보험분쟁조정위원회[74]에 제출하여야 한다(법 제88조 제2항).

---

74) ① 심판청구를 심리·의결하기 위하여 보건복지부에 건강보험분쟁조정위원회(이하 "분쟁조정위원회"라 한다)를 둔다. 그 분쟁조정위원회는 위원장을 포함하여 60명 이내의 위원으로 구성하고, 위원장을 제외한 위원 중 1명은 당연직위원으로 한다. 이 경우 공무원이 아닌 위원이 전체 위원의 과반수가 되도록 하여야 한다. 그 회의는 위원장, 당연직위원 및 위원장이 매 회의마다 지정하는 7명의 위원을 포함하여 총 9명으로 구성하되, 공무원이 아닌 위원이 과반수가 되도록 하여야 한다. ② 분쟁조정위원회는 구성원 과반수의 출석과 출석위원 과반수의 찬성으로 의결하고, 실무적으로 지원하기 위하여 분쟁조정위원회에 사무국을 두며, 위원 중 공무원이 아닌 사람은 「형법」 제129조부터 제132조까지의 규정을 적용할 때 공무원으로 본다(법 제89조).

3. 행정소송

공단 또는 심사평가원의 처분에 이의가 있는 자와 제87조에 따른 이의신청 또는 제88조에 따른 심판청구에 대한 결정에 불복하는 자는 「행정소송법」에서 정하는 바에 따라 행정소송을 제기할 수 있다(법 제90조).

Ⅲ 기 타

1. 서류의 보존

요양기관은 **요양급여가 끝난 날부터 5년간 보건복지부령으로 정하는 바에 따라 요양급여비용의 청구에 관한 서류를 보존**하여야 한다. 다만, **약국 등 보건복지부령으로 정하는 요양기관은 처방전을 요양급여비용을 청구한 날부터 3년간 보존**하여야 하며, 사용자는 3년간 보건복지부령으로 정하는 바에 따라 자격 관리 및 보험료 산정 등 건강보험에 관한 서류를 보존하여야 한다(법 제96조의2 제1·2항).

2. 업무의 정지

보건복지부장관은 요양기관이 다음 각 호의 어느 하나에 해당하면 그 요양기관에 대하여 1년의 범위에서 기간을 정하여 업무정지를 명할 수 있고, 업무정지 처분을 받은 자는 해당 업무정지기간 중에는 요양급여를 하지 못한다(법 제98조 제1·2항).

1. 속임수나 그 밖의 부당한 방법으로 보험자·가입자 및 피부양자에게 요양급여비용을 부담하게 한 경우
2. 명령에 위반하거나 거짓 보고를 하거나 거짓 서류를 제출하거나, 소속 공무원의 검사 또는 질문을 거부·방해 또는 기피한 경우
3. 정당한 사유 없이 요양기관이 결정을 신청하지 아니하고 속임수나 그 밖의 부당한 방법으로 행위·치료재료를 가입자 또는 피부양자에게 실시 또는 사용하고 비용을 부담시킨 경우

3. 과징금

① 보건복지부장관은 요양기관이 업무정지 처분을 하여야 하는 경우로서 그 업무정지 처분이 해당 요양기관을 이용하는 사람에게 심한 불편을 주거나 보건복지부장관이 정하는 특별한 사유가 있다고 인정되면 업무정지 처분을 갈음하여 **속임수나 그 밖의 부당한 방법으로 부담하게 한 금액의 5배 이하의 금액을 과징금으로 부과·징수**할 수 있다. 이 경우 보

건복지부장관은 12개월의 범위에서 분할납부를 하게 할 수 있다(법 제99조 제1항).

② 보건복지부장관은 약제를 요양급여에서 적용 정지하는 경우 국민 건강에 심각한 위험을 초래할 것이 예상되는 등 특별한 사유가 있다고 인정되는 때에는 요양급여의 적용 정지에 갈음하여 대통령령으로 정하는 바에 따라 **해당 약제에 대한 요양급여비용 총액의 100분의 60을 넘지 아니하는 범위**에서 과징금을 부과·징수할 수 있다. 이 경우 보건복지부장관은 **12개월의 범위에서 분할납부를 하게 할 수 있다**(동조 제2항).

③ 보건복지부장관은 제2항 전단에 따라 **과징금 부과 대상이 된 약제가 과징금이 부과된 날부터 5년의 범위에서** 대통령령으로 정하는 기간(5년) 내에 다시 과징금 부과 대상이 되는 경우에는 대통령령으로 정하는 바에 따라 **해당 약제에 대한 요양급여비용 총액의 100분의 100을 넘지 아니하는 범위에서** 과징금을 부과·징수할 수 있다(동조 제3항).

④ 해당 약제에 대한 요양급여비용 총액을 정할 때에는 그 약제의 과거 요양급여 실적 등을 고려하여 **1년간의 요양급여 총액을 넘지 않는 범위**에서 정하여야 한다(동조 제4항).

4. 벌칙

가입자 및 피부양자의 개인정보를 누설하거나 직무상 목적 외의 용도로 이용 또는 정당한 사유 없이 제3자에게 제공한 자는 5년 이하의 징역 또는 5천만원 이하의 벌금에 처하고, 대행청구단체의 종사자로서 거짓이나 그 밖의 부정한 방법으로 요양급여비용을 청구한 자나 업무를 수행하면서 알게 된 정보를 직무상 목적 외의 용도로 이용하거나 제3자에게 제공한 자의 어느 하나에 해당하는 자는 3년 이하의 징역 또는 3천만원 이하의 벌금에 처한다(법 제115조).

보험료부과제도개선위원회(법 제72조의2)

① 보험료부과와 관련된 제도 개선을 위하여 보건복지부장관 소속으로 관계 중앙행정기관 소속 공무원 및 민간전문가로 구성된 보험료부과제도개선위원회를 두고, 보건복지부장관은 이에 따른 제도개선위원회 운영 결과를 국회에 보고하여야 한다(법 제72조의2 제1·3항).

② 제도개선위원회는 다음 각 호의 사항을 심의한다(동조 제2항).

1. 가입자의 소득 파악 실태에 관한 조사 및 연구에 관한 사항
2. 가입자의 소득 파악 및 소득에 대한 보험료 부과 강화를 위한 개선 방안에 관한 사항
3. 그 밖에 보험료부과와 관련된 제도 개선 사항으로서 위원장이 회의에 부치는 사항

③ 보험료부과제도개선위원회는 성별을 고려하여 위원장 1명과 부위원장 1명을 포함하여 19명 이내의 위원으로 구성하며, 제도개선위원회 위원장은 보건복지부차관이 되고, 부위원장은 위원 중에서 위원장이 지명하는 사람이 된다(영 제42조의2 제1항).

보험료 부과제도에 대한 적정성 평가(법 제72조의3)

① 보건복지부장관은 제5조에 따른 피부양자 인정기준과 제69조부터 제72조까지의 규정에 따른 보험료, 보수월액, 소득월액 및 보험료부과점수의 산정 기준 및 방법 등(이하 "산정기준"이라 한다)

에 대하여 적정성을 평가하고, 이 법 시행일로부터 4년이 경과한 때 이를 조정하여야 한다.
② 보건복지부장관은 적정성 평가를 하는 경우에는 다음 각 호를 종합적으로 고려하여야 한다.
1. 보험료부과제도개선위원회가 심의한 가입자의 소득 파악 현황 및 개선방안
2. 공단의 소득 관련 자료 보유 현황
3. 소득세법에 종합소득(종합과세되는 종합소득과 분리과세되는 종합소득 포함) 과세 현황
4. 직장가입자에게 부과되는 보험료와 지역가입자에게 부과되는 보험료 간 형평성
5. 제1항에 따른 인정기준 및 산정기준의 조정으로 인한 보험료 변동
6. 그 밖에 적정성 평가 대상이 될 수 있는 사항으로서 보건복지부장관이 정하는 사항

1차 공인노무사
시/험/대/비

CHAPTER

6

국민연금법

제1장 총 칙

Ⅰ 의 의

국민연금은 국민의 노령, 장애 또는 사망으로 소득능력이 상실 또는 감소된 경우 본인이나 그 유족에게 일정액의 급여를 행하는 국가가 운영하는 장기적인 소득보장제도로서, 이를 위해 법은 국민의 노령, 장애 또는 사망에 대하여 연금급여를 실시함으로써 국민의 생활 안정과 복지 증진에 이바지하는 것을 목적으로 한다(법 제1조).

Ⅱ 관 장

1. 주체

이 법에 따른 국민연금사업은 보건복지부장관이 맡아 주관한다(법 제2조).

2. 조정

① 이 법에 따른 급여 수준과 연금보험료는 국민연금 재정이 장기적으로 균형을 유지할 수 있도록 조정되어야 하고, 연금보험료, 급여액, 급여의 수급 요건 등은 국민연금의 장기재정 균형 유지, 인구구조의 변화, 국민의 생활수준, 임금, 물가, 그 밖에 경제사정에 뚜렷한 변동이 생기면 그 사정에 맞게 조정되어야 한다(법 제4조 제1・3항).

② 보건복지부장관은 대통령령으로 정하는 바에 따라 5년마다 국민연금 재정 수지를 계산하고, 국민연금의 재정 전망과 연금보험료의 조정 및 국민연금기금의 운용 계획 등이 포함된 국민연금 운영 전반에 관한 계획을 수립하여 국무회의의 심의를 거쳐 대통령의 승인을 받아야 하며, 승인받은 계획을 국회에 제출하고 대통령령으로 정하는 바에 따라 공시하여야 한다(동조 제2항).

Ⅲ 특 징

1. 사회보험

국민에게 발생하는 사회적 위험을 보험방식에 의하여 대체함으로써 국민의 소득을 보장하는 사회보험이다.

2. 공적연금제도

개인연금과는 달리 국가가 운영하는 공적연금제도로써 국민의 가입이 강제되고 소정의 보험료를 납부할 의무를 부담하며, 국가는 급여지급에 대한 책임을 부담한다.

3. 소득재분배의 기능

국민연금은 가입기간이 길고 납부한 보험료가 많을수록 받는 금액도 많지만, 저소득 가입계층일수록 납부한 보험료와 연금수급액의 비율이 고소득 가입계층보다 더 높아지도록 설계하였다.

4. 장기보험

국민연금은 1년 단위의 회계연도를 기준으로 수입과 지출을 예정하여 보험료를 결정하고, 단기의 급여를 지급하는 건강보험과는 달리 장기간 보험료 납부를 조건으로 급여를 연금의 형태로 지급하는 장기보험에 해당한다.

Ⅳ 용어의 정의(법 제3조 제1항)

1. "근로자"란 직업의 종류가 무엇이든 사업장에서 노무를 제공하고 그 대가로 임금을 받아 생활하는 자(법인의 이사와 그 밖의 임원을 포함)를 말한다. 다만, 대통령령으로 정하는 자[75]는 제외한다.
2. "사용자"란 해당 근로자가 소속되어 있는 사업장의 사업주를 말한다.
3. "소득"이란 일정한 기간 근로를 제공하여 얻은 수입에서 대통령령으로 정하는 비과세소득을 제외한 금액 또는 사업 및 자산을 운영하여 얻는 수입에서 필요경비를 제외한 금액을 말한다.
4. "평균소득월액"이란 매년 사업장가입자 및 지역가입자 전원(全員)의 기준소득월액을 평균한 금액을 말한다.
5. "기준소득월액"이란 연금보험료와 급여를 산정하기 위하여 국민연금가입자(이하 "가입자"라 한다)의 소득월액을 기준으로 하여 정하는 금액을 말한다.

6. "사업장가입자"란 사업장에 고용된 근로자 및 사용자로서 제8조에 따라 국민연금에 가입된 자를 말한다.
7. "지역가입자"란 사업장가입자가 아닌 자로서 제9조에 따라 국민연금에 가입된 자를 말한다.
8. "임의가입자"란 사업장가입자 및 지역가입자 외의 자로서 제10조에 따라 국민연금에 가입된 자를 말한다.
9. "임의계속가입자"란 국민연금 가입자 또는 가입자였던 자가 제13조 제1항에 따라 가입자로 된 자를 말한다.
10. "연금보험료"란 국민연금사업에 필요한 비용으로서 사업장가입자의 경우에는 부담금 및 기여금의 합계액을, 지역가입자·임의가입자 및 임의계속가입자의 경우에는 본인이 내는 금액을 말한다.
11. "부담금"이란 사업장가입자의 사용자가 부담하는 금액을 말한다.
12. "기여금"이란 사업장가입자가 부담하는 금액을 말한다.
13. "사업장"이란 근로자를 사용하는 사업소 및 사무소를 말한다.
14. "수급권"이란 이 법에 따른 급여를 받을 권리를 말한다.
15. "수급권자"란 수급권을 가진 자를 말한다.
16. "수급자"란 이 법에 따른 급여를 받고 있는 자를 말한다.
17. "초진일"이란 장애의 주된 원인이 되는 질병이나 부상에 대하여 처음으로 의사의 진찰을 받은 날을 말한다. 이 경우 질병이나 부상의 초진일에 대한 구체적인 판단기준은 보건복지부장관이 정하여 고시한다.
18. "완치일"이란 장애의 주된 원인이 되는 질병이나 부상이 다음 각 목 중 어느 하나에 해당하는 날을 말한다. 이 경우 증상의 종류별 완치일에 대한 구체적인 판단기준은 보건복지부장관이 정하여 고시한다.
    가. 해당 질병이나 부상이 의학적으로 치유된 날
    나. 더 이상 치료효과를 기대할 수 없는 경우로서 그 증상이 고정되었다고 인정되는 날
    다. 증상의 고정성은 인정되지 아니하나, 증상의 정도를 고려할 때 완치된 것으로 볼 수 있는 날
19. "가입대상기간"이란 18세부터 초진일 혹은 사망일까지의 기간으로서, 다음의 각 목에 해당하는 기간을 제외한 기간을 말한다. 다만, 18세 미만에 가입자가 된 경우에는 18세 미만인 기간 중 보험료 납부기간을 가입대상기간에 포함하고, 초진일이나 사망일 이전에 나목과 다목에 해당되는 기간에 대하여 제92조에 따라 보험료를 추후 납부하였을 경우에는 그 추후 납부한 기간을 가입대상기간에 포함.
    가. 제6조 단서에 따라 가입 대상에서 제외되는 기간
    나. 18세 이상 27세 미만인 기간 중 제9조 제3호에 따라 지역가입자에서 제외되는 기간
    다. 18세 이상 27세 미만인 기간 중 제91조 제1항 각 호에 따라 연금보험료를 내지 아니한 기간 (제91조 제1항 제2호의 경우는 27세 이상인 기간도 포함)

※ 이 법을 적용할 때 배우자, 남편 또는 아내에는 사실상의 혼인관계에 있는 자를 포함하고, 수급권을 취득할 당시 가입자 또는 가입자였던 자의 태아가 출생하면 그 자녀는 가입자 또는 가입자였던 자에 의하여 생계를 유지하고 있던 자녀로 본다.

V 국민연금심의위원회

① 국민연금사업에 관한 다음 사항을 심의하기 위하여 보건복지부에 국민연금심의위원회를 둔다(법 제5조 제1항).

1. 국민연금제도 및 재정 계산에 관한 사항
2. 급여에 관한 사항
3. 연금보험료에 관한 사항
4. 국민연금기금에 관한 사항
5. 그 밖에 국민연금제도의 운영과 관련하여 보건복지부장관이 회의에 부치는 사항

② 국민연금심의위원회는 위원장·부위원장 및 위원으로 구성하되, 위원장은 보건복지부차관이 되고, 부위원장은 공익을 대표하는 위원 중에서 호선하며, 위원은 다음 구분에 따라 보건복지부장관이 지명하거나 위촉한다(동조 제2항).

1. 사용자를 대표하는 위원으로서 사용자 단체가 추천하는 자 4명
2. 근로자를 대표하는 위원으로서 근로자 단체가 추천하는 자 4명
3. 지역가입자를 대표하는 위원으로서 다음의 자
   가. 농어업인 단체가 추천하는 자 2명
   나. 농어업인 단체 외의 자영자 관련 단체가 추천하는 자 2명
   다. 소비자단체와 시민단체가 추천하는 자 2명
4. 공익을 대표하는 위원으로서 국민연금에 관한 전문가 5명

③ 국민연금심의위원회의 구성 및 운영 등에 필요한 사항은 대통령령[76]으로 정한다.

75) 1. 일용근로자나 1개월 미만의 기한을 정하여 사용되는 근로자. 다만, 1개월 이상 계속 사용되는 경우는 그러하지 아니하다. 2. 소재지가 일정하지 아니한 사업장에 종사하는 근로자 3. 법인의 이사 중 제3조 제1항 제2호에 따른 소득이 없는 사람 4. 1개월 동안의 소정근로시간이 60시간 미만인 단시간근로자. 다만, 해당 단시간근로자 중 다음 각 목의 어느 하나에 해당하는 사람은 제외한다. 가. 생업을 목적으로 3개월 이상 계속하여 근로를 제공하는 사람으로서 「고등교육법 시행령」 제7조 제3호에 따른 시간강사 나. 생업을 목적으로 3개월 이상 계속하여 근로를 제공하는 사람으로서 사용자의 동의를 받아 근로자로 적용되기를 희망하는 사람 다. 둘 이상 사업장에 근로를 제공하면서 각 사업장의 1개월 소정근로시간의 합이 60시간 이상인 사람으로서 1개월 소정근로시간이 60시간 미만인 사업장에서 근로자로 적용되기를 희망하는 사람

76) 위원장은 국민연금심의위원회를 대표하며, 위원회의 사무를 총괄하며, 부위원장은 위원장을 보좌하며, 위원장이 부득이한 사유로 직무를 수행할 수 없을 때에는 그 직무를 대행하고(영 제12조), 국민연금심의위원회의 위원장 외의 위원의 임기는 2년으로 하되, 연임할 수 있다(영 제13조).

제2장 국민연금의 적용과 운영

I 국민연금의 적용대상

1. 가입대상자

(1) 국민

1) 원칙

국내에 거주하는 국민으로서 18세 이상 60세 미만인 자는 국민연금 가입 대상이 된다(법 제6조).

2) 제외

① 공무원·군인연금법, 사립학교교직원 연금법, 별정우체국법 적용받는 공무원·군인 및 교직원
② 국민연금법에 의한 노령연금의 수급권을 취득한 자 중 60세 미만의 특수직종 근로자
③ 국민연금법에 의한 조기노령연금의 수급권을 취득한 자(조기노령연금의 지급이 정지 중인 자는 제외)(법 제6조·영 제18조)

(2) 외국인

1) 원칙

① 이 법의 적용을 받는 사업장에 사용되고 있거나 국내에 거주하는 외국인으로서 대통령령으로 정하는 자 외의 외국인은 제6조에도 불구하고 당연히 사업장가입자 또는 지역가입자가 된다. 다만, 이 법에 따른 국민연금에 상응하는 연금에 관하여 그 외국인의 본국 법이 대한민국 국민에게 적용되지 아니하면 그러하지 아니하다(법 제126조 제1항).

② 가입 중이거나 가입한 적이 있는 외국인에게 제67조 제1항 제1호 장애연금을 적용하기 위해서는 질병이나 부상의 초진일이 국내 거주 기간 내에 있어야 한다. 그 밖에 외국인 가입자등에 대한 장애연금의 수급권 발생·정지·소멸 및 장애연금 지급 등에 관한 사항은 제67조(제67조 제3항 제2호 초진일이 국외이주·국적상실기간 중에 있는 경우는 제외한다)부터 제71조까지의 규정을 준용한다(동조 제2항).

③ 외국인 가입자등이 국내 거주 중에 사망한 경우에는 제72조 제2항 제2호(국외이주·국적상실 기간)를 적용하지 아니한다. 그 밖에 외국인 가입자등에 대한 유족연금의 수급권 발생

·정지·소멸 및 유족연금 지급 등에 관한 사항은 제72조부터 제76조까지의 규정을 준용한다(동조 제3항).

④ 외국인 가입자등에게는 제77조부터 제79조까지의 반환일시금 규정을 적용하지 아니한다. 다만, 다음 각 호의 어느 하나에 해당하는 경우에는 그러하지 아니하다(동조 제4항).

1. 외국인의 본국 법에 따라 대한민국 국민이 급여(제49조 제1호부터 제3호까지의 급여에 상응하는 급여)의 수급권을 취득하지 못하고 제77조 제1항 각 호의 어느 하나에 해당하게 된 때에 그 대한민국 국민에게 일정 금액(가입기간 중 낸 연금보험료에 기초하여 산정한 금액)을 일시금으로 지급하도록 그 나라 법에서 규정하고 있는 경우의 외국인
2. 「외국인근로자의 고용 등에 관한 법률」에 따른 외국인근로자로서 이 법을 적용받는 사업장에 사용된 자
3. 「출입국관리법」에 따라 산업연수활동을 할 수 있는 체류자격을 가지고 필요한 연수기간 동안 지정된 연수장소를 이탈하지 아니한 자로서 이 법을 적용받는 사업장에 사용된 자

2) 예외(영 제111조)

당연히 사업장가입자나 지역가입자가 되는 외국인에서 제외되는 자는 다음 각 호와 같다.
1. 「출입국관리법」에 따라 체류기간연장허가를 받지 아니하고 체류하는 자
2. 「출입국관리법」에 따른 외국인등록을 하지 아니하거나 강제퇴거명령서가 발급된 자
3. 「출입국관리법 시행령」 별표 1에 따른 외국인의 체류자격이 있는 자로서 보건복지부령으로 정하는 자

3) 사회보장협정

대한민국이 외국과 사회보장협정을 맺은 경우에는 이 법에도 불구하고 국민연금의 가입, 연금보험료의 납부, 급여의 수급 요건, 급여액의 산정, 급여의 지급 등에 관하여 그 사회보장협정에서 정하는 바에 따른다(법 제127조).

※ 가입자의 종류(법 제7조)

가입자는 사업장가입자, 지역가입자, 임의가입자 및 임의계속가입자로 구분한다.

2. 사업장 가입자

(1) 원칙

사업의 종류, 근로자의 수 등을 고려하여 대통령령으로 정하는 사업장(당연적용사업장)[77]의 18세 이상 60세 미만인 근로자와 사용자는 당연히 사업장가입자가 된다(법 제8조 제1항).

(2) 제외

1. 「공무원연금법」, 「사립학교교직원 연금법」 또는 「별정우체국법」에 따른 **퇴직연금, 장해연금 또는 퇴직연금일시금**이나 「군인연금법」에 따른 **퇴역연금, 상이연금, 퇴역연금일시금**을 받을 권리를 얻은 자(이하 "퇴직연금등수급권자"라 한다). 다만, 퇴직연금등수급권자가 「국민연금과 직역연금의 연계에 관한 법률」에 따라 연계 신청을 한 경우에는 제외한다.
2. 국민연금에 가입된 사업장에 종사하는 18세 미만 근로자는 사업장가입자가 되는 것으로 본다. 다만, 본인이 원하지 아니하면 사업장가입자가 되지 아니할 수 있다(동조 제2항).
3. 「국민기초생활 보장법」 에 따른 생계급여 수급자 또는 의료급여 수급자는 본인의 희망에 따라 사업장가입자가 되지 아니할 수 있다(동조 제3항).

3. 지역가입자

(1) 원칙

사업장가입자가 아닌 자로서 18세 이상 60세 미만인 자는 당연히 지역가입자가 된다(법 제9조 본문).

(2) 제외(법 제9조 단서)

1. 다음 어느 하나에 해당하는 자의 배우자로서 별도의 소득이 없는 자
   가. 제6조 단서에 따라 국민연금 가입 대상에서 제외되는 자
   나. 사업장가입자, 지역가입자 및 임의계속가입자
   다. 삭제(2016.5.29.)
   라. 노령연금 수급권자 및 퇴직연금등수급권자
2. 퇴직연금등수급권자. 다만, 퇴직연금등수급권자가 「국민연금과 직역연금의 연계에 관한 법률」에 따라 연계 신청을 한 경우에는 그러하지 아니하다.
3. 18세 이상 27세 미만인 자로서 학생이거나 군 복무 등의 이유로 소득이 없는 자(연금보험료를 납부한 사실이 있는 자는 제외)
4. 「국민기초생활 보장법」 에 따른 생계급여 수급자 또는 의료급여 수급자
5. 1년 이상 행방불명된 자. 이 경우 행방불명된 자에 대한 인정 기준 및 방법은 대통령령[78]으로 정한다.

77) 당연적용사업장은 다음 각 호의 어느 하나에 해당하는 사업장으로 한다. 1. 1명 이상의 근로자를 사용하는 사업장 2. 주한 외국 기관으로서 1명 이상의 대한민국 국민인 근로자를 사용하는 사업장

78) 행방불명된 자의 증명은 특별자치도지사・시장・군수・구청장(자치구의 구청장을 말한다. 이하 같다)이 확인하는 바에 따른다.

4. 임의가입자

사업장가입자나 지역가입자의 어느 하나에 해당하는 자 외의 자로서 18세 이상 60세 미만인 자는 국민연금공단에 가입을 신청하면 임의가입자가 될 수 있고, 임의가입자는 보건복지부령으로 정하는 바에 따라 국민연금공단에 신청하여 탈퇴할 수 있다(법 제10조).

5. 임의계속가입자

국민연금 가입자 또는 가입자였던 자로서 60세가 된 자나 특수직종근로자로서 노령연금 급여를 지급받지 않는 자는 제6조 본문에도 불구하고 65세가 될 때까지 국민연금공단에 가입을 신청하면 임의계속가입자가 될 수 있고, 탈퇴할 수 있다. 탈퇴 신청이 수리된 때 자격이 상실하는데, 임의계속가입자가 납부한 마지막 연금보험료에 해당하는 달의 말일이 탈퇴 신청이 수리된 날보다 같거나 빠르고 임의계속가입자가 희망하는 경우에는 임의계속가입자가 납부한 마지막 연금보험료에 해당하는 달의 말일에 그 자격을 상실한다(법 제13조).

6. 가입자격의 취득 및 상실

(1) 가입자격의 취득시기(법 제11조)

구분	자격 취득시기
사업장 가입자	1. 사업장에 고용된 때 또는 그 사업장의 사용자가 된 때 2. 당연적용사업장으로 된 때
지역 가입자	1. 사업장가입자의 자격을 상실한 때 2. 국민연금 가입 대상 제외자에 해당하지 아니하게 된 때 3. 배우자가 별도의 소득이 있게 된 때 4. 18세 이상 27세 미만인 자가 소득이 있게 된 때 다만, 소득이 있게 된 때를 알 수 없는 경우에는 자격의 취득·상실, 이름 또는 주소의 변경 및 소득에 관한 사항 등을 국민연금공단에 신고 한 날에 그 자격을 취득
임의가입자	가입 신청이 수리된 날
임의계속 가입자	다음 각 호의 어느 하나에 해당하는 자는 제6조 본문에도 불구하고 65세가 될 때까지 보건복지부령으로 정하는 바에 따라 국민연금공단에 가입을 신청하면 임의계속가입자가 될 수 있다. 이 경우 가입 신청이 수리된 날에 그 자격을 취득한다. 1. 국민연금 가입자 또는 가입자였던 자로서 60세가 된 자. 다만, 다음 각 목의 어느 하나에 해당하는 자는 제외한다. 가. 연금보험료를 납부한 사실이 없는 자 나. 노령연금 수급권자로서 급여를 지급받고 있는 자 다. 제77조 제1항 제1호에 해당하는 사유로 반환일시금을 지급받은 자 2. 전체 국민연금 가입기간의 5분의 3 이상을 대통령령으로 정하는 직종의 근로자로 국민연금에 가입하거나 가입하였던 사람(이하 "특수직종근로자"라 한다)으로서 다음 각 목의 어느 하나에 해당하는 사람 중 노령연금 급여를 지급받지 않는 사람

가. 제61조 제1항에 따라 노령연금 수급권을 취득한 사람 나. 법률 제3902호 국민복지연금법개정법률 부칙 제5조에 따라 특례노령연금 수급권을 취득한 사람

(2) 가입자격의 상실(법 제12조) : 해당사유일의 다음날

가입자의 종류	자격상실 시기
사업장 가입자	◦ 사망한 다음날 ◦ 국적을 상실하거나 국외로 이주한 다음날 ◦ 사용관계가 끝난 다음날 ◦ 60세가 된 다음날 ◦ 제6조 단서에 따른 국민연금 가입 대상 제외자에 해당하게 된 때(제외된 날에 자격상실)
지역 가입자	◦ 사망한 때 ◦ 국적을 상실하거나 국외로 이주한 때 ◦ 제6조 단서에 따른 국민연금 가입 대상 제외자에 해당하게 된 때(제외된 날에 자격상실) ◦ 사업장가입자의 자격을 취득한 때(취득일에 자격상실) ◦ 제9조 제1호에 따른 배우자로서 별도의 소득이 없게 된 때 ◦ 60세가 된 때
임의 가입자	◦ 사망한 다음날 ◦ 국적을 상실하거나 국외로 이주한 다음날 ◦ 탈퇴신청이 수리된 다음 날 ◦ 60세가 된 다음 날 ◦ 3개월 이상 계속하여 보험료를 체납한 다음 날 ◦ 사업장가입자 또는 지역가입자의 자격을 취득한 때(취득일에 상실) ◦ 제6조 단서에 따른 국민연금 가입 대상 제외자에 해당하게 된 때(제외된 날에 자격상실)
임의계속 가입자	◦ 사망한 날의 다음 날 ◦ 국적을 상실하거나 국외로 이주한 때의 다음 날 ◦ 3개월 이상 계속하여 보험료를 체납한 때의 다음 날 ◦ 탈퇴신청이 수리된 날의 다음 날(임의계속가입자가 납부한 마지막 연금보험료에 해당하는 달의 말일이 탈퇴 신청이 수리된 날보다 같거나 빠르고 임의계속가입자가 희망하는 경우에는 임의계속가입자가 납부한 마지막 연금보험료에 해당하는 달의 말일에 그 자격을 상실)

(3) 자격득실의 신고와 확인 및 통지 등

구분	내용
신고 (법 제21조)	1. 당연적용사업장에 해당된 사실 2. 사업장의 내용 변경 및 휴업·폐업 등에 관한 사항과 가입자 자격의 취득·상실 3. 가입자의 소득월액 등에 관한 사항
확인 (법 제14조)	1. 국민연금공단 : 가입자의 자격 취득·상실 및 기준소득월액 ※ 확인에 의하여 자격의 취득 및 상실 시기에 그 효력발생 2. 가입자 또는 가입자였던 자 : 언제든지 자격의 취득·상실, 가입자 종류의 변동 및 소득월액의 변동에 관한 확인 청구 가능

통지 (법 제22·23조)	1. 신고인 공단은 제21조에 따른 신고를 받으면 그 내용을 확인하고, 신고 내용이 사실과 다르다고 인정되면 그 뜻을 신고인에게 통지하여야 한다. 2. 가입자 ① 공단은 제14조에 따라 사업장가입자의 자격 취득·상실에 관한 확인을 한 때와 기준소득월액이 결정되거나 변경된 때에는 이를 그 사업장의 사용자에게 통지하여야 하며, 지역가입자, 임의가입자 또는 임의계속가입자의 자격 취득·상실에 관한 확인을 한 때와 기준소득월액이 결정되거나 변경된 때에는 이를 그 지역가입자, 임의가입자 또는 임의계속가입자에게 통지하여야 한다. ② 통지를 받은 사용자는 이를 해당 사업장가입자 또는 그 자격을 상실한 자에게 통지하되, 그 통지를 받을 자의 소재를 알 수 없어 통지할 수 없는 경우에는 그 뜻을 공단에 통지하여야 한다. ③ 사용자는 사업장가입자 또는 그 자격을 상실한 사람에게 통지를 한 경우에는 그 사실을 확인할 수 있는 서류를 작성하고, 보건복지부령으로 정하는 기간 동안 이를 보관하여야 한다. ④ 공단은 다음 각 호의 어느 하나에 해당하면 보건복지부령으로 정하는 바에 따라 공고하는 것으로 통지를 갈음할 수 있다. 1. 사업장이 폐지된 경우 2. 제1항에 따른 통지를 받을 지역가입자, 임의가입자 또는 임의계속가입자의 소재를 알 수 없는 경우 3. 제2항에 따라 사용자로부터 통지를 받은 경우 4. 그 밖에 통지할 수 없는 불가피한 사정이 있는 경우로서 대통령령으로 정하는 경우

Ⅱ 가입기간의 산정

1. 원칙

국민연금 가입기간은 월 단위로 계산하되, 가입자의 자격을 취득한 날이 속하는 달의 다음 달부터 자격을 상실한 날의 전날이 속하는 달까지로 한다(법 제17조 제1항 본문).

2. 예외

다음 각 호의 어느 하나에 해당하는 경우 자격을 취득한 날이 속하는 달은 가입기간에 산입하되, 가입자가 그 자격을 상실한 날의 전날이 속하는 달에 자격을 다시 취득하면 다시 취득한 달을 중복하여 가입기간에 산입하지 아니한다(동조 제1항 단서).

1. 가입자가 자격을 취득한 날이 그 속하는 달의 초일인 경우(자격 취득일이 속하는 달에 다시 그 자격을 상실하는 경우는 제외한다)

2. 임의계속가입자의 자격을 취득한 경우
3. 가입자가 희망하는 경우

3. 일부산입

가입기간을 계산할 때 연금보험료를 내지 아니한 기간은 가입기간에 산입하지 아니한다. 다만, 사용자가 근로자의 임금에서 기여금을 공제하고 연금보험료를 내지 아니한 경우에는 그 내지 아니한 기간의 2분의 1에 해당하는 기간을 근로자의 가입기간으로 산입한다. 이 경우 1개월 미만의 기간은 1개월로 한다(동조 제2항).

4. 산입제외

건강보험공단이 근로자에게 그 사업장의 체납 사실을 통지한 경우에는 제2항 단서에도 불구하고 **통지된 체납월의 다음 달부터 체납 기간은 가입기간에 산입하지 아니한다**. 이 경우 그 근로자는 제90조 제1항에도 불구하고 대통령령으로 정하는 바에 따라 기여금을 건강보험공단에 낼 수 있다. 또한 제77조에 따라 지급받은 **반환일시금**이 제57조 제1항에 따라 **환수할 급여에 해당하는 경우 이를 반납하지 아니하는 때에는 그에 상응하는 기간을 가입기간에 산입하지 아니한다**(동조 제3 · 4항).

5. 추가산입

구분	내용
연금보험료 일부 납부 월의 가입기간 계산 (법 제17조의2)	① 가입기간을 계산할 때 연금보험료의 일부가 납부된 경우에는 그 일부 납부된 보험료를 다른 일부 납부된 월의 미납 연금보험료와 연체금 등에 충당하고, 충당 후 완납된 월은 가입기간에 산입한다. 이 경우 충당의 대상 및 방법, 가입기간의 계산 및 급여의 지급 등에 필요한 사항은 대통령령으로 정한다. ② 제1항에 따라 충당한 후에도 일부 납부된 연금보험료가 있는 경우에는 이를 최초 연금 지급월에 반환한다. 다만, 가입자 또는 가입자였던 자의 청구가 있는 경우에는 제99조에도 불구하고 일부 납부된 월의 미납된 연금보험료와 연체금 등을 납부받아 해당 월을 가입기간에 산입할 수 있다. ③ 제2항에 따라 연금보험료 또는 연체금 등을 반환하거나 납부받는 때에는 대통령령으로 정하는 이자를 더하여야 한다.
군복무기간에 대한 추가산입 (법 제18조)	◦ 원칙 : 6개월 이상 병역법에 따른 현역병 또는 전환복무자, 상근예비역, 사회복무요원으로 병역의무를 수행자가 노령연금 수급권을 취득한 경우 6개월을 가입기간에 추가로 산입한다. ◦ 예외(산입제외) 1. 「병역법」에 따른 병역의무를 수행한 기간의 전부 또는 일부가 「공무원연금법」 · 「사립학교교직원 연금법」 및 「별정우체국법」에 따라 재직기간에 산입되거나 「군인연금법」

	에 따라 복무기간에 산입된 경우 2. 「병역법」에 따른 병역의무를 수행한 기간 중 연금보험료를 납부하여 가입기간으로 인정된 경우. 다만, 당해 가입기간이 6개월 미만인 경우 ◦ 가입기간 추가 산입에 필요한 재원은 국가가 전부 부담한다.
출산에 대한 추가산입 (법 제19조)	◦ 2 이상의 자녀가 있는 가입자 또는 가입자였던 자가 노령연금수급권을 취득한 때(가입기간이 추가 산입되면 노령연금수급권을 취득할 수 있는 경우를 포함)에는 다음 각 호에 따른 기간을 가입기간에 추가로 산입한다. 다만, 추가로 산입하는 기간은 50개월을 초과 불가 1. 자녀가 2명인 경우 : 12개월 2. 자녀가 3명 이상인 경우 : 둘째 자녀에 대하여 인정되는 12개월에 2자녀를 초과하는 자녀 1명마다 18개월을 더한 개월 수 ◦ 추가 가입기간은 부모가 모두 가입자 또는 가입자였던 자인 경우에는 부와 모의 합의에 따라 2명 중 1명의 가입기간에만 산입하되, 합의하지 아니한 경우에는 균등 배분하여 각각의 가입기간에 산입. ◦ 가입기간을 추가 산입에 필요한 재원은 국가가 전부 또는 일부를 부담
실업에 대한 가입기간 추가산입 (법 제19조의2)	① 다음 각 호의 요건을 모두 갖춘 사람이 구직급여를 받는 기간을 가입기간으로 산입하기 위하여 국민연금공단에 신청하는 때에는 그 기간을 가입기간에 추가로 산입한다. 다만, 추가로 산입하는 기간은 1년을 초과할 수 없다. 1. 18세 이상 60세 미만인 사람 중 가입자 또는 가입자였을 것 2. 대통령령으로 정하는 재산 또는 소득이 보건복지부장관이 정하여 고시하는 기준 이하일 것 ② 제1항에 따라 산입되는 가입기간에 대하여는 「고용보험법」 제45조에 따른 구직급여의 산정 기초가 되는 임금일액을 월액으로 환산한 금액의 절반에 해당하는 소득(이하 이 조에서 "인정소득"이라 한다)으로 가입한 것으로 본다. ③ 가입자 또는 가입자였던 사람은 제1항에 따라 구직급여를 받는 기간을 가입기간으로 추가 산입하려는 경우 인정소득을 기준으로 연금보험료를 납부하여야 한다. ④ 제1항에 따라 추가로 산입된 가입기간(이하 이 항에서 "추가산입기간"이라 한다)을 제49조 제1호부터 제3호까지의 급여에 적용할 때에는 다음 각 호를 따른다. 1. 노령연금 : 추가산입기간을 기본연금액에 반영 2. 장애연금 : 추가산입기간을 기본연금액에 반영하지 아니함 3. 유족연금 : 추가산입기간을 기본연금액에 반영하지 아니하되, 제74조(유족연금 산정기간) 각 호에 해당하는 가입기간에는 반영

6. 합산

가입자의 자격을 상실한 후 다시 그 자격을 취득한 자에 대하여는 전후의 가입기간을 합산하고, 가입자의 종류가 변동되면 그 가입자의 가입기간은 각 종류별 가입기간을 합산한 기간으로 한다(법 제20조).

제3장 국민연금공단

Ⅰ 국민연금공단의 의의

1. 설립

보건복지부장관의 위탁을 받아 제1조의 목적을 달성하기 위한 사업을 효율적으로 수행하기 위하여 국민연금공단을 설립한다(법 제24조). 공단은 법인으로 하고(법 제26조), 공단에 관하여 이 법에서 정한 것 외에는 「민법」 중 재단법인에 관한 규정을 준용한다(법 제48조).

2. 업무(법 제25조)

1. 가입자에 대한 기록의 관리 및 유지
2. 연금보험료의 부과
3. 급여의 결정 및 지급
4. 가입자, 가입자였던 자, 수급권자 및 수급자를 위한 자금의 대여와 복지시설의 설치·운영 등 복지사업
5. 가입자 및 가입자였던 자에 대한 기금증식을 위한 자금 대여사업
6. 제6조의 가입 대상과 수급권자 등을 위한 노후준비서비스 사업
7. 국민연금제도·재정계산·기금운용에 관한 조사연구
8. 국민연금에 관한 국제협력
9. 그 밖에 이 법 또는 다른 법령에 따라 위탁받은 사항
10. 그 밖에 국민연금사업에 관하여 보건복지부장관이 위탁하는 사항

Ⅱ 국민연금공단의 구성

1. 임원

① 공단에 임원으로 이사장 1명, 상임이사 4명 이내, 이사 7명, 감사 1명을 두되, 이사에는 사용자 대표, 근로자 대표, 지역가입자 대표 각 1명 이상과 당연직 이사로서 보건복지부에서 국민연금 업무를 담당하는 3급 국가공무원 또는 고위공무원단에 속하는 일반직 공무원 1명이 포함되어야 하고, 이사장은 보건복지부장관의 제청으로 대통령이 임면하고, 상임이사·이사(당연직 이사는 제외) 및 감사는 이사장의 제청으로 보건복지부장관이 임면

한다. 이사에게는 보수를 지급하지 아니한다. 다만, 실비는 지급할 수 있다(법 제30조).

② 임원의 임기는 3년으로 한다. 다만, 당연직 이사의 임기는 그 재임기간으로 하고, 기금이사의 임기는 계약기간으로 한다(법 제32조).

2. 기금이사

상임이사 중 제101조에 따른 국민연금기금의 관리·운용에 관한 업무를 담당하는 이사(이하 "기금이사"라 한다)는 경영·경제 및 기금 운용에 관한 지식과 경험이 풍부한 자 중에서 선임하여야 하며, 기금이사 후보를 추천하기 위하여 공단에 이사장을 위원장으로 하고 이사를 위원으로 하는 기금이사추천위원회(이하 "추천위원회"라 한다)를 둔다(법 제31조).

Ⅲ 국민연금공단의 운영

1. 공단에 대한 감독

공단은 대통령령으로 정하는 바에 따라 회계연도마다 사업 운영 계획과 예산에 관하여 보건복지부장관의 승인을 받아야 하며, 회계연도가 끝나고 2개월 내에 사업 실적과 결산을 보건복지부장관에게 보고하여야 한다(법 제41조).

2. 공단의 회계

공단의 회계연도는 정부의 회계연도에 따르며, 보건복지부장관의 승인을 받아 회계규정을 정하여야 한다(법 제42조).

3. 노후준비서비스

공단은 가입대상 및 수급권자를 포함한 국민의 안정된 노후생활 보장을 위하여 「노후준비지원법」의 노후준비서비스와 관련된 다음 각 호의 사업을 실시할 수 있다.

1. 노후준비서비스의 제공
2. 노후준비서비스에 관한 조사·연구
3. 노후준비서비스에 필요한 프로그램의 개발·보급
4. 노후준비서비스 제공자의 양성·관리
5. 노후준비서비스를 위한 정보시스템의 구축·운영
6. 그 밖에 노후준비서비스 제공에 관하여 보건복지부장관이 위탁하는 사항

제4장 연금급여

I 통 칙

1. 급여의 종류

노령연금, 장애연금, 유족연금, 반환일시금

2. 급여 지급

급여는 수급권자의 청구에 따라 공단이 지급하며, 연금액은 지급사유에 따라 기본연금액과 부양가족연금액을 기초로 산정한다(법 제50조).

3. 기본연금

(1) 기본연금액의 산정방식

① 연금가입자의 평균소득월액(균등부분)과 연금수급 가입자 개인의 기준소득월액(소득비례부분)을 합산한 금액의 1천분의 1천 200을 곱한 금액으로 한다. 다만, 가입기간이 20년을 초과한 경우에는 그 초과하는 1년(1년 미만이면 매 1개월을 12분의 1년으로 계산)마다 기본연금액에 1천분의 50을 곱한 금액을 더한다(법 제51조 제1항).

1. 다음 각 목에 따라 산정한 금액을 합산하여 3으로 나눈 금액(동조 제1항 제1호).

가. 연금 수급 3년 전 연도의 평균소득월액을 연금 수급 3년 전 연도와 대비한 연금 수급 전년도의 전국소비자물가변동률에 따라 환산한 금액
나. 연금 수급 2년 전 연도의 평균소득월액을 연금 수급 2년 전 연도와 대비한 연금 수급 전년도의 전국소비자물가변동률에 따라 환산한 금액
다. 연금 수급 전년도의 평균소득월액

2. 기본연금액에 대한 소득비례부분은 가입자 개인의 가입기간 중 매년 기준소득월액을 보건복지부장관이 고시하는 연도별 재평가율에 의하여 연금 수급 전년도의 현재가치로 환산한 후 이를 합산한 금액을 총 가입기간으로 나눈 금액. 다만, 다음 각 목에 따라 산정하여야 하는 경우 그 금액으로 한다(동조 제1항 제2호).

가. 군복무로 인하여 추가로 산입되는 가입기간의 기준소득월액은 제1호에 따라 산정한 금액의 2분의 1에 해당하는 금액
나. 출산으로 인하여 추가로 산입되는 가입기간의 기준소득월액은 제1호에 따라 산정한 금액

② 제1항 각 호의 금액을 수급권자에게 적용할 때에는 연금 수급 2년 전 연도와 대비한 전년도의 전국소비자물가변동률을 기준으로 그 변동률에 해당하는 금액을 더하거나 빼되, 미리 국민연금심의위원회의 심의를 거쳐야 하며(동조 제2항), 제2항에 따라 조정된 금액을 수급권자에게 적용할 때 그 적용 기간은 해당 조정연도 1월부터 12월까지로 한다(동조 제3항).

(2) 평균소득월액과 기준소득월액

1) 평균소득월액

매년 사업장가입자 및 지역가입자 전원의 기준소득월액을 평균한 금액을 말한다(법 제3조 제1항 제4호).

※ 평균임금 산정방법(영 제4조)

◦ 매년 12월 31일 현재 가입 중인 사업장가입자와 지역가입자 전원(법 제91조 제1항 각 호에 따른 납부 예외 사유로 연금보험료를 내지 아니하는 사업장가입자 및 지역가입자는 제외한다. 이하 같다)의 기준소득월액 총액을 사업장가입자와 지역가입자 전원의 수로 나누어 산정한다,
◦ 둘 이상 적용 사업장가입자의 경우에는 각 사업장별 기준소득월액을 합산하여 이를 하나의 사업장가입자의 기준소득월액으로 보아 평균소득월액을 산정한다.

2) 기준소득월액

가입자의 소득월액을 기준으로 하여 산정하되, 각 호의 하한액과 상한액의 범위에서 사업장가입자는 사용자가, 지역가입자는 가입자가 신고한 소득월액으로 산정한다(영 제5조).

1. 하한액 : 가목을 나목으로 나눈 값(소수점 이하 넷째자리에서 반올림한다)에 직전 적용기간의 기준소득월액 하한액을 곱한 금액. 이 경우 만원 미만은 반올림.
   가. 법 제51조 제1항 제1호에 따라 산정하여 제37조에 따라 해당 연도 4월부터 다음 연도 3월까지 적용하는 금액
   나. 법 제51조 제1항 제1호에 따라 산정하여 제37조에 따라 전년도 4월부터 해당 연도 3월까지 적용하는 금액
2. 상한액 : 제1호 가목을 같은 호 나목으로 나눈 값(소수점 이하 넷째자리에서 반올림한다)에 직전 적용기간의 기준소득월액 상한액을 곱한 금액. 이 경우 만원 미만은 반올림.

4. 부양가족연금액

(1) 의의

연금수급권자(유족연금의 경우에는 사망한 가입자 또는 가입자였던 자)가 권리를 취득할 당시 그 수급권자에게 의하여 생계를 유지되고 있던 피부양자를 보호하기 위하여 지급되는 일종의 가족수당의 성격을 지닌 부가급여이다.

(2) 산정대상 및 산정금액(법 제52조 제1항)

다음 각 호의 자는 부양가족 연금액을 계산할 때 2명 이상의 연금수급권자의 부양가족연금 계산 대상이 될 수 없다(법 제52조 제4항).

1. 배우자 : 연 15만원
2. 19세 미만이거나 장애등급 2급 이상인 자녀(배우자가 혼인 전에 얻은 자녀 포함) : 연 10만원
3. 60세 이상이거나 장애등급 2급 이상인 부모(부 또는 모의배우자,배우자의부모포함) : 연 10만원

(3) 산정 제외(법 제52조 제3항, 제5항)

1. 연금 수급권자(「국민연금과 직역연금의 연계에 관한 법률」에 따른 연계급여 수급권자 포함)
2. 퇴직연금등수급권자
3. 「공무원연금법」, 「사립학교교직원 연금법」, 「별정우체국법」 또는 「군인연금법」에 따른 퇴직 · 장해 · 순직 · 직무상 · 위험직무순직 · 유족연금 수급권자
4. 사망한 때
5. 수급권자에 의한 생계유지의 상태가 끝난 때
6. 배우자가 이혼한 때
7. 자녀가 다른 사람의 양자가 되거나 파양된 때
8. 자녀가 19세가 된 때. 다만, 수급권자가 그 권리를 취득할 당시부터 장애등급 2급 이상의 상태에 있는 자는 제외한다.
9. 장애등급 2급 이상의 상태에 있던 자녀 또는 부모가 그 장애상태에 해당하지 아니하게 된 때
10. 배우자가 혼인 전에 얻은 자녀와의 관계가 이혼으로 인하여 종료된 때
11. 재혼한 부 또는 모의 배우자와 수급자의 관계가 부모와 그 배우자의 이혼으로 인하여 종료된 경우

5. 최고한도

국민연금액의 연금의 월별 지급액은 다음 각 호의 금액 중에서 많은 금액을 넘지 못한다(법 제53조).

1. 가입자였던 최종 5년 동안의 기준소득월액(연금 수급 전년도를 기준으로 제51조 제1항 제2호에 준하여 조정한다)을 평균한 금액을 제51조 제2항에 준하여 조정한 금액
2. 가입기간 동안의 기준소득월액(연금 수급 전년도를 기준으로 제51조 제1항 제2호에 준하여 조정한다)을 평균한 금액을 제51조 제2항에 준하여 조정한 금액

6. 지급기간

① 지급하여야 할 사유가 생긴 날(제78조 제1항에 따른 반납금, 제92조 제1항에 따른 추납보험료 또는 체납된 연금보험료를 냄에 따라 연금을 지급하여야 할 사유가 생긴 경우에는 해당 금액을 낸 날)이 속하는 달의 다음 달부터 수급권이 소멸한 날이 속하는 달까지 지급한다(법 제54조 제1항).

② 매월 25일에 그 달의 금액을 지급하되, 지급일이 토요일이나 공휴일이면 그 전날에 지급한다. 다만, 수급권이 소멸하거나 연금지급이 정지된 경우에는 그 지급일 전에 지급할 수 있다(동조 제2항).

③ 지급을 정지하여야 할 사유가 생기면 그 사유가 생긴 날이 속하는 달의 다음 달부터 그 사유가 소멸한 날이 속하는 달까지 지급하지 아니한다(동조 제3항).

7. 급여수급전용계좌

① 수급자는 제58조 제2항에 따라 대통령령으로 정하는 금액 이하의 급여를 본인 명의의 지정된 계좌(이하 "급여수급전용계좌"라 한다)로 **입금하도록 공단에 신청할 수 있으며**, 이 경우 **공단은 급여를 급여수급전용계좌로 입금하여야 한다**(법 제54조의2 제1항).

② 공단은 제1항에도 불구하고 정보통신장애나 그 밖에 대통령령으로 정하는 불가피한 사유로 급여를 급여수급전용계좌로 이체할 수 없을 때에는 현금으로 지급하는 등 대통령령으로 정하는 바에 따라 급여를 지급할 수 있고, 급여수급전용계좌가 개설된 금융기관은 급여만이 급여수급전용계좌에 입금되도록 하고, 이를 관리하여야 한다(동조 제2·3항).

8. 미지급 급여와 중복급여의 조정

(1) 미지급급여

① 수급권자가 사망한 경우 그 수급권자에게 지급하여야 할 급여 중 아직 지급되지 아니한 것이 있으면 그 배우자·자녀·부모·손자녀·조부모 또는 형제자매의 청구에 따라 그 미지급 급여를 지급한다. 다만, 가출·실종 등 대통령령으로 정하는 경우에 해당하는 사람에게는 지급하지 아니하며, 형제자매의 경우에는 대통령령으로 정하는 바에 따라 수급

권자의 사망 당시(「민법」 제27조 제1항에 따른 실종선고를 받은 경우에는 실종기간의 개시 당시를, 같은 조 제2항에 따른 실종선고를 받은 경우에는 사망의 원인이 된 위난 발생 당시를 말한다) 수급권자에 의하여 생계를 유지하고 있던 사람에게만 지급한다(법 제55조 제1항).

② 제1항에 따른 급여를 받을 순위는 배우자, 자녀, 부모, 손자녀, 조부모, 형제자매의 순으로 한다. 이 경우 순위가 같은 사람이 2명 이상이면 똑같이 나누어 지급하되, 지급 방법은 대통령령으로 정하고, 미지급 급여는 수급권자가 사망한 날부터 5년 이내에 청구하여야 한다(동조 제2・3항).

(2) 중복급여의 조정

수급권자에게 이 법에 따른 2 이상의 급여 수급권이 생기면 수급권자의 선택에 따라 그 중 하나만 지급하고 다른 급여의 지급은 정지되고(법 제56조 제1항), 이에 따라 선택하지 아니한 급여가 다음 각 호의 어느 하나에 해당하는 경우에는 해당 호에 규정된 금액을 선택한 급여에 추가하여 지급한다(동조 제2항).

1. 선택하지 아니한 급여가 유족연금일 때(선택한 급여가 반환일시금일 때를 제외한다) : <u>유족연금액의 100분의 30에 해당하는 금액</u>
2. 선택하지 아니한 급여가 반환일시금일 때(선택한 급여가 장애연금이고, 선택하지 아니한 급여가 본인의 연금보험료 납부로 인한 반환일시금일 때를 제외한다) : <u>제80조 제2항[79]에 상당하는 금액</u>

9. 급여의 환수와 고지 등

(1) 급여의 환수

① 공단은 급여를 받은 사람이 다음 각 호의 어느 하나에 해당하는 경우에는 대통령령으로 정하는 바[80]에 따라 그 금액(이하 "환수금"이라 한다)을 환수하여야 한다. 다만, 공단은 환수금이 대통령령으로 정하는 금액(3천원) 미만인 경우에는 환수하지 아니한다(법 제57조 제1항).

1. 거짓이나 그 밖의 부정한 방법으로 급여를 받은 경우
2. 제121조의 신고 의무자가 같은 조에 따른 신고 사항을 공단에 신고하지 아니하거나 늦게 신고하여 급여를 잘못 지급 받은 경우

79) 사망일시금은 가입자 또는 가입자였던 자의 반환일시금에 상당하는 금액으로 하되, 그 금액은 사망한 가입자 또는 가입자였던 자의 최종 기준소득월액을 연도별 재평가율에 따라 사망일시금 수급 전년도의 현재가치로 환산한 금액과 같은 호에 준하여 산정한 가입기간 중 기준소득월액의 평균액 중에서 많은 금액의 4배를 초과하지 못한다.

80) 급여의 환수 사유가 발생하면 20일 이상의 기한을 정하여 환수할 금액(법 제57조 제2항에 따른 이자를 포함하며, 이하 "환수금"이라 한다)을 결정하여 고지하여야 하며, 이에 따른 기한까지 환수금을 내지 아니하면 20일 이상의 기한을 정하여 독촉하여야 한다(영 제41조 제1항).

3. 가입자 또는 가입자였던 자가 사망한 것으로 추정되어 유족연금 등의 급여가 지급된 후 해당 가입자 또는 가입자였던 자의 생존이 확인된 경우
4. 그 밖의 사유로 급여가 잘못 지급된 경우

② 공단은 제1항 제1호 및 제2호의 경우에는 대통령령으로 정하는 이자를 가산하여 환수하고, 납부 의무자의 귀책사유가 없는 경우에는 이자를 가산하지 아니한다(동조 제2항).

③ 공단은 환수금의 납부 의무자가 납부 기한까지 환수금을 내지 아니하면 제97조 제1항 및 제2항을 준용하여 연체금을 징수하며, 이 경우 "건강보험공단"은 "공단"으로, "연금보험료"는 "환수금"으로 본다. 다만, 천재지변이나 그 밖에 대통령령으로 정하는 부득이한 사유가 있는 경우에는 연체금을 징수하지 아니할 수 있다(동조 제3항).

④ 환수금 및 제3항에 따른 연체금(이하 "환수금등"이라 한다)의 납부 의무자에게 다른 급여의 수급권이 있거나 과오납금 등 반환받을 금액이 있으면 공단은 이를 환수금등에 충당할 수 있다(동조 제4항).

(2) 환수금등의 고지, 독촉 및 체납처분 등

① 공단은 환수금등을 징수하려면 기한을 정하여 환수금등의 금액 및 납부 기한 등을 적은 문서로써 납입의 고지를 하여야 하며, 납입의 고지는 전자문서로 할 수 있으며, 그 도달에 관하여는 제88조의2 제3항을 준용한다(법 제57조의2 제1항).

② 공단은 제1항에 따른 고지를 받은 자가 그 기한까지 환수금등을 내지 아니하면 기한을 정하여 대통령령으로 정하는 바에 따라 독촉하여야 하며, 독촉을 받은 자가 그 기한까지 환수금등을 내지 아니하면 보건복지부장관의 승인을 받아 국세 체납처분의 예에 따라 이를 징수할 수 있다(동조 제2·3항).

Ⅱ 노령연금

1. 노령연금 수급권자

① 가입기간이 10년 이상인 가입자 또는 가입자였던 자에 대하여는 60세(특수직종근로자는 55세)가 된 때부터 그가 생존하는 동안 노령연금을 지급한다(법 제61조 제1항).

② 가입기간이 10년 이상인 가입자 또는 가입자였던 자로서 55세 이상인 자가 대통령령으로 정하는 소득이 있는 업무에 종사하지 아니하는 경우 본인이 희망하면 60세가 되기 전이라도 본인이 청구한 때부터 그가 생존하는 동안 일정한 금액의 연금(이하 "조기노령연금"이라 한다)을 받을 수 있다(동조 제2항).

2. 지급의 연기에 따른 가산

① 노령연금의 수급권자로서 60세 이상 65세 미만인 사람(특수직종근로자는 55세 이상 60세 미만인 사람)이 연금지급의 연기를 희망하는 경우에는 1회에 한정하여 65세(특수직종근로자는 60세) 전까지의 기간에 대하여 그 연금의 전부 또는 일부의 지급을 연기할 수 있다(법 제62조 제2항).

② 연금 전부의 지급 연기를 신청한 수급권자가 연금의 지급을 희망하거나 65세(특수직종근로자는 60세)가 된 경우의 연금액은 지급의 연기를 신청한 때의 제63조 및 제66조 제3항에 따른 노령연금액(부양가족연금액은 제외)을 제51조 제2항에 따라 조정한 금액에 연기되는 매 1개월마다 그 금액의 1천분의 6을 더한 액으로 한다. 이 경우 1천분의 6에 해당하는 금액도 제51조 제2항에 따라 조정한다(동조 제2항).

③ 연금 일부의 지급 연기를 신청하려는 수급권자는 노령연금액 중 다음 각 호의 어느 하나에 해당하는 금액의 지급 연기를 신청할 수 있다(동조 제3항).

1. 노령연금액의 1천분의 500
2. 노령연금액의 1천분의 600
3. 노령연금액의 1천분의 700
4. 노령연금액의 1천분의 800
5. 노령연금액의 1천분의 900

④ 연금 일부의 지급 연기를 신청한 수급권자가 연금 전부의 지급을 희망하거나 65세가 된 경우의 노령연금액은 다음 각 호의 금액을 합산한 금액으로 한다(동조 제4항).

1. 노령연금액 중 지급 연기를 신청하지 아니한 금액을 제51조 제2항에 따라 조정한 금액
2. 노령연금액 중 지급 연기를 신청한 금액을 제51조 제2항에 따라 조정한 금액에 연기되는 매 1개월마다 그 금액의 1천분의 6을 더한 금액. 이 경우 1천분의 6에 해당하는 금액도 제51조 제2항에 따라 조정한다.

3. (완전)노령연금

(1) 원칙

국민연금 가입기간이 20년 이상이고, 연령이 60세때부터 지급한다(법 제63조 제1항 제1호).

(2) 예외

선원 및 광부 등 특수직종 근로자는 55세가 된 때에 완전노령연금을 지급한다(동조 제1항).

※ 완전노령연금=기본연금액의 100%+부양가족연금액

4. 감액노령연금

(1) 의의

가입기간이 10년 이상 20년 미만이고 가입자 또는 가입자였던 자에 대하여 60세(특수직종근로자는 55세)가 된 때부터 그가 생존하는 동안 노령연금액에서 일정한 금액을 뺀 연금을 지급한다(동조 제1항 제2호).

(2) 급여수준

1) 원칙

기본연금액의 1천분의 500에 해당하는 금액에 부양가족연금액을 더한 금액

2) 가산

가입기간이 10년을 초과하면 그 초과하는 1년(1년 미만일 경우에는 매 1월을 12분의 1년으로 계산)마다 기본연금액의 1천분의 50에 해당하는 금액을 가산

※ 감액노령연금=기본연금액×(0.5+0.05n)+부양가족연금액
* n : 국민연금 가입기간 10년을 초과하는 연수

5. 소득활동에 따른 노령연금

(1) 의의

노령연금 수급권자가 대통령령으로 정하는 소득이 있는 업무에 종사하면 60세 이상 65세 미만(특수직종근로자는 55세 이상 60세 미만)인 기간에는 노령연금액에서 다음 급여구분에 따른 금액을 뺀 금액을 지급한다. 이 경우 빼는 금액은 노령연금액의 2분의 1을 초과할 수 없다(법 제63조의2).

(2) 급여구분

① 초과소득월액(노령연금 수급권자의 소득월액에서 제51조 제1항 제1호에 따라 산정한 금액을 뺀 금액)이 100만원 미만인 사람 : 초과소득월액의 1천분의 50
② 초과소득월액이 100만원 이상 200만원 미만인 사람 : 5만원+(초과소득월액-100만원)×1천분의 100
③ 초과소득월액이 200만원 이상 300만원 미만인 사람 : 15만원+(초과소득월액-200만원)×1천분의 150

④ 초과소득월액이 300만원 이상 400만원 미만인 사람 : 30만원+(초과소득월액-300만원)×1천분의 200
⑤ 초과소득월액이 400만원 이상인 사람 : 50만원+(초과소득월액-400만원)×1천분의 250

6. 조기노령연금

(1) 의의

국민연금가입 기간이 10년 이상 이상인 가입자 또는 가입자였던 자로서 55세 이상인 자가 소득이 있는 업무에 종사하지 아니하는 경우 지급한다(법 제61조 제2항).

(2) 급여수준

수급연령별로 다음 각 호의 구분에 따른 비율(청구일이 연령도달일이 속한 달의 다음 달 이후인 경우에는 1개월마다 1천분의 5를 더한다)을 곱한 금액에 부양가족연금액을 더한 금액

1. 55세부터 지급받는 경우에는 1천분의 700
2. 56세부터 지급받는 경우에는 1천분의 760
3. 57세부터 지급받는 경우에는 1천분의 820
4. 58세부터 지급받는 경우에는 1천분의 880
5. 59세부터 지급받는 경우에는 1천분의 940

(3) 급여의 조정

① 소득이 있는 업무에 종사하게 되는 경우 그 기간에 해당하는 조기노령연금은 지급을 정지한다(법 제66조 제1항).
② 조기노령연금의 지급이 정지된 자가 그 후에 소득이 있는 업무에 종사하지 아니하게 되어 60세 도달 전에 다시 조기노령연금을 수급하게 되거나 60세에 도달한 경우의 조기노령연금은 다음 각 호와 같다(동조 제2항).

1. 지급 정지 전후의 가입기간을 합산하여 산정한 제63조 제1항에 따른 노령연금액(부양가족연금액을 제외한다)에 재 수급 당시의 제63조 제2항에 따른 연령별 비율에서 기 수급기간 1개월마다 1천분의 5를 뺀 비율을 곱한 금액에 부양가족연금액을 더한 금액
2. 제1호에 따른 조기노령연금액(부양가족연금액을 제외한다. 이하 이 호에서 같다)이 제1항에 따라 지급 정지되기 전의 조기노령연금액보다 적어지는 경우에는 지급 정지되기 전의 조기노령연금액

7. 분할연금청구권

(1) 의의

혼인기간이 5년 이상인 자가 이혼한 경우에 이혼한 배우자가 생존하는 동안 배우자였던 자의 노령연금액 중 혼인기간에 해당하는 연금액을 균등 분할하여 받을 수 있는 청구권으로서(법 제64조 제1항), 분할연금 수급권은 그 수급권을 취득한 후에 배우자였던 자에게 생긴 사유로 노령연금 수급권이 소멸·정지되어도 영향을 받지 아니한다(법 제65조 제1항).

(2) 수급요건 및 급여수준

수급요건	1. 배우자와 이혼하였을 것 2. 배우자였던 사람이 노령연금 수급권자일 것 3. 60세가 되었을 것 다만, 위의 요건을 모두 갖추게 된 때부터 5년 이내에 청구하여야 한다(법 제64조 제3항).
급여수준	분할연금액은 배우자였던 자의 노령연금액(부양가족연금액은 제외) 중 혼인 기간에 해당하는 연금액을 균등하게 나눈 금액으로 한다(법 제64조 제2항).

(3) 수급권의 조정

1) 원칙

수급권자에게 2 이상의 분할연금 수급권이 생기면 2 이상의 분할연금액을 합산하여 지급한다(법 제65조 제2항 본문).

2) 예외

2 이상의 분할연금 수급권과 다른 급여(노령연금은 제외)의 수급권이 생기면 그 2 이상의 분할연금 수급권을 하나의 분할연금 수급권으로 보고 본인의 선택에 따라 분할연금과 다른 급여 중 하나만 지급하고 선택하지 아니한 분할연금 또는 다른 급여의 지급은 정지된다(동조 제2항 단서).

3) 노령연금과의 관계

분할연금 수급권자는 유족연금을 지급할 때 노령연금 수급권자로 보지 아니하고, 분할연금 수급권자에게 노령연금 수급권이 발생한 경우에는 중복급여의 조정규정 제56조에도 불구하고 분할연금액과 노령연금액을 합산하여 지급한다(동조 제3·4항).

Ⅲ 장애연금

1. 수급권자

① 가입자 또는 가입자였던 자가 질병이나 부상으로 신체상 또는 정신상의 장애가 있고 다음 각 호의 요건을 모두 충족하는 경우에는 장애 정도를 결정하는 기준이 되는 날(이하 "장애결정 기준일"이라 한다)부터 그 장애가 계속되는 기간 동안 장애 정도에 따라 장애연금을 지급한다(법 제67조 제1항).

1. 해당 질병 또는 부상의 초진일 당시 연령이 18세(다만, 18세 전에 가입한 경우에는 가입자가 된 날을 말한다) 이상이고 노령연금의 지급 연령 미만일 것
2. 다음 각 목의 어느 하나에 해당할 것
   가. 해당 질병 또는 부상의 초진일 당시 연금보험료를 낸 기간이 가입대상기간의 3분의 1 이상일 것
   나. 해당 질병 또는 부상의 초진일 5년 전부터 초진일까지의 기간 중 연금보험료를 낸 기간이 3년 이상일 것. 다만, 가입대상기간 중 체납기간이 3년 이상인 경우는 제외한다.
   다. 해당 질병 또는 부상의 초진일 당시 가입기간이 10년 이상일 것

② 장애결정 기준일은 다음 각 호에서 정하는 날로 한다(동조 제2항).

1. 초진일부터 1년 6개월이 지나기 전에 완치일이 있는 경우 : 완치일
2. 초진일부터 1년 6개월이 지날 때까지 완치일이 없는 경우 : 초진일부터 1년 6개월이 되는 날의 다음 날
3. 제2호에 따른 초진일부터 1년 6개월이 되는 날의 다음 날에 장애연금의 지급 대상이 되지 아니하였으나, 그 후 그 질병이나 부상이 악화된 경우 : 장애연금의 지급을 청구한 날(제61조에 따른 노령연금 지급연령 전에 청구한 경우만 해당한다. 이하 이 조에서 "청구일"이라 한다)과 완치일 중 빠른 날
4. 제70조 제1항에 따라 장애연금의 수급권이 소멸된 사람이 장애연금 수급권을 취득할 당시의 질병이나 부상이 악화된 경우 : 청구일과 완치일 중 빠른 날

③ 장애연금의 지급 대상이 되는 경우에도 불구하고 다음 각 호의 어느 하나에 해당되는 경우에는 장애연금을 지급하지 아니하고, 장애 정도에 관한 장애등급은 1급, 2급, 3급 및 4급으로 구분하되, 등급 구분의 기준과 장애 정도의 심사에 관한 사항은 대통령령으로 정한다(동조 제3·4항).

1. 초진일이 제6조 단서에 따라 가입 대상에서 제외된 기간 중에 있는 경우
2. 초진일이 국외이주·국적상실 기간 중에 있는 경우
3. 제77조에 따라 반환일시금을 지급받은 경우

2. 장애연금 수준

장애급여는 장애정도에 따라 장애연금(1~3급)과 장애일시보상금(4급)으로 지급한다(법 제68조).

1. 장애등급 1급에 해당하는 자에 대하여는 기본연금액에 부양가족연금액을 더한 금액
2. 장애등급 2급에 해당하는 자에 대하여는 기본연금액의 1천분의 800에 해당하는 금액에 부양가족연금액을 더한 금액
3. 장애등급 3급에 해당하는 자에 대하여는 기본연금액의 1천분의 600에 해당하는 금액에 부양가족연금액을 더한 금액
4. 장애등급 4급에 해당하는 자에 대하여는 기본연금액의 1천분의 2천250에 해당하는 금액을 일시보상금으로 지급

3. 장애의 중복 조정

장애연금 수급권자에게 다시 장애연금을 지급하여야 할 장애가 발생한 때에는 전후의 장애를 병합한 장애 정도에 따라 장애연금을 지급한다. 다만, 전후의 장애를 병합한 장애 정도에 따른 장애연금이 전의 장애연금보다 적으면 전의 장애연금을 지급한다(법 제69조).

4. 장애연금액의 변경 등

① 공단은 장애연금 수급권자의 장애 정도를 심사하여 장애등급이 다르게 되면 그 등급에 따라 장애연금액을 변경하고, 장애등급에 해당되지 아니하면 장애연금 수급권을 소멸시키고(법 제70조 제1항), 장애연금의 수급권자는 그 장애가 악화되면 공단에 장애연금액의 변경을 청구할 수 있다(동조 제2항).

② 장애정도를 결정할 때에는 완치일을 기준으로 하며, 다음 각 호의 구분에 따른 날까지 완치되지 않은 경우에는 그 해당하는 날을 기준으로 장애 정도를 결정한다(동조 제3항).

1. 제1항의 경우 : 장애 정도의 변화개연성에 따라 공단이 지정한 주기가 도래한 날이 속하는 달의 말일 등 대통령령으로 정하는 날
2. 제2항의 경우 : 수급권자가 장애연금액의 변경을 청구한 날

③ 이 규정은 60세 이상인 장애연금 수급권자에 대하여는 적용하지 아니한다(동조 제4항).

5. 일시보상금에 대한 평가

일시보상금 수급권자에게 중복급여의 조정, 장애의 중복 조정, 장애연금액의 변경 및 소멸시효를 적용할 때에는 일시보상금 지급 사유 발생일이 속하는 달의 다음 달부터 기본연금액의 1천분의 400을 12로 나눈 금액이 67개월 동안 지급된 것으로 본다(법 제71조).

Ⅳ 유족연금

1. 의의

① 유족연금은 다음 각 호의 어느 하나에 해당하는 자가 **사망하면 그 유족에게 유족연금을 지급한다**. 다만, **가입기간이 1년 미만인 가입자가 질병이나 부상으로 사망하면 가입 중에 생긴 질병이나 부상으로 사망한 경우에만 유족연금 지급**한다(법 제72조 제1항).

1. 노령연금 수급권자
2. 가입기간이 10년 이상인 가입자 또는 가입자였던 자
3. 연금보험료를 낸 기간이 가입대상기간의 3분의 1 이상인 가입자 또는 가입자였던 자
4. 사망일 5년 전부터 사망일까지의 기간 중 연금보험료를 낸 기간이 3년 이상인 가입자 또는 가입자였던 자. 다만, 가입대상기간 중 체납기간이 3년 이상인 사람은 제외한다.
5. 장애등급이 2급 이상인 장애연금 수급권자

② 제1항에도 불구하고 같은 항 제3호 또는 제4호에 해당하는 사람이 다음 각 호의 기간 중 사망하는 경우에는 유족연금을 지급하지 아니한다(동조 제2항).

1. 제6조 단서에 따라 가입 대상에서 제외되는 기간
2. 국외이주·국적상실 기간

2. 유족의 범위

유족연금을 지급받을 수 있는 유족은 제72조 제1항 각 호의 **사람이 사망할 당시**(「민법」 제27조 제1항에 따른 실종선고를 받은 경우에는 실종기간의 개시 당시를, 같은 조 제2항에 따른 실종선고를 받은 경우에는 사망의 원인이 된 위난 발생 당시를 말한다) **그에 의하여 생계를 유지하고 있던** 다음 각 호의 자로 한다. 이 경우 가입자 또는 가입자였던 자에 의하여 생계를 유지하고 있던 자에 관한 인정 기준은 대통령령으로 정한다(법 제73조).

1. 배우자
2. 자녀. 다만, 25세 미만이거나 장애등급 2급 이상인 자만 해당한다.
3. 부모(배우자의 부모를 포함한다. 이하 이 절에서 같다). 다만, 60세 이상이거나 장애등급 2급 이상인 자만 해당한다.
4. 손자녀. 다만, 19세 미만이거나 장애등급 2급 이상인 자만 해당한다.
5. 조부모(배우자의 조부모를 포함). 다만, 60세 이상이거나 장애등급 2급 이상인 자만 해당한다.

3. 유족연금의 지급방법

유족연금은 **배우자 → 자녀 → 부모 → 손자녀 → 조부모의 순위에 의하고, 최우선 순위자에게만 지급**하고, 최우선 유족의 수급권이 소멸되거나 정지된 경우에는 **다음 순위의 유족에게 지급**하며, **같은 순위의 유족이 2명 이상인 경우에는 그 유족연금액을 똑같이 나누어 지급**한다(법 제73조).

> ※ 같은 순위의 유족이 2명 이상인 경우 지급 방법(영 제40조)
>
> 1. 같은 순위자 중 1명이 한 청구는 그가 지급받을 부분에 대하여 청구한 것으로 본다.
> 2. 같은 순위자나 그의 법정대리인이 같은 순위자 전부 또는 일부의 급여를 지급받을 대표자를 선정하면 그 대표자가 같은 순위자 전부 또는 일부에 해당하는 미지급급여를 청구할 수 있다.

4. 급여의 내용

(1) 유족연금액

가입기간에 따라 다음 각 호의 금액에 부양가족연금액을 더한 금액으로 한다(법 제74조).

급여 수준	1. 가입기간이 10년 미만이면 기본연금액의 1천분의 400에 해당하는 금액 2. 가입기간이 10년 이상 20년 미만이면 기본연금액의 1천분의 500에 해당하는 금액 3. 가입기간이 20년 이상이면 기본연금액의 1천분의 600에 해당하는 금액
한도	노령연금 수급권자가 사망한 경우의 유족연금액은 사망한 자가 지급받던 노령연금액을 초과 불가

(2) 사망일시금

① 가입자 또는 가입자였던 자가 **사망한 때에 유족이 없으면 그 배우자・자녀・부모・손자녀・조부모 또는 형제자매에게 사망일시금을 지급**한다. 다만, 가입자 또는 가입자였던 자가 사망한 때에 **실종 등으로 인하여 행방을 알 수 없는 자에게는 사망일시금을 지급하지 아니하며**, 배우자・자녀・부모・손자녀・조부모 또는 형제자매가 없는 경우에는 **4촌 이내의 방계혈족으로서 가입자 또는 가입자였던 자에 의하여 생계를 유지하고 있던 자에게만 사망일시금을 지급**한다(법 제80조 제1항).

② 사망일시금은 최우선 순위자인 유족에게 지급되고, 가입자 또는 가입자였던 자의 반환일시금에 상당하는 금액으로 하되, 그 금액은 사망한 가입자 또는 가입자였던 자의 최종 기준소득월액을 연도별 재평가율에 따라 사망일시금 수급 전년도의 현재가치로 환산한 금액과 가입기간 중 기준소득월의 평균액 중에서 많은 금액의 4배를 초과하지 못한다(동조 제2항).

③ **사망일시금을 받을 자의 순위는 배우자・자녀・부모・손자녀・조부모・형제자매 및 4촌**

<u>이내의 방계혈족순으로 한다</u>. 이 경우 순위가 같은 사람이 2명 이상이면 똑같이 나누어 지급하되, 지급방법은 대통령령으로 정한다(동조 제3항).

④ 유족연금수급권이 소멸할 때까지 지급받은 **<u>유족연금액이 사망일시금액보다 적을 때에는 그 차액을 일시금으로 지급</u>**한다(법 제81조).

5. 유족연금의 소멸 및 지급정지

(1) 소멸사유

① 유족연금 수급권자가 다음 각 호의 어느 하나에 해당하게 되면 그 수급권은 소멸한다(법 제75조 제1항).

1. 수급권자가 <u>사망한 때</u>
2. 배우자인 수급권자가 <u>재혼한 때</u>
3. 자녀나 손자녀인 <u>수급권자가 파양된 때</u>
4. <u>장애등급 2급 이상에 해당하지 아니한 자녀인 수급권자가 25세가 된 때 또는 장애등급 2급 이상에 해당하지 아니한 손자녀인 수급권자가 19세가 된 때</u>

② <u>부모, 손자녀 또는 조부모인 유족의 유족연금 수급권은</u> 가입자 또는 가입자였던 사람이 사망할 당시에 그 가입자 또는 가입자였던 <u>사람의 태아가 출생하여 수급권을 갖게 되면 소멸한다</u>(동조 제3항).

(2) 지급정지

1) 원칙

<u>유족연금의 수급권자인 배우자는 수급권이 발생한 때부터 3년 동안 유족연금을 지급한 후 55세가 될 때까지 유족연금의 지급을 정지한다</u>(법 제76조 제1항 본문).

2) 예외

수급권자가 **<u>① 장애등급이 2급 이상인 경우</u>**, ② 가입자 또는 가입자였던 자의 25세 미만인 자녀 또는 장애등급 2급 이상인 자녀의 생계를 유지한 경우, ③ 대통령령으로 정하는 소득이 있는 업무에 종사하지 아니하는 경우에는 지급을 정지하지 아니한다(동조 제1항 단서).

3) 소재불명 경우

유족연금의 수급권자인 ① 배우자의 소재를 1년 이상 알 수 없는 때에는 유족인 자녀의 신청에 의하여, ② 배우자 외의 자에 대한 유족연금의 수급권자가 2명 이상인 경우 그 수급권자 중에서 1년 이상 소재를 알 수 없는 자가 있는 경우에는 다른 수급권자의 신청에 따라 그 소재 불명의 기간에 해당하는 기간 동안 유족연금의 지급이 정지한다. 다만, 유족연금의 지급이 정지된 자의 소재가 확인된 경우에는 본인의 신청에 의하여 지급 정지를 해제한다(동조 제3·4항).

4) 입양 및 파양된 경우

자녀나 손자녀인 수급권자가 다른 사람에게 입양된 때에는 그에 해당하게 된 때부터 유족연금의 지급을 정지하고, 유족연금의 지급이 정지된 자가 파양된 경우에는 본인의 신청에 의하여 파양된 때부터 지급 정지를 해제한다(동조 제5·6항).

5) 장애등급이 2급 이상 해당하지 아니한 경우

장애로 수급권을 취득한 자가 장애등급 2급 이상에 해당하지 아니하게 된 때에는 그에 해당하게 된 때부터 유족연금의 지급을 정지하고, 유족연금의 지급이 정지된 자가 그 질병이나 부상이 악화되어 장애등급 2급 이상에 해당하게 된 경우에는 본인의 신청에 의하여 장애등급 2급 이상에 해당하게 된 때부터 지급 정지를 해제한다(동조 제7·8항).

V 반환일시금

1. 의의

반환일시금은 가입자 또는 가입자이었던 자가 가입기간이 10년 미만인 자가 60세가 되거나 사망한 경우 등 유족연금의 대상이 되지 않는 수급권자에게 일시금을 지급받을 수 있다(법 제77조 제1항).

2. 지급사유

1. 가입기간이 10년 미만인 자가 60세가 된 때
2. 가입자 또는 가입자였던 자가 사망한 때(유족연금이 지급되는 경우에는 제외)
3. 국적을 상실하거나 국외로 이주한 때

3. 반환일시금의 수준

가입자 또는 가입자였던 자가 납부한 연금보험료(사업장가입자 또는 사업장가입자였던 자의 경우에는 사용자의 부담금 포함)에 대통령령으로 정하는 이자(해당 기간의 3년 만기 정기예금 이자율을 곱하여 산정)를 더한 금액으로 한다(법 제77조 제2항).

4. 반환일시금 반납

반환일시금을 받은 자로서 다시 가입자격을 취득한 때에는 이미 지급받은 반환일시금에 대통령령이 정하는 이자를 더한 금액(이하 "반납금"이라 한다)을 공단에 낼 수 있고, 그 반납금을 낸 경우에는 이에 상응하는 기간은 가입기간에 넣어 계산한다(법 제78조 제1~3항).

5. 반환일시금 수급권의 소멸

반환일시금의 수급권은 다음 각 호의 어느 하나에 해당하면 소멸한다(법 제79조).

1. 수급권자가 다시 가입자로 된 때
2. 수급권자가 노령연금의 수급권을 취득한 때
3. 수급권자가 장애연금의 수급권을 취득한 때
4. 수급권자의 유족이 유족연금의 수급권을 취득한 때

Ⅵ 급여 제한 등

1. 급여의 제한과 정지

(1) 급여의 제한

① 가입자 또는 가입자였던 자가 고의로 질병·부상 또는 그 원인이 되는 사고를 일으켜 장애를 입은 경우에는 장애연금(법 제82조 제1항), 고의나 중대한 과실로 요양 지시에 따르지 아니하거나 정당한 사유 없이 요양 지시에 따르지 아니하여 다음 각 호의 어느 하나에 해당하게 되는 경우에는 급여의 전부 또는 일부를 지급하지 아니할 수 있다(동조 제2항).

1. 장애를 입거나 사망한 경우
2. 장애나 사망의 원인이 되는 사고를 일으킨 경우
3. 장애를 악화시키거나 회복을 방해한 경우

② 장애연금 수급권자가 고의 또는 중대한 과실로 요양지시에 따르지 아니하거나 정당한 사유 없이 요양지시에 따르지 아니하여 장애를 악화시키거나 회복을 방해한 경우에는 장애등급 변경에 따른 장애연금액을 변경하지 아니할 수 있다(법 제83조).

(2) 급여의 금지

다음 각 호의 어느 하나에 해당하는 사람에게는 사망에 따라 발생되는 유족연금, 미지급급여, 반환일시금 및 사망일시금(이하 "유족연금등"이라 한다)을 지급하지 아니한다(동조 제3항).

1. 가입자 또는 가입자였던 자를 고의로 사망하게 한 유족
2. 유족연금의 수급권자가 될 수 있는 자를 고의로 사망하게 한 유족
3. 다른 유족연금 등의 수급권자를 고의로 사망하게 한 유족연금등의 수급권자

※ 유족연금의 지급제한과 연금보험료 미납에 따른 지급제한 규정 → 삭제(2016.5.29.)

(3) 급여의 정지

다음 각 호의 어느 하나에 해당하면 급여의 전부 또는 일부의 지급을 정지(법 제86조 제1항).

1. 수급권자가 정당한 사유 없이 공단의 서류, 그 밖의 자료 제출 요구에 응하지 아니한 때
2. 장애연금 또는 유족연금의 수급권자가 정당한 사유 없이 공단의 진단 요구 또는 확인에 응하지 아니한 때
3. 장애연금 수급권자가 고의나 중대한 과실로 요양 지시에 따르지 아니하거나 정당한 사유 없이 요양 지시에 따르지 아니하여 회복을 방해한 때
4. 수급권자가 정당한 사유 없이 가입자자격·연금보험료·수급권의 발생과 변경 등에 관련된 사항으로서 보건복지부령으로 정하는 사항을 신고하지 아니한 때

2. 다른 법률과의 관계

장애연금 또는 유족연금의 수급권자가 이 법에 따른 장애연금 또는 유족연금의 **지급 사유와 같은 사유로 다음 각 호의 어느 하나에 해당하는 급여를 받을 수 있는 경우에는 장애연금액이나 유족연금액은 그 2분의 1에 해당하는 금액만 지급**한다(법 제113조).

1. 「근로기준법」에 따른 장해보상, 유족보상 또는 일시보상
2. 「산재법」 장해급여, 유족급여, 진폐보상연금 또는 진폐유족연금
3. 「선원법」 장해보상, 일시보상 또는 유족보상
4. 「어선원 및 어선 재해보상보험법」 장해급여, 일시보상급여 또는 유족급여

제5장 보험료

I 연금보험료

1. 연금보험료의 산정

(1) 연금보험료의 산정방법

보건복지부장관은 국민연금사업 중 연금보험료의 징수에 관하여 이 법에서 정하는 사항을 건강보험공단에 위탁하며, 공단은 국민연금사업에 드는 비용에 충당하기 위하여 가입자와 사용자에게 가입기간 동안 매월 연금보험료를 부과하고, 건강보험공단이 이를 징수한다(법 제88조 제1·2항). 연금보험료는 가입자의 기준소득월액과 연금보험료율을 곱하여 산정한다.

연금보험료=가입자의 기준소득월액×연금보험료율

(2) 보험료율

① 기준소득월액의 1천분의 90으로 하며, 공단은 기준소득월액 정정 등의 사유로 당초 징수 결정한 금액을 다시 산정함으로써 연금보험료를 추가로 징수하여야 하는 경우 가입자 또는 사용자에게 그 추가되는 연금보험료를 나누어 내도록 할 수 있다(법 제88조 제3·4항).

② 연금보험료 납부 대상자와 내용

납부 대상자	내용
사업장가입자	기여금은 가입자 본인이 부담하고 부담금은 사용자가 부담하고 부담금액은 각각 기준소득월액 1천분의 45이다.
지역가입자·임의가입자 및 임의계속가입자	전액 본인이 부담하고 금액은 기준소득월액의 1천분의 90이다.

2. 연금보험료의 납부 및 징수

(1) 연금보험료의 납입고지

① 건강보험공단은 연금보험료의 금액, 납부 기한, 납부 장소 등을 적은 문서로써 납입의 고지를 하여야 하며, 다만, 연금보험료를 자동 계좌이체의 방법으로 내는 기간 동안에는 생

략할 수 있고, 건강보험공단은 납부 의무자의 신청이 있는 경우에는 납입의 고지를 전자문서교환방식 등에 의하여 전자문서로 할 수 있다(법 제88조의2 제1·2항).

② 건강보험공단은 전자문서로 고지한 경우 정보통신망에 저장하거나 납부 의무자가 지정한 전자우편주소에 입력된 때에 그 납부 의무자에게 도달된 것으로 보며, 연금보험료를 연대하여 납부하여야 하는 자 중 1명에게 한 고지는 다른 연대 납부 의무자에게도 효력이 있다(동조 제3·4항).

③ 사업장가입자의 연금보험료는 가입자가 부담할 기여금을 매월 임금에서 공제하여 납부, 사업장가입자 이외의 연금보험료는 가입자가 납부하여야 하고(제90조), 납부의무자는 다음 달 10일까지 내야하고, 농어업인은 본인의 신청에 의하여 분기별 연금보험료를 해당 분기의 다음 달 10일까지 낼 수 있다(법 제89조 제1항).

(2) 미납보험료의 징수

① 건강보험공단은 <u>보험료 미납시 10일 이상의 납부기한을 정하여 독촉장을 발부</u>. 이 경우 연대하여 납부하는 자 중 1명에게 한 독촉은 다른 연대납부의무자에게도 효력이 있다(법 제95조 제1~3항).

② 독촉을 받은 자가 납부기한까지 연금보험료 등을 납부하지 않은 경우에는 연금공단은 장관의 승인을 얻어 국세체납처분의 예에 따라 징수하고, 이 경우 징수한 금액이 체납된 연금보험료와 그에 따른 징수금에 미치지 못하는 경우에는 그 징수한 금액을 연금보험료와 그에 따른 징수금에 충당하여야 한다(동조 제4항).

(3) 연체금의 징수와 과오납금의 충당과 반환

① 건강보험공단은 연금보험료의 납부 의무자가 납부 기한까지 연금보험료를 내지 아니하면 그 납부 기한이 경과한 날부터 매 1일이 경과할 때마다 체납된 연금보험료의 1천분의 1에 해당하는 금액을 가산한 연체금을 징수한다. 이 경우 연체금은 체납된 연금보험료의 1천분의 30을 초과하지 못한다(법 제97조 제1항).

② 건강보험공단은 연금보험료의 납부 의무자가 체납된 연금보험료를 내지 아니하면 납부기한 후 30일이 경과한 날부터 매 1일이 경과할 때마다 체납된 연금보험료의 3천분의 1에 해당하는 연체금을 제1항에 따른 연체금에 가산하여 징수한다. 이 경우 연체금은 체납된 연금보험료의 1천분의 90을 초과하지 못한다(동조 제2항).

③ 공단은 연금보험료, 연체금, 체납처분비에서 발생한 과오납금이 있으면 대통령령으로 정하는 바에 따라 그 과오납금을 연금보험료나 그 밖의 이 법에 따른 징수금에 충당하여야 하고, 충당하고 남은 금액이 있는 경우 공단은 이를 반환결정하여야 하고, 건강보험공단

은 대통령령으로 정하는 바에 따라 지급하여야 한다(법 제100조).

구분	내용
과오납금의 충당 (영 제73조 제1항)	1. 체납처분비 2. 환수금과 법 제57조 제3항에 따른 연체금 3. 미납된 연금보험료와 법 제97조에 따른 연체금 4. 앞으로 내야 할 1개월분의 연금보험료. 다만, 과오납금의 나머지 금액을 반환받을 수 있는 자의 의사에 반하여는 충당할 수 없음.
과오납금의 반환 순서 : 충당후 잔여액 (영 제73조 제2항)	1. 납부의무자 2. 법 제73조에 따른 유족연금 수급권자 3. 납부의무자의 상속인

3. 연금보험료의 추후납부와 예외

(1) 연금보험료의 추후납부

① 보험료를 납부할 수없는 부득이한 사유가 있는 때에는 예외적으로 보험료의 전부 또는 일부를 추후에 납부를 신청할 수 있다(법 제92조 제1항).

※ 추후납부 사유(법 제92조 제1항)

1. 연금보험료를 최초로 납부한 이후에 제9조 제1호, 제4호 또는 제5호에 따라 연금보험료를 내지 아니한 기간
2. 제91조 제1항에 따라 연금보험료를 내지 아니한 기간
3. 「병역법」 제3조에 따른 병역의무를 마친 후 가입자의 자격을 취득한 자 : 해당 병역의무를 수행한 기간(「공무원연금법」, 「사립학교교직원 연금법」, 「별정우체국법」에 따른 재직 기간에 포함된 기간, 「군인연금법」에 따른 복무 기간에 포함된 기간 및 1988년 1월 1일 전에 병역의무를 수행한 기간은 제외한다)

② 추납보험료는 분할하여 납부할 수 있는데 이 경우 대통령령으로 정하는 이자를 가산하고, 추납보험료를 낸 경우에는 그에 상응하는 기간은 가입기간에 산입한다(동조 제4·5항).

③ 국세·지방세·그 밖의 공과금이 체납되어 체납처분을 받은 때, 강제집행을 받은 때, 파산 선고를 받은 때, 경매가 개시된 때, 법인이 해산한 때 연금공단은 납부기일 이전이라도 연금보험료를 징수할 수 있다(법 제94조).

(2) 연금보험료의 납부예외사유

보험료를 다음 각호의 납부할 수 없는 부득이한 사유가 있는 경우에는 그 기간에는 내지 아니할 수 있고, 연금보험료를 내지 아니한 기간은 가입기간에 산입하지 아니한다(법 제91조).

※ 연금보험료 납부예외 사유(법 제91조 제1항)

① 사업 중단, 실직 또는 휴직 중인 경우
② 「병역법」 제3조에 따른 병역의무를 수행하는 경우
③ 「초·중등교육법」 제2조나 「고등교육법」 제2조에 따른 학교에 재학 중인 경우
④ 「형의 집행 및 수용자의 처우에 관한 법률」 제11조에 따라 교정시설에 수용 중인 경우
⑤ 종전의 「사회보호법」에 따른 보호감호시설이나 「치료감호법」에 따른 치료감호시설에 수용 중인 경우
⑥ 1년 미만 행방불명된 경우. 이 경우 행방불명의 인정 기준 및 방법은 대통령령으로 정한다.
⑦ 재해·사고 등으로 소득이 감소되거나 그 밖에 소득이 있는 업무에 종사하지 아니하는 경우로서 대통령령으로 정하는 경우

Ⅱ 국민연금기금 및 국고 부담

1. 국민연금기금

보건복지부장관은 국민연금사업에 필요한 재원을 원활하게 확보하고, 이 법에 따른 급여에 충당하기 위한 책임준비금으로서 국민연금기금을 설치하고, 그 기금은 다음 각 호의 재원으로 조성한다(법 제101조 제1·2항).

※ 기금의 조성(법 제101조 제2항)

1. 연금보험료
2. 기금 운용 수익금
3. 적립금
4. 공단의 수입지출 결산상의 잉여금

2. 국고 부담

국가는 매년 공단 및 건강보험공단이 국민연금사업을 관리·운영하는 데에 **필요한 비용의 전부 또는 일부를 부담한다**(법 제87조).

제6장 국민연금의 수급권보호

I 수급권의 보호 및 권리구제

1. 수급권 등의 보호제도

(1) 수급권 보호

수급권은 양도·압류하거나 담보로 제공할 수 없고, 수급권자에게 지급된 급여로서 대통령령으로 정하는 금액(150만원) 이하의 급여는 압류할 수 없으며, 급여수급전용계좌에 입금된 급여와 이에 관한 채권은 압류할 수 없다(법 제58조 제1~3항).

(2) 미납금의 공제 지급

① 가입자 또는 가입자였던 자가 수급권을 취득하거나 사망한 경우 제46조에 따라 대여한 자금의 상환금에 관한 채무가 있으면 이를 이 법에 따른 급여(사망일시금을 포함하고 지급이 정지된 급여는 제외한다)에서 공제할 수 있고, 공제한 금액은 그 액수만큼 수급권자에게 지급된 것으로 본다. 다만, 이 법에 따른 급여 중 연금급여(제68조 제2항에 따라 일시보상금으로 지급되는 장애연금은 제외한다)의 수급권자에 대하여는 해당 연금월액의 2분의 1을 초과하여 공제할 수 없다(법 제59조 제1·3항).

② 제1항에 따라 해당 상환금에 관한 채무를 공제하려면 20일 이상의 기한을 정하여 문서로 그 채무의 변제를 최고하여야 하며, 그 기한까지 채무를 변제하지 아니하면 해당 급여에서 공제할 것임을 미리 수급권자에게 통지하여야 한다(동조 제2항).

(3) 조세와 그 밖의 공과금 면제

이 법에 따른 급여로 지급된 금액에 대하여는 「조세특례제한법」이나 그 밖의 법률 또는 지방자치단체가 조례로 정하는 바에 따라 조세, 그 밖에 국가 또는 지방자치단체의 공과금을 감면한다(법 제60조).

(4) 근로자의 권익보호

사용자는 근로자가 가입자로 되는 것을 방해하거나 부담금의 증가를 기피할 목적으로 정당한 사유 없이 근로자의 승급 또는 임금 인상을 하지 아니하거나 해고나 그 밖의 불리한 대우를 하여서는 아니 된다(법 제119조).

2. 권리구제

(1) 심사청구

1) 심사대상

가입자의 자격, 기준소득월액, 연금보험료, 그 밖의 이 법에 따른 징수금과 급여에 관한 공단 또는 건강보험공단의 처분처분에 이의가 있는 자는 그 처분을 한 공단 또는 건강보험공단에 심사청구를 할 수 있다(법 제108조 제1항).

2) 청구기간

심사청구는 그 처분이 있음을 안 날로부터 90일 이내, 처분이 있는 날로부터 180일 이내에 문서(전자정부법에 따른 전자문서 포함)로 청구하여야 하며, 정당한 사유로 그 기간에 심사청구를 할 수 없었음을 증명하면 그 기간이 지난 후에도 심사청구를 할 수 있다(동조 제2항).

(2) 재심사청구

심사위원회의 심사청구에 대한 결정에 불복하는 자는 그 결정통지를 받은 날부터 90일 이내에 국민연금재심사위원회에 재심사를 청구할 수 있다(법 제110조).

(3) 행정소송

심사위원회 또는 재심사위원회의 결정에 불복이 있는 자는 공단을 상대로 행정소송을 제기할 수 있다.

(4) 소멸시효

① 3년 : 연금보험료, 환수금, 징수금의 징수 또는 환수할 수 있는 연금공단 소멸시효
② 5년 : 급여(가입기간이 10년 미만인 자가 60세가 된 때에 따른 반환일시금은 제외)를 받거나 과오납금을 반환받을 수급권자 또는 가입자 등의 권리
③ 10년 : 가입기간이 10년 미만인 자가 60세가 된 때에 따른 반환일시금을 받을 권리

① 급여를 지급받을 권리는 그 급여 전액에 대하여 지급이 정지되어 있는 동안은 시효가 진행되지 아니하고, 연금보험료나 그 밖의 이 법에 따른 징수금 등의 납입 고지, 독촉과 급여의 지급 또는 과오납금 등의 반환청구는 소멸시효 중단의 효력을 가지며, 중단된 소멸시효는 납입 고지나 독촉에 따른 납입 기간이 지난 때부터 새로 진행된다(동조 제2~4항).

② 급여의 지급이나 과오납금 등의 반환청구에 관한 기간을 계산할 때 그 서류의 송달에 들어간 일수는 그 소멸시효 기간에 산입하지 아니한다(동조 제5항).

Ⅱ 국민연금의 실효성 확보

1. 국가의 감독권한

국민연금의 관장자는 보건복지부 장관이나, 국민연금의 관리 및 운영을 효율적으로 수행하기 위하여 연금공단에게 위탁 운영하고 있다. 연금공단은 국가의 감독을 받는 공법인이므로 자치행정의 원칙이 적용되는 자율적인 조직이 아니다. 따라서 연금공단의 국민연금의 운영에 관하여 보건복지부는 관리감독권을 행사함으로써 국민연금제도의 적정성을 기하고 있다.

2. 신고의무 및 자료요청

① 가입자, 가입자였던 자 또는 수급권자는 가입자자격 · 연금보험료 · 수급권의 발생과 변경 등에 관련된 사항을 연금공단 또는 사용자에게 신고하거나 통보해야 한다. 가입자 또는 가입자였던 자 또는 수급권자가 사망한 경우에는 신고의무자는 1개월 이내에 그 사실을 연금공단에 신고해야 한다(법 제121조).

② 연금공단은 국가 · 지방자치단체 · 그 밖의 공공단체 등에 대하여 국민연금사업과 관련하여 필요한 자료를 요청할 수 있으며, 요청받은 기관은 특별한 사유가 없는 한 요청받은 자료를 연금공단에 제공해야 한다(법 제123조 제1항).

3. 연금공단의 조사 · 질문권

① 국민연금법은 가입자 등에 대한 정확한 이력관리를 위해 사용자 · 가입자 · 가입자이었던 자 또는 수급권자에게 자료제출을 요구하거나 관계인 등에게 조사 및 질문 등을 할 수 있는 권한을 연금공단에게 부여하고 있다.

② 연금공단은 가입자의 자격, 기준소득월액, 연금보험료 또는 급여에 관한 결정 등이나 수급권 또는 급여의 발생 · 변경 · 소멸 · 정지 등에 관한 확인을 위하여 필요하다고 인정되는 경우에는 사용자, 가입자, 가입자였던 자 또는 수급권자에게 필요한 서류나 그 밖의 소득 · 재산 등에 관한 자료를 제출하도록 요구하거나 소속 직원으로 하여금 사업장이나 그 밖의 필요한 장소에 출입하여 서류 등을 조사하거나 관계인에게 필요한 질문을 하게 할 수 있다(법 제122조 제1항).

4. 소득축소 · 탈루자료 통보 등

국민연금의 건전한 재정을 확보하기 위해서는 무엇보다도 가입자 등에 대한 정확한 소득파악이 선행되어야 한다. 이 법은 가입자의 소득 및 재산상황을 신고하도록 하고, 가입자의 소득월액 또는 재산상황 등 신고한 내용이 축소 또는 탈루가 인정되는 경우에는 보건복지부장관에게 보고하고 소득축소 또는 탈루혐의 자료를 문서로 작성하여 국세청장에게 통보하고, 국세청장은 관련 법률에 따라 세무조사를 실시한 경우에는 그 조사 결과 중 소득에 관한 사항을 연금공단에 통보하도록 규정하고 있다(법 제125조).

1차 공인노무사
시/험/대/비

CHAPTER

7

고용보험 및 산업재해보상보험의 보험료징수 등에 관한 법률

제1장 총 칙

제2장 보험관계의 성립 및 소멸

제3장 보험료

제1절 고용보험료

제2절 산업재해보상보험료

제4장 보험사무 대행기관

제5장 보 칙

제6장 벌 칙

제1장 총 칙

I 목 적

이 법은 고용보험과 산업재해보상보험의 보험관계의 성립·소멸, 보험료의 납부·징수 등에 필요한 사항을 규정함으로써 보험사무의 효율성을 높이는 것을 목적으로 한다(법 제1조).

II 정 의

① "보험"이란 「고용보험법」에 따른 고용보험 또는 「산재법」에 따른 산업재해보상보험을 말한다.
② "근로자"란 「근로기준법」에 따른 근로자를 말한다.
③ "보수"란 「소득세법」 제20조에 따른 근로소득에서 대통령령으로 정하는 금품을 뺀 금액을 말한다. 다만, 제13조 제1항 제1호에 따른 고용보험료를 징수하는 경우에는 근로자가 휴직이나 그 밖에 이와 비슷한 상태에 있는 기간 중에 사업주 외의 자로부터 지급받는 금품 중 고용노동부장관이 정하여 고시하는 금품은 보수로 본다.
④ "원수급인"이란 사업이 여러 차례의 도급에 의하여 행하여지는 경우에 최초로 사업을 도급받아 행하는 자를 말한다. 다만, 발주자가 사업의 전부 또는 일부를 직접 하는 경우에는 발주자가 직접 하는 부분(발주자가 직접 하다가 사업의 진행경과에 따라 도급하는 경우에는 발주자가 직접 하는 것으로 본다)에 대하여 발주자를 원수급인으로 본다.
⑤ "하수급인"이란 원수급인으로부터 그 사업의 전부 또는 일부를 도급받아 하는 자와 그 자로부터 그 사업의 전부 또는 일부를 도급받아 하는 자를 말한다.
⑥ "정보통신망"이란 「정보통신망 이용촉진 및 정보보호 등에 관한 법률」에 따른 정보통신망을 말한다.
⑦ "보험료등"이란 보험료, 이 법에 따른 가산금·연체금·체납처분비 및 징수금을 말한다(법 제2조).

III 기준보수

1. 산정사유

사업의 폐업·도산 등으로 보수를 산정·확인하기 곤란한 경우 또는 대통령령이 정하는 사유(① 보수관련자료가 없거나 불명확한 경우, ② 사업 또는 사업장의 이전 등으로 인하여 사업의 소재지 파악이 곤란한 경우)에 **해당하는 경우 고용노동부장관이 정하여 고시하는 금액**(이하 "기준보수"라 한다)**을 보수로 할 수 있다**(법 제3조 제1항).

2. 산정방법

기준보수는 사업의 규모, 근로형태 및 보수수준 등을 고려하여 「고용보험법」 제7조에 따른 고용보험위원회의 심의를 거쳐 시간 · 일 또는 월 단위로 정하되, 사업의 종류별 또는 지역별로 구분하여 정할 수 있다(동조 제1항).

1. 통상근로자로서 월정액으로 보수를 지급받는 근로자에게는 월단위 기준보수를 적용한다.
2. 단시간근로자, 근로시간에 따라 보수를 지급받는 근로자("시간급근로자"라 한다), 근로일에 따라 일당 형식의 보수를 지급받는 근로자("일급근로자"라 한다)에게는 주당 소정근로시간을 실제 근로한 시간으로 보아 시간단위 기준보수를 적용한다. 다만, 시간급근로자 또는 일급근로자임이 명확하지 아니하거나 주당 소정근로시간을 확정할 수 없는 경우에는 월단위 기준보수를 적용한다.

Ⅳ 사업의 수행주체

수행주체	수행업무(법 제4조)
근로복지공단	고용노동부장관의 위탁받은 고용보험법, 산재법에 따른 보험사업
국민건강보험공단	고용노동부장관의 위탁받은 징수업무, 즉, 보험료(개산 · 확정보험료 및 관련 징수금 제외)의 고지 및 수납, 보험료 등의 체납관리

※ 보험료징수법 제4조에 따라 국민건강보험공단이 고용노동부장관으로부터 위탁을 받아 수행하는 고용보험료 등의 고지 및 수납에 관한 업무 중에 고용보험료 등의 부과고지에 관한 업무가 포함된다.[81)]

Ⅴ 정보통신망을 이용한 신고 또는 신청

이 법에 따른 신고 또는 신청은 고용노동부장관이 정하여 고시하는 정보통신망을 이용하여 할 수 있고, 이 방법으로 신고 또는 신청하는 경우에는 고용 · 산재정보통신망에 입력된 때에 신고 또는 신청이 된 것으로 본다(법 제4조의2).

81) 대판 2013.2.28, 2012두22904.

제2장 보험관계의 성립 및 소멸

Ⅰ 보험가입자

① 「고용보험법」을 적용받는 사업의 사업주와 근로자(법 제10조 및 제10조의2에 따른 적용제외 근로자는 제외)는 당연히 이 법에 따른 고용보험의 보험가입자가 되고, 이 법 제8조 단서에 따라 같은 법을 적용하지 아니하는 사업의 사업주가 근로자의 과반수의 동의를 받아 공단의 승인을 받으면 그 사업의 사업주와 근로자는 고용보험에 가입할 수 있다(법 제5조 제1·2항).

② 「산재법」을 적용받는 사업의 사업주는 당연히 이 법에 따른 산업재해보상보험의 보험가입자가 되고, 이 법 제6조 단서에 따라 같은 법을 적용하지 아니하는 사업의 사업주는 공단의 승인을 받아 산재보험에 가입할 수 있다(동조 제3·4항).[82)]

③ 고용보험 또는 산재보험에 가입한 사업주가 보험계약을 해지할 때에는 미리 공단의 승인을 받아야 한다. 이 경우 보험계약의 해지는 그 보험계약이 성립한 보험연도가 끝난 후에 하여야 하며, 사업주가 고용보험계약을 해지할 때에는 근로자 과반수의 동의를 받아야 한다(동조 제5·6항).

④ 공단은 사업 실체가 없는 등의 사유로 계속하여 보험관계를 유지할 수 없다고 인정하는 경우에는 그 보험관계를 소멸시킬 수 있다(동조 제7항).

Ⅱ 보험의 의제가입

① 사업주 및 근로자가 고용보험의 당연가입자가 되는 사업이 사업규모의 변동 등의 사유로

82) 사업주가 기 발생한 산재사고와 관련하여 사업주를 하청 회사로 변경해 줄 것을 신청하자, 근로복지공단이 이를 거부한 것은 항고소송의 대상이 되는 행정처분에 해당하는지 않는다(대판 2016.7.4, 2014두47426). ; 건축주가 근로자를 사용하여 공사의 전부 또는 일부를 직접 한 경우 건축주가 고용보험법 및 산재법상 사업주가 되어 보험료의 납부의무를 부담한다(대판 2016.10.13, 2016다221658).

「고용보험법」 제8조 단서에 따른 적용 제외 사업에 해당하게 되었을 때에는 그 사업주 및 근로자는 그 날부터 고용보험에 가입한 것으로 보고, 그 사업주가 산재보험의 당연가입자가 되는 사업이 사업규모의 변동 등의 사유로 산재법 제6조 단서에 따른 적용 제외 사업에 해당하게 되었을 때에는 그 사업주는 그 날부터 산재보험에 가입한 것으로 본다(법 제6조 제1·2항).

② 사업주가 그 사업을 운영하다가 근로자(고용보험의 경우에는 법 제10조 및 제10조의2에 따른 적용 제외 근로자 제외)를 고용하지 아니하게 되었을 때에는 그 날부터 1년의 범위에서 근로자를 사용하지 아니한 기간에도 보험에 가입한 것으로 본다(동조 제3항).

③ 제1항 및 제2항의 사업주 및 근로자에 대한 보험계약의 해지에 관하여는 제5조 제5항 및 제6항을 준용한다(동조 제4항).

Ⅲ 보험관계의 성립

1. 의의

보험관계성립이란 고용·산재보험법상 권리·의무가 발생하는 것을 말한다. 적용대상에 따라 당연적용사업과 임의적용사업으로 구분한다.

2. 당연적용사업의 보험관계 성립일

(1) 고용보험

사업주 및 근로자가 고용보험의 당연가입자가 되는 사업의 경우에는 그 사업이 시작된 날(「고용보험법」 제8조 단서에 따른 사업이 사업주 및 근로자가 고용보험의 당연가입자가 되는 사업에 해당하게 된 경우에는 그 해당하게 된 날)(법 제7조 제1호).

(2) 산재보험

사업주가 산재보험의 당연가입자가 되는 사업의 경우에는 그 사업이 시작된 날(「산재법」 제6조 단서에 따른 사업이 사업주가 산재보험의 당연가입자가 되는 사업에 해당하게 된 경우에는 그 해당하게 된 날)(동조 제2호).

3. 임의적용사업의 성립일

공단이 그 사업의 사업주로부터 보험가입승인신청서를 접수한 날의 다음날(동조 제3호).

4. 일괄적용을 받는 사업의 성립일

처음 하는 사업이 시작된 날(동조 제4호).

5. 보험에 가입한 하수급인의 경우 보험관계의 성립일

그 하도급공사의 착공일(동조 제5호).

Ⅳ 사업의 일괄적용

1. 의의

2개 이상의 당해 사업 전부를 하나의 사업으로 보아 보험관계를 일괄 적용함으로써 사업주의 업무편의를 도모하고, 근로자를 적극적으로 보호하기 위한 제도이다.

2. 일괄적용의 요건

(1) 당연일괄적용

당연가입자인 사업주가 운영하는 ① **사업주가 동일인일 것**(제1호), ② **각각의 사업은 기간이 정하여져 있는 사업일 것**(제2호), ③ **사업의 종류, 공사실적액 등이 대통령령이 정하는 요건**(제3호)**에 해당하는 경우**에는 이 법을 적용할 때 그 사업의 전부를 하나의 사업으로 본다(법 제8조 제1항).

대통령령이 정하는 요건(영 제6조 제1항)

①「건설산업기본법」 제2조 제7호에 따른 건설업자
②「주택법」 제9조에 따른 주택건설사업자
③「전기공사업법」 제2조 제3호에 따른 공사업자
④「정보통신공사업법」 제2조 제4호에 따른 정보통신공사업자
⑤「소방시설공사업법」 제2조 제1항 제2호에 따른 소방시설업자
⑥「문화재보호법」 제27조에 따른 문화재수리업자

(2) 임의 일괄적용

일괄적용을 받는 사업주 외의 사업주가 제1항 제1호의 요건(사업주 동일인일 것)에 해당하는 사업(산재보험의 경우에는 고용노동부장관이 정하는 사업종류가 같은 경우로 한정)의 전부를 하나의

사업으로 보아 이 법을 적용받으려는 경우에는 공단의 승인을 받아야 하며, **승인을 받은 경우에는 공단이 그 사업의 사업주로부터 일괄적용관계 승인신청서를 접수한 날의 다음 날부터 일괄적용**을 받는다. 이 경우 일괄적용관계가 해지되지 아니하는 한 그 사업주는 그 보험연도 이후의 보험연도에도 계속 그 사업 전부에 대하여 일괄적용을 받는다(동조 제2항).

3. 일괄적용관계의 해지 등

① 일괄적용관계를 해지하고자 하는 경우에는 공단의 승인 필요. 이 경우 일괄적용관계의 **해지는 다음 보험연도의 보험관계부터 효력이 발생**한다(동조 제3항).

② 일괄적용을 받는 사업주가 사업의 종류, 공사실적액 등이 대통령령이 정하는 요건에 적합하지 아니하게 된 때에는 일괄적용승인(임의적용)을 받은 것으로 보아 이 법을 적용하며, 사업주가 그 일괄적용관계를 해지하고자 하는 경우에는 제3항에 따른다(동조 제4항).

V 도급사업의 일괄적용

1. 의의

사업이 여러차례의 도급에 의하여 행하여지는 경우에는 그 원수급인을 고용보험법의 적용을 받는 사업의 사업주로 본다(법 제9조 제1항 전단).[83)]

2. 하수급인의 보험가입

원수급인이 서면계약으로 하수급인에게 보험료의 납부를 인수하게 하는 경우로서 원수급인의 신청에 의하여 고용노동부장관(근로복지공단)이 이를 **승인한 때에는 그 하수급인을 이법의 적용을 받은 사업의 사업주로 본다**(동조 제1항 단서). 사업이 국내에 영업소를 두지 아니하는 외국의 사업주로부터 하도급을 받아 시행되는 경우에는 국내에 영업소를 둔 최초 하수급인을 이 법을 적용받는 사업주로 본다(동조 제2항).

83) 도급사업 일괄적용의 대상이 되는 건설업에 해당하는지 여부는 통계청장이 고시하는 한국표준산업분류표에 의하여야 한다(대판 2011.10.13, 2011두10126).

Ⅵ 보험관계의 소멸

1. 당연적용사업의 소멸

사업이 폐업되거나 끝난 날의 다음 날이며 보험관계소멸일로부터 14일 이내에 공단에 신고하여야 한다(법 제10 · 11조 제1호).

2. 임의적용사업의 소멸

사업주가 보험계약을 해지하는 경우에는 그 해지에 관하여 공단의 승인을 받은 날의 다음날로 소멸한다(법 제10조 제2호).

3. 직권소멸

사업의 실체가 없는 경우 등의 사유로 계속하여 보험관계를 유지할 수 없다고 인정되는 경우에는 그 보험관계를 소멸시키는 경우에는 공단이 그 소멸을 결정 · 통지한 날의 다음 날에 소멸한다(동조 제3호).

4. 의제가입에 따른 소멸

근로자(고용보험의 경우에는 「고용보험법」 제10조 및 제10조의2에 따른 적용 제외 근로자 제외)를 사용하지 아니한 첫날부터 1년이 되는 날의 다음 날에 소멸한다(동조 제4호).

5. 소멸의 효과

보험관계 당사자 상호간의 권리 · 의무 소멸하고, 보험관계가 소멸되기 이전에 이미 징수결정되어 납부해야 할 미납보험료에 대하여는 계속적인 채권채무관계에 속하므로 소멸일 이전분은 결손처분 및 소멸시효가 완성되지 않는 한 계속 보험료로 징수하며, 과납보험료가 있을 경우에는 보험관계소멸 이후에도 반환해야 한다.

Ⅶ 보험관계의 신고

① 당연히 보험의 가입자가 된 경우에는 그 보험관계가 성립한 날부터 14일 이내에, 사업의 폐업 · 종료 등으로 인하여 보험관계가 소멸한 경우에는 그 보험관계가 소멸한 날부터 14일 이내에 공단에 보험관계의 성립 또는 소멸의 신고를 하여야 한다. 다만, 보험관계가 성

립한 날부터 14일 이내에 종료되는 사업의 경우에는 종료일 전날까지 그 보험관계의 성립신고를 하여야 한다(법 제11조 제1항).

1. 보험관계가 성립한 날부터 14일 이내에 종료되는 사업 : 사업이 종료되는 날의 전날까지
2. 「산재법」 제6조 단서에 따른 대통령령으로 정하는 사업 중 사업을 시작할 때에 같은 법의 적용 대상 여부가 명확하지 아니하여 대통령령으로 정하는 바에 따라 해당 사업에서 일정 기간 사용한 상시근로자 수를 바탕으로 하여 같은 법의 적용 대상 여부가 정하여지는 사업 : 그 일정 기간의 종료일부터 14일 이내

② 사업주는 일괄적용을 받는 사업의 경우에는 처음 하는 사업을 시작하는 날부터 14일 이내에, 일괄적용을 받고 있는 사업이 사업의 폐업·종료 등으로 일괄적용관계가 소멸한 경우에는 소멸한 날부터 14일 이내에 공단에 일괄적용관계의 성립 또는 소멸 신고를 하여야 한다(동조 제3항).

③ 일괄적용사업의 사업주는 그 각각의 사업(제1항에 따라 신고된 사업은 제외)의 개시일 및 종료일(사업 종료의 신고는 고용보험의 경우만 한다)부터 각각 14일 이내에 그 개시 및 종료 사실을 공단에 신고하여야 한다. 다만, 사업의 개시일부터 14일 이내에 끝나는 사업의 경우에는 그 끝나는 날의 전날까지 신고하여야 한다(동조 제3항).

Ⅷ 보험관계의 변경신고

보험에 가입한 사업주는 그 이름, 사업의 소재지 등 대통령령으로 정하는 사항이 변경된 경우에는 그 날부터 14일 이내에 그 변경사항을 공단에 신고하여야 한다(법 제12조).

제3장 보험료

제1절 고용보험료

Ⅰ 보험료의 산정과 원천공제

1. 부담과 산정의 원칙

(1) 보험료의 부담원칙

고용노동부장관은 보험사업에 드는 비용에 충당하기 위하여 보험가입자인 사업주와 근로자로부터 고용안정·직업능력개발사업 및 실업급여의 보험료인 고용보험료를, 보험가입자인 사업주로부터 산재보험의 보험료를 징수한다(법 제13조 제1항). 이 보험료는 고용노동부장관의 위탁을 받은 공단이 매월 부과하고, 건강보험공단이 이를 징수한다(법 제16조의2 제1항).

구분	근로자가 부담하는 보험료	사업주가 부담하는 보험료
고용	① 원칙 : 자기의 보수총액×실업급여 보험료율의 1/2 (65세 이후에 고용된 경우[84]나 자영업을 개시한 자는 고용보험료중 실업급여 보험료징수 제외) ② 사업주로부터 보수를 지급받지 아니하는 근로자는 보수로 보는 금품의 총액에 실업급여보험료율을 곱한 금액을 부담하여야 하고, 휴직이나 그 밖에 이와 비슷한 상태에 있는 기간중에 사업주로부터 보수를 지급받는 근로자로서 고용노동부장관이 정하여 고시하는 사유에 해당하는 근로자는 그 기간에 지급받는 보수의 총액에 실업급여의 보험료율을 곱한 금액을 부담하여야 한다(법 제13조 제2항).	그 사업에 종사하는 고용보험 가입자인 근로자의 개인별 보수총액(보수로 보는 금품의 총액과 보수의 총액은 제외)에 다음 각 호를 각각 곱하여 산출한 각각의 금액을 합한 금액으로 한다(동조 제4항). ① 고용안정·직업능력개발사업의 보험료율을 곱한 금액(사용자 전액 부담) ② 실업급여의 보험료율의 2분의 1을 곱한 금액
산재	해당 없음	산재보험료는 그 사업주가 경영하는 사업에 종사하는 근로자의 개인별 보수총액에 다음 각호에 따른 산재보험료율을 곱한 금액을 합한 금액으로 한다. 다만, 출퇴근 재해에는 제1호에 따른 산재보험료율만을 곱하여 산정(동조 제5항). 1. 제14조 제3항부터 제6항까지에 따라 같은 종류의 사업에 적용되는 산재보험료율 2. 제14조 제7항에 따른 산재보험료율

고시	보수총액의 추정액 또는 보수총액을 결정하기 곤란한 경우에는 대통령령으로 정하는 바에 따라 고용노동부장관이 정하여 고시하는 노무비율을 사용하여 보수총액의 추정액 또는 보수총액을 결정할 수 있다(동조 제6항).

2. 고용보험료의 원천공제

사업주는 고용보험가입자인 근로자가 부담하는 고용보험료에 상당하는 금액을 대통령령이 정하는 바[85]에 따라 그 근로자에게 지급할 보수에서 원천공제할 수 있고(법 제16조 제1항), 원수급인 또는 하수급인은 고용노동부령이 정하는 바에 따라 자기가 고용하는 보험가입자 외의 근로자를 고용하는 하수급인에게 위임하여 그 근로자가 부담하는 보험료에 상당하는 금액을 그 임금에서 원천공제하게 할 수 있다(동조 제3항). 또한, 근로자가 그 실업급여의 보험료를 부담하는 경우에는 사업주가 해당 보험료를 신고·납부하고, 근로자는 그 보험료 해당액을 사업주에게 지급한다(동조 제4항).

3. 보험료율의 결정

(1) 사업별 보험료율

고용보험료율은 보험수지의 동향과 경제상황 등을 고려하여 1000분의 30의 범위에서 고용안정·직업능력개발사업의 보험료율 및 실업급여의 보험료율로 구분하여 대통령령으로 정하고, 고용보험료율을 결정하거나 변경하려면 고용보험위원회의 심의를 거쳐야 한다(법 제14조 제1·2항). 이 경우 상시근로자수는 해당 사업주가 하는 국내의 모든 사업의 상시근로자수를 합산한 수로 한다. 다만, 「공동주택관리법」에 따른 공동주택을 관리하는 사업의 경우에는 각 사업별로 상시근로자수를 산정한다(영 제12조 제2항).[86]

84) 65세 전부터 피보험자격을 유지하던 사람이 65세 이후에 계속하여 고용된 경우는 제외한다.

85) 사업주는 법 제16조 제1항에 따라 고용보험의 보험료를 원천공제하려는 경우에는 피보험자인 근로자에게 보수를 지급할 때마다 그 지급금액에 직전의 정기 보수지급일 이후에 부정기적으로 지급한 보수를 합산한 금액을 기준으로 그 근로자가 부담할 고용보험료에 해당하는 금액을 그 지급금액에서 공제한다(영 제19조).

86) 산업재해보험료와 직원의 인건비에 대하여 별도로 부과한 산업재해보험료가 중복되었다고 할 수 없다(대판 2011.6.24, 2008두20222). ; 하나의 사업장에서 영위되던 둘 이상의 사업 중 일부가 분리된 경우, 분리된 사업에 대하여 분리 이전에 적용되던 개별실적요율을 승계하여 적용할 수 있다(대판 2013.6.27, 2012두11782).

대통령령이 정하는 요건(영 제12조 제1항)

구분		근로자	사업주
실업급여(상시근로자수 기준)		0.80%	0.80%
고용안정사업 및 직업능력개발사업	150인 미만기업	-	0.25%
	150인 이상기업(우선 지원대상기업)	-	0.45%
	150인 이상 ~ 1000인 미만 기업(우선지원 대상기업 제외)	-	0.65%
	1000인 이상 기업 및 국가, 지방자치단체가 직접 행하는 사업	-	0.85%

※ 실업급여 보험료율 : 1.6%(근로자 0.8%+사업주 0.8%)

특별한 경우 고용보험료율 적용(영 제12조)

① 건설업 등 도급사업의 보험료율은 법 제9조 제1항 단서(도급사업의 일괄적용)에 따라 법의 적용을 받는 사업주가 되는 하수급인에게는 원수급인에게 적용하는 고용안정·직업능력개발사업의 보험료율을 적용하고, 법 제8조에 따라 일괄적용(당연적용)을 받게 되는 사업주의 개별사업이 법 제9조 제1항 단서에 따라 승인을 받은 경우에는 그 하수급인인 사업주에게 적용하는 고용안정·직업능력개발사업의 보험료율을 적용한다(동조 제3항).

② 흡수·합병시 고용안정·직업능력개발사업의 보험료율은 해당 보험연도에 한정하여 양도 또는 합병 전에 적용된 고용안정·직업능력개발사업의 보험료율을 적용한다(동조 제4항).

(2) 보험료율의 특례사업별 보험료율

① 대통령령으로 정하는 사업으로서 **매년 9월 30일 현재 고용보험의 보험관계가 성립한 후 3년이 지난 사업의 경우에** 그 해 9월 30일 이전 3년 동안의 그 실업급여 보험료에 대한 실업급여 금액의 비율이 대통령령으로 정하는 비율에 해당하는 경우에는 그 사업에 적용되는 **실업급여 보험료율의 100분의 40의 범위에서** 대통령령으로 정하는 기준에 따라 **인상하거나 인하한 비율을 그 사업에 대한 다음 보험연도의 실업급여 보험료율로 할 수 있다**(법 제15조 제1항).

② 대통령령으로 정하는 사업으로서 **매년 6월 30일 현재 산재보험의 보험관계가 성립한 후 3년이 지난 사업의 경우**에 그 해 6월 30일 이전 3년 동안의 산재보험료(통상적인 경로에 따른 출퇴근 재해의 산재보험료율을 곱한 금액은 제외)에 대한 산재보험급여 금액(통상적인 경로에 따른 출퇴근 재해를 이유로 지급된 보험급여 제외)의 비율이 **대통령령으로 정하는 비율에 해당하는 경우**(개별실적요율의 적용을 위한 보험수지율은 100분의 85를 넘거나 100분의 75이하인 경우를 말한다)에는 제14조 제3항 및 제4항에도 불구하고 그 사업에 적용되는 제13조 제5항 제1호에 따른 **산재보험료율의 100분의 50의 범위에서 사업 규모를 고려하여 대통령령으로**

정하는 바에 따라 인상하거나 인하한 비율을 제13조 제5항 제2호에 따른 산재보험료율과 합하여 그 사업에 대한 다음 보험연도의 산재보험료율로 할 수 있다(동조 제2항).[87]

4. 보험료의 산정 등

보험료산정의 특례(법 제16조의 5)

근로자가 근로기준법에 따른 휴업수당이나 출산전후휴가 또는 유·사산휴가 등을 받는 경우에는 대통령령으로 정하는 바에 따라 해당 근로자의 월평균보수(건설업 등의 사업은 보수총액)의 전부 또는 일부를 제외하고 보험료를 산정한다.

월별보험료의 고지(법 제16조의8)

① 건강보험공단은 사업주에게 다음 각 호(1. 징수하고자 하는 보험료 등의 종류 2. 납부하여야 할 보험료 등의 금액 3. 납부기한 및 장소)의 사항을 적은 문서로써 납부기한 10일 전까지 월별보험료의 납입을 고지하여야 하며, 이에 따른 납입의 고지를 하는 경우에는 사업주가 신청한 때에는 전자문서교환방식 등에 의하여 전자문서로 고지할 수 있고, 전자문서로 고지한 경우 고용노동부령으로 정하는 정보통신망에 저장하거나 납부의무자가 지정한 전자우편주소에 입력된 때에 그 사업주에게 도달된 것으로 본다(동조 제1~3항).

② 연대납부의무자 중 1명에게 한 고지는 다른 연대납부의무자에게도 효력이 있는 것으로 본다(동조 제4항).

보험료의 정산(법 제16조의9)

① 공단은 사업주가 신고한 근로자의 개인별 보수총액에 보험료율을 곱한 금액을 합산하여 사업주가 실제로 납부하여야 할 보험료를 산정하고, 사업주가 보수총액을 신고하지 아니하거나 사실과 다르게 신고한 경우에는 제16조의6 제1항(조사 등에 따른 월별보험료산정)을 준용하여 보험료를 산정한다(동조 제1·2항).

② 건강보험공단은 사업주가 이미 납부한 보험료가 산정한 보험료보다 더 많은 경우에는 그 초과액을 사업주에게 반환하고, 부족한 경우에는 그 부족액을 사업주로부터 징수하여야 하며, 사업주로부터 부족액을 징수하는 경우에는 정산을 실시한 달의 보험료에 합산하여 징수한다. 다만, 그 부족액이 정산을 실시한 달의 보험료를 초과하는 경우에는 그 부족액을 2등분하여 정산을 실시한 달의 보험료와 그 다음 달의 보험료에 각각 합산하여 징수한다(동조 제3·4항).

87) 개인연금보조금 등이 임금에 해당한다는 대법원 판결이 선고되자 근로복지공단이 새로운 개별실적료율을 전혀 산정하지 않은 채 종전 개별실적료율을 적용하여 새로운 개산보험료 및 확정보험료를 산정한 것은 위법하다(대판 2011.12.22, 2010두16189). ; 하나의 사업장에서 영위되던 둘 이상의 사업 중 일부가 분리된 경우, 분리된 사업에 대하여 분리 이전에 적용되던 개별실적요율을 승계하여 적용할 수 있다(대판 2013.6.27, 2012두11782).

Ⅱ 부과고지

1. 월별 부과고지

(1) 월별 보험료의 산정

(가) 보험료는 공단이 매월 부과하여 건강보험공단이 이를 징수한다(법 제16조의2 제1항). 그럼에도 불구하고 건설업 등 대통령령으로 정하는 사업의 경우[88]에는 법 제17조 및 제19조(개산보험료, 확정보험료)에 따른다(동조 제2항).

(나) 일반사업은 사업주에게 부과하는 보험료(이하 "월별보험료"라 한다)는 근로자 개인별 월평균보수에 고용보험료율 및 산재보험료율을 각각 곱한 금액을 합산하여 산정한다(법 제16조의3 제1항).

월별보험료 산정방법(법 제16조의3 제2항)

1. 전년도 10월이전에 근로를 개시한 경우에는 전년도 보수총액을 전년도 근무개월수로 나눈 금액
2. 그 밖의 근로자의 경우에는 근로 개시일부터 1년간(1년 이내의 근로계약기간을 정한 경우에는 그 기간) 지급하기로 정한 보수총액을 해당 근무개월수로 나눈 금액 (다만, 근로자가 근로를 개시한 날이 속하는 달의 근무일수가 20일 미만인 경우에는 그 달을 제외)

월평균보수의 적용(법 제16조의3 제3항)

1. 제2항 제1호에 따른 경우 : 매년 4월부터 다음 연도 3월까지
2. 제2항 제2호에 따른 경우 : 근로자가 근로를 개시한 날이 속하는 달부터 다음 연도 3월까지. 다만, 해당 연도 10월 이후에 근로를 개시한 근로자의 경우에는 근로를 개시한 날이 속하는 달부터 다음 다음 연도 3월까지

(다) 월평균보수가 산정된 후에 근로자의 보수가 인상 또는 인하되었을 경우 사업주는 공단에 신고할 수 있으며, 공단은 사업주가 신고한 금액을 토대로 월평균보수를 다시 결정하여 이를 신고한 날이 속하는 달의 다음 달부터 적용한다(동조 제4항).

(라) 일할계산에 따른 월별보험료의 산정

월별 보험료의 일할계산 산정사유(법 제16조의4)

1. 근로자가 월의 중간에 새로이 고용되거나 고용관계가 종료되는 경우

---

88) 1. 건설업(건설장비운영업은 제외한다) 2. 임업 중 벌목업(영 제19조의2).

2. 근로자가 동일한 사업주의 하나의 사업장에서 다른 사업장으로 전근되는 경우
3. 근로자의 휴직 등 대통령령으로 정하는 사유[89]에 해당하는 기간이 월의 중간에 걸쳐있는 경우

(2) 보수총액 등의 공단에 신고(법 제16조의 10)

구분	내용
정기신고	사업주는 전년도에 근로자에게 지급한 보수총액 등을 매년 3월 15일까지 공단에 신고하여야 한다. 보수총액을 신고하여야 하는 사업주는 보수총액의 신고를 정보통신망을 이용하거나 전산 처리된 테이프, 디스켓 또는 콤팩트디스크(Compact Disc) 등 전자적 기록매체로 제출하는 방식으로 하여야 한다. 다만, 대통령령으로 정하는 규모에 해당하는 사업주는 보수총액의 신고를 문서로써 할 수 있다.
사업의 폐지·종료	사업주는 사업의 폐지·종료 등으로 보험관계가 소멸한 때에는 그 보험관계가 소멸한 날부터 14일 이내에 근로자에게 지급한 보수총액 등을 공단에 신고하여야 한다.
근로자 새로 고용	사업주는 근로자를 새로 고용한 경우 그 근로자의 성명 및 주소지 등을 그 근로자를 고용한 날이 속하는 달의 다음 달 15일까지 공단에 신고하여야 한다. 다만, 1개월간 소정근로시간이 60시간 미만인 자 등 대통령령으로 정하는 근로자에 대하여는 신고하지 아니할 수 있다.
고용관계 종료	사업주는 근로자와 고용관계를 종료한 때에는 그 근로자에게 지급한 보수총액, 고용관계 종료일 등을 그 근로자의 고용관계가 종료한 날이 속하는 달의 다음 달 15일까지 공단에 신고하여야 한다.
근로자의 휴업·휴직 등	사업주는 근로자가 휴직하거나 다른 사업장으로 전보되는 등 대통령령으로 정하는 사유가 발생한 때에는 그 사유 발생일부터 14일 이내에 그 사실을 공단에 신고하여야 한다.

2. 건설업 등의 개산보험료와 확정보험료

(1) 개산보험료

1) 의의

피보험자인 근로자에게 해당 연도 지급할 1년분의 보수총액의 추정액에 보험료율을 곱하여 개략적으로 산정한 보험료를 말한다.

2) 신고 및 납부

① 건설업 등 대통령령이 정하는 사업주(법 제17조에서 제19조까지)는 보험연도마다 그 1년 동안(보험연도 중에 보험관계가 성립한 경우에는 그 성립일부터 그 보험연도 말일까지의 기간)에 사용할 근로자(「고용보험법」상 적용제외 근로자 제외)에게 지급할 보수총액의 추정액(대통령령이 정하는 경우에는 전년도에 사용한 근로자에게 지급한 보수총액)에 고용보험료율 및 산재보험료율을

89) 1. 근로자의 휴업·휴직 2. 「근로기준법」에 따른 출산전후휴가 또는 유산·사산 휴가 3. 그 밖에 근로자가 근로를 제공하지 않은 상태로서 고용노동부장관이 인정하는 사유(영 제19조의3).

곱하여 산정한 금액("개산보험료")을 대통령령이 정하는 바에 따라 그 보험연도의 3월 31일(보험연도중에 보험관계가 성립한 경우에는 그 보험관계의 성립일부터 70일, 건설공사 등 기간이 정하여져 있는 사업으로서 70일 이내에 종료되는 사업에 있어서는 그 사업의 종료일전날)까지 공단에 신고·납부. 다만, 그 보험연도의 개산보험료 신고·납부 기한이 제19조에 따른 확정보험료 신고·납부 기한보다 늦은 경우에는 그 보험연도의 확정보험료 신고·납부 기한을 그 보험연도의 개산보험료 신고·납부 기한으로 한다(법 제17조 제1항).

② 공단은 사업주가 신고를 하지 아니하거나 그 신고가 사실과 다른 경우에는 그 사실을 조사하여 개산보험료를 산정하여 징수하되, 이미 낸 금액이 있을 때에는 그 부족액을 징수하여야 하며(동조 제2항), 사업주는 개산보험료 분할 납부할 수 있다(동조 제3항).

③ 보험료 경감 : 사업주가 분할 납부할 수 있는 개산보험료를 납부기한까지 전액 납부하는 경우 100분의 5에 상당하는 금액 경감한다(동조 제4항).

3) 보험료율의 인상 또는 인하에 따른 조치

① 공단 : 월별보험료 및 개산보험료를 증액 또는 감액 조정, 개산보험료가 증액된 때에 징수한다(법 제18조 제1항 전단).

② 건강보험공단 : 월별보험료가 증액된 때에 징수한다(동조 제1항 후단).

보험료율의 변동에 따른 보험료의 조정

공단은 법 제18조 제1항에 따라 보험료를 감액 조정한 경우에는 보험료율의 인하를 결정한 날부터 20일 이내에 그 감액 조정 사실을 사업주에게 알려야 한다. 공단 또는 건강보험공단은 보험료를 증액 조정한 경우에는 납부기한을 정하여 보험료를 추가로 낼 것을 사업주에게 알려야 하며, 보험료의 추가 납부를 통지받은 사업주는 납부기한까지 증액된 보험료를 내야 한다. 다만, 공단 또는 건강보험공단은 정당한 사유가 있다고 인정되는 경우에는 30일의 범위에서 그 납부기한을 한 번 연장할 수 있다(영 제24조).

4) 개산보험료의 분할납부

개산보험료를 분할 납부하는 사업주는 최초의 기에 해당하는 개산보험료를 납부기한까지 내고, 그 이후의 각 기에 해당하는 개산보험료는 각각 그 분기의 중간 월의 15일까지 내야 하고, 분할 납부를 하려는 사업주는 공단에 개산보험료의 분할 납부를 신청하여야 한다.

(2) 확정보험료

1) 확정보험료의 의의

해당 연도에 실제로 지급한 보수총액을 기준으로 보험료율을 곱하여 산정한 보험료를 말한다.

2) 확정보험료의 신고 및 납부정산

① 사업주는 매 보험연도의 말일(보험연도중에 보험관계가 소멸한 경우에는 그 소멸한 날의 전날)까지 사용한 근로자(고용보험법 제10조에 따른 적용제외근로자는 제외)에게 지급한 보수총액(지급하기로 결정된 금액을 포함)에 고용보험료율을 곱하여 산정한 금액("확정보험료")을 대통령령이 정하는 바에 따라 다음 보험연도의 3월 31일(보험연도중에 보험관계가 소멸한 사업에 있어서는 그 소멸한 날부터 30일)까지 공단에 신고하여야 한다. 다만, 사업주가 국가 또는 지방자치단체인 경우에는 그 보험연도의 말일(보험연도 중에 보험관계가 소멸한 사업에 있어서는 그 소멸한 날부터 30일)까지 신고할 수 있다(법 제19조 제1항 단서).

② 납부하거나 추가징수한 개산보험료의 금액이 확정보험료의 금액을 초과하는 경우에 공단은 그 초과액을 사업주에게 반환하여야 하며, 부족한 경우에 사업주는 그 부족액을 다음 보험연도의 3월 31일(보험연도중에 보험관계가 소멸한 사업에 있어서는 그 소멸한 날부터 30일)까지 납부하여야 한다. 다만, 사업주가 국가 또는 지방자치단체인 경우에는 그 보험연도의 말일(보험연도 중에 보험관계가 소멸한 사업에 있어서는 그 소멸한 날부터 30일)까지 납부할 수 있다(동조 제2항).

3) 확정보험료의 사실조사 및 징수

공단은 사업주가 신고를 하지 아니하거나 그 신고가 사실과 다른 경우에는 사실을 조사하여 확정보험료의 금액을 산정한 후 개산보험료를 내지 아니한 사업주에게는 그 확정보험료의 전액을 징수하고, 개산보험료를 낸 사업주에 대하여는 이미 낸 개산보험료와 확정보험료의 차액이 있을 때 그 초과액을 반환하거나 그 부족액을 징수하여야 한다(동조 제4항).

3. 보험료 납부방법의 변경시기

사업종류의 변경으로 보험료 납부방법이 변경되는 경우에는 사업종류의 변경일 전일을 변경 전 사업 폐지일로, 사업종류의 변경일을 새로운 사업성립일로 본다(법 제19조의2).

4. 보험료의 지원 · 환수 · 경감

① 고용보험료의 지원(법 제21조)

국가는 근로자가 다음 각 호의 요건을 모두 충족하는 경우 그 사업주와 근로자가 각각 부담하는 고용보험료의 일부를 예산의 범위에서 지원할 수 있다.

1. 대통령령으로 정하는 규모 미만의 사업에 고용되어 대통령령으로 정하는 금액 미만의 보수를 받을 것
2. 대통령령으로 정하는 재산이 대통령령으로 정하는 기준 미만일 것
3. 「소득세법」 제4조 제1항 제1호의 종합소득이 대통령령으로 정하는 기준 미만일 것

② 지원금의 환수(법 제21조의2)

국가는 고용보험료의 지원을 받은 자가 다음 각 호의 어느 하나에 해당하는 경우에는 그 지원금액의 전부 또는 일부를 환수할 수 있다. 다만, 환수할 금액이 대통령령으로 정하는 금액(3천원) 미만인 경우에는 환수하지 아니하고 이에 따라 환수대상이 되는 지원금은 공단이 국세 체납처분의 예에 따라 징수한다.

1. 거짓 또는 부정한 방법으로 지원받은 경우
2. 지원대상이 아닌 자가 지원받은 경우

③ 보험료 등의 경감(법 제22조의2)

① 고용노동부장관은 천재지변이나 그 밖에 대통령령으로 정하는 특수한 사유가 있어 보험료를 경감할 필요가 있다고 인정하는 보험가입자에 대하여 고용보험위원회 또는 산업재해보상보험및예방심의위원회의 심의를 거쳐 보험료와 이 법에 따른 그 밖의 징수금을 경감할 수 있다. 이 경우 경감비율은 100분의 50의 범위에서 대통령령으로 정한다(보험료와 그 밖의 징수금의 100분의 30).

② 공단은 보수총액 또는 개산보험료를 기한까지 고용·산재정보통신망을 통하여 신고하는 사업주에 대하여는 그 월별보험료 또는 개산보험료에서 대통령령으로 정하는 금액(고용보험료 5천원 및 산재보험료 5천원)을 경감할 수 있다. 다만, 월별보험료 또는 개산보험료가 10만원 미만인 경우에는 그러하지 아니하다.

③ 공단은 월별보험료 또는 개산보험료를 자동계좌이체의 방법으로 내는 사업주에게는 대통령령으로 정하는 바에 따라 월별보험료 또는 개산보험료(250원)를 경감하거나 추첨에 따라 경품을 제공하는 등 재산상의 이익을 제공할 수 있다.

5. 보험료징수의 특례

공단은 보험료를 징수할 때에는 결산서 등 보험료산정을 위한 기초자료를 확보하기 어려운 경우 등 대통령령이 정하는 사유에 해당하는 경우[90]에는 그 사업주의 적용대상사업과 규모, 보수수준 및 매출액 등이 비슷한 같은 업종의 사업을 기준으로 고용노동부령이 정하는 바에 따라 그 사업의 보험료를 산정·부과하여 징수할 수 있다(법 제20조).

90) 공단이 사업주에게 결산서 등 보험료 산정에 필요한 기초자료의 제출을 두 번 이상 요구하였으나 이에 응하지 아니하거나 제출된 자료가 현저히 믿기 어려워 보완을 요구하였으나 보완하지 아니한 경우(영 제27조).

제2절 산업재해보상보험료

Ⅰ 산재보험료

1. 산재보험료의 의의

보험집행기관인 근로복지공단이 보험사업에 소요되는 비용에 충당하기 위하여 보험가입자로부터 징수하는 금액이다(법 제13조 제1항 제2호).

2. 산재보험료의 산정기준

(1) 보수총액

사업주가 부담하여야 하는 산재보험료는 그 사업주가 경영하는 사업에 종사하는 근로자의 개인별 보수총액에 다음 각 호에 따른 산재보험료율을 곱한 금액을 합한 금액으로 한다. 다만,「산재법」출퇴근재해에 해당하는 경우에는 제1호에 따른 산재보험료율만을 곱하여 산정한다(법 제13조 제5항).

1. 제14조 제3항부터 제6항까지에 따라 같은 종류의 사업에 적용되는 산재보험료율
2. 제14조 제7항에 따른 산재보험료율

(2) 노무비율

건설공사에 있어서 보수총액의 추정액또는 보수총액을 결정하기 곤란한 경우에는 대통령령으로 정하는 바에 따라 고용노동부장관이 정하여 고시하는 노무비율을 사용하여 보수총액의 추정액 또는 보수총액을 결정할 수 있다(동조 제6항).

Ⅱ 보험료율

1. 보험료율의 산정과 구성

산재 일반보험요율은 사업종류별로 과거 3년간의 재해율을 기초로 산출된 순보험료율에 부가보험요율을 가산하여 산정하되 그 구성은 다음과 같다(예규 181호).

※ 일반보험요율 = 순보험요율(재해율+추가증가지출) + 부가보험요율
(100%) = (85%) + (15%)

2. 사업규모에 따른 보험료율결정

(1) 원칙

산재법상 업무상 사고, 업무상 질병, 사업주의 지배관리하에서의 출퇴근 재해에 따른 업무상의 재해에 관한 **산재보험료율은 매년 6월 30일 현재 과거 3년 동안의 보수총액에 대한 산재보험급여총액의 비율을 기초로 하여**, 산재법에 따른 연금 등 산재보험급여에 드는 금액, 재해예방 및 재해근로자의 복지증진에 드는 비용 등을 고려하여 사업의 종류별로 구분하여 고용노동부령으로 정한다. 이 경우 **산재법상 통상적인 출퇴근 중에 발생한 업무상의 재해를 이유로 지급된 보험급여액은 산재보험급여총액에 포함시키지 아니한다**(법 제14조 제3항).

특별한 경우 산재보험료율 적용(영 제14조)

① 동일한 사업주가 하나의 장소에서 법 제14조 제3항에 따른 사업의 종류가 다른 사업을 둘 이상 하는 경우에는 그 중 근로자 수 및 보수총액 등의 비중이 큰 주된 사업에 적용되는 산재보험료율을 그 장소의 모든 사업에 적용한다.

② 주된 사업의 결정은 다음 각 호의 순서에 따른다.

1. 근로자 수가 많은 사업
2. 근로자 수가 같거나 그 수를 파악할 수 없는 경우에는 보수총액이 많은 사업
3. 제1호 및 제2호에 따라 주된 사업을 결정할 수 없는 경우에는 매출액이 많은 제품을 제조하거나 서비스를 제공하는 사업

(2) 예외

① 산재보험의 보험관계가 성립한 후 3년이 지나지 아니한 사업에 대한 **산재보험료율은 고용노동부령으로 정하는 바에 따라 산재법 제8조에 따른 산업재해보상보험및예방심의위원회의 심의를 거쳐 고용노동부장관이 사업의 종류별로 따로 정하고**, 산재보험료율을 정하는 경우에는 **특정 사업 종류의 산재보험료율이 전체 사업의 평균 산재보험료율의 20배를 초과하지 아니하도록 하여야 한다**(동조 제4・5항).

② **고용노동부장관은 정한 특정 사업 종류의 산재보험료율이 인상되거나 인하되는 경우에는 직전 보험연도 산재보험료율의 100분의 30의 범위에서 조정하여야 하며**, 산재법상 통상적인 경로로 출퇴근한 과정에서 발생한 업무상의 재해에 관한 산재보험료율은 사업의 종류를 구분하지 아니하고 그 재해로 인하여 같은 법에 따른 연금 등 산재보험급여에 드는 금액, 재해예방 및 재해근로자의 복지증진에 드는 비용 등을 고려하여 고용노동부령으로 정한다(동조 제6・7항).

3. 재해예방활동에 따른 보험료율의 특례

(1) 의의

대통령령으로 정하는 사업(제조업으로서 50명 미만인 사업)으로서 산재보험의 보험관계가 성립한 사업의 사업주가 해당 사업 근로자의 안전보건을 위하여 재해예방활동을 실시하고 이에 대하여 고용노동부장관의 인정을 받은 때에는 제14조 제3항 및 제4항에도 불구하고 **그 사업에 대하여 적용되는 산재보험료율의 100분의 30의 범위에서 대통령령으로 정하는 바에 따라 인하**한 비율을 산재보험율과 합하여 그 사업에 대한 다음 보험연도의 산재보험료율(이하 "산재예방요율"이라 한다)로 할 수 있다(법 제15조 제3항).

(2) 산재예방요율의 적용

① 산재예방요율을 적용함에 있어 재해예방활동의 내용・인정기간, 산재예방요율의 적용기간 등 그 밖에 필요한 사항은 사업주가 실시하는 재해예방활동별로 구분하여 대통령령으로 정한다(동조 제4항).

② 이 법 제2항(사업규모에 따른 특례) 및 제3항(재해예방활동에 따른 특례)에 따른 산재보험료율을 모두 적용받을 수 있는 사업의 경우에는 제14조 제3항 및 제4항에 따라 **그 사업에 적용되는 산재보험료율에 제2항 및 제3항에 따라 각각 인상 또는 인하한 비율을 합하여**(인상 및 인하한 비율이 동시에 발생한 경우에는 같은 값만큼 서로 상계하여 계산한다) 얻은 값만큼을 인상하거나 인하한 비율을 그 사업에 대한 다음 보험연도 산재보험료율로 한다(동조 제5항).

(3) 재해예방활동 인정의 취소

고용노동부장관은 산재예방요율을 적용받는 사업이 다음 각 호의 어느 하나에 해당하는 경우에는 재해예방활동의 인정을 취소하여야 한다(동조 제6~8항).

1. 거짓이나 그 밖의 부정한 방법으로 재해예방활동의 인정을 받은 경우
   → 산재예방요율 적용을 취소하고, 산재예방요율을 적용받은 기간에 대한 산재보험료를 다시 산정하여 부과하여야 한다.
2. 산재예방요율의 적용기간 중 「산업안전보건법」에 따른 중대재해가 발생한 경우. 다만, 이 법에 따른 사업주의 의무와 직접적으로 관련이 없는 재해로서 대통령령으로 정하는 재해는 제외한다.
3. 그 밖에 재해예방활동의 목적을 달성한 것으로 인정하기 곤란한 경우 등 대통령령으로 정하는 사유에 해당하는 경우
   → 제2호와 제3호의 사유로 취소된 사업에 대하여는 해당 보험연도 재해예방활동의 인정기간비율에 따라 산재예방요율을 적용하여 다음 보험연도의 산재보험요율을 산정한다.

(4) 업무의 위탁

재해예방활동의 인정에 관한 업무를 산업안전보건에 관한 전문인력과 시설을 갖춘 기관 또는 단체로서 대통령령으로 정하는 기관(한국산업안전보건공단)에 위탁할 수 있다(동조 제9항).

Ⅲ 산재보험료의 부과고지

1. 산재보험료의 월별 부과고지

(1) 산재보험료의 월별 부과고지

1) 보험료의 부과고지와 월별보험료 산정

사업주는 공단이 부과 고지하는 산재보험료를 매월 납부하여야 하며, 공단은 매년 3월 15일까지 사업주가 신고한 개인별 보수총액으로 근무월수로 나누어 개인별 월평균보수를 산정하고, 개인별 월평균보수의 합계액에 보험료율을 곱하여 월별 보험료를 산정한다.

2) 월별 보험료의 산정 및 납부방법

산재보험료는 공단이 매월 부과하고, 건강보험공단이 고지하여 이를 징수하고(법 제16조의2 제1항), 건설업 등 대통령령으로 정하는 사업의 경우에는 개산보험료의 신고와 납부, 확정보험료의 신고·납부 및 정산에 관한 규정에 따르며(동조 제2항), 건강보험공단에서 고지한 월별보험료는 다음달 10일까지 납부하여야 한다(법 제16조의7 제1항).

3) 조사 등에 따른 월별보험료 산정

① 공단은 사업주가 보수총액 신고를 하지 아니하거나, 신고한 내용이 사실과 다른 때에는 사업주에게 미리 알리고 그 사실을 조사하여 다음 각 호의 어느 하나에 해당하는 금액을 기준으로 월평균보수를 결정하여 월별보험료를 산정할 수 있다(법 제16조의6 제1항).

1. 공단이 조사하여 산정한 금액
2. 사업주가 공단 또는 국세청 등 유관기관에 근로자의 보수 등을 신고한 사실이 있는 경우에는 그 금액
3. 근로자의 보수 등에 관한 자료를 확인하기 곤란한 경우에는 기준보수

② 공단은 보험료를 산정한 이후에 사업주가 월평균보수 등을 정정하여 신고한 경우에는 사실여부를 조사하여 월별보험료를 재산정할 수 있다(동조 제2항).

2. 건설업 등 산재보험료의 납부

건설업 등 도급사업의 경우에는 **도급업무의 성격상 명확한 보수총액의 산정이 어려운 경우가 대부분이기 때문에** 도급사업의 경우에는 **보험가입자인 사업주가** 매년 또는 공사의 개시 전 **보수총액에 보험료율을 곱하여 산정한 보험료를 공단에 납부하여야 한다**.

Ⅳ 보험료의 정산

1. 보험료의 정산

(1) 정산의 의의

보험료의 정산이란 해당 보험연도 중 미확정된 상태에서 납부한 개산보험료의 액과 확정보험료의 액의 차액(부족액 또는 초과액)에 대한 징수 및 반환을 총칭하는 개념이다.

(2) 보험료 등 과납액의 충당과 반환

① 공단은 사업주가 잘못 낸 금액을 반환하고자 하는 때에는 ① **체납처분비**(제1호), ② **월별 보험료, 개산보험료 또는 확정보험료**(제2호), ③ **연체금**(제3호), ④ **가산금**(제4호), ⑤ **보험급여액의 징수금**(제5호)**의 순위에 따라 보험료등에 우선충당**하고 나머지 금액이 있으면 그 사업주에게 반환결정하고, 건강보험공단이 그 금액을 지급한다. 다만, 개산보험료, 확정보험료 및 징수금에 따른 나머지 금액은 공단이 지급한다(법 제23조 제1항).

② 잘못 낸 금액이 산재보험과 관련되는 경우에는 산재보험료 및 관련 징수금 · 체납처분비에 충당하여야 하며, 같은 순위의 보험료, 이 법에 따른 그 밖의 징수금과 체납처분비가 둘 이상 있는 때에는 납부기한이 빠른 보험료, 이 법에 따른 그 밖의 징수금과 체납처분비를 선순위로 하고(동조 제2항), **산재법 제89조의 규정**(사업주 대위권행사)**에 따라 보험가입자에게 산재보험급여를 지급할 때에는 제1항 각 호의 순위에 따라 산재보험료, 이 법에 따른 그 밖의 징수금**(산재보험 관련 징수금과 체납처분비로 한정한다)**에 우선 충당하고 그 잔액을 사업주에게 지급하여야 한다**(동조 제3항).

(3) 보험료 등의 충당 · 반환 및 이자

① 공단은 잘못 낸 금액을 보험료, 환수품, 이 법에 따른 그 밖의 징수금과 체납처분비에 충당하거나 반환할 때에는 다음 각 호의 어느 하나에 규정된 날의 다음 날부터 충당하거나 반환하는 날까지의 기간에 대하여 대통령령으로 정하는 이자율(국세환급가산금의 이자율)에 따라 계산한 금액을 그 잘못 낸 금액에 가산하여야 한다(동조 제4항).

1. 착오납부, 이중납부, 납부 후 그 부과의 취소 또는 경정결정으로 인한 초과액은 그 납부일
2. 보험료정산에 반환하는 경우에는 다음 각 목의 구분에 따른 날
   가. 사업주가 보수총액등의 신고규정에 따른 신고기한 내에 신고한 경우에는 그 신고기한부터 7일
   나. 사업주가 보수총액등의 신고규정에 따른 신고기한을 지나 신고한 경우에는 그 신고한 날로부터 7일
   다. 사업주가 보수총액등의 신고규정에 따른 신고를 하지 아니한 경우에는 공단이 보험료를 산정한 날이 속하는 달의 말일
3. 사업규모의 축소에 따라 보험료를 감액한 경우의 초과액은 개산보험료 감액신청서 접수일부터 7일
4. 개산보험료가 확정보험료를 초과함에 따라 반환하는 경우에는 확정보험료신고서 접수일부터 7일

② 공단은 반환결정한 금액을 반환하려는 경우로서 사업주의 사망, 행방불명, 그 밖에 대통령령으로 정하는 사유로 사업주에게 반환할 수 없는 경우에는 그 반환할 금액 중 근로자(제16조의2제2항에 따른 사업의 근로자는 제외한다. 이하 이 항 및 제6항에서 같다)가 부담한 고용보험료에 대해서는 해당 근로자의 신청에 따라 그 근로자에게 직접 반환할 것을 결정하고, 건강보험공단이 그 금액을 지급한다(동조 제5항).

③ 공단은 근로자가 거짓이나 그 밖의 부정한 방법으로 제5항에 따른 반환금을 수령한 경우에는 그 금액을 환수한다. 다만, 환수할 금액이 대통령령으로 정하는 금액 미만인 경우에는 환수하지 아니한다(동조 제6항).

(4) 산재보험료 및 부담금징수 등에 관한 특례

① **공단 또는 건강보험공단은 이 법에 따른 산재보험료·산재보험과 관련된 그 밖의 징수금과 임금채권보장법에 의한 부담금 및 그 밖의 징수금과 석면피해구제법 에 대한 분담금을 통합하여 징수하여야 하고**(법 제31조 제1항), 사업주는 이 법에 의한 산재보험료, 임금채권보장법에 의한 부담금[91] 및 석면피해구제법[92]에 대한 분담금(이하 "분담금"이라 한다)을 통합

---

91) 고용노동부장관은 미지급 임금등을 대신 지급하는데 드는 비용에 충당하기 위하여 사업주로부터 부담금을 징수한다(법 제9조).

92) 「산재법」에 따른 산업재해보상보험의 보험관계가 성립되어 있는 모든 사업 또는 사업장의 사업주(법 제31조 제1항 제1호).

하여 신고하고 내야 하며(동조 제2항), **사업주가 산재보험료 및 부담금**(각각 그에 대한 연체금 및 가산금을 포함한다)**을 낸 경우에는 그 총액 중에서 사업주가 내야 할 산재보험료와 부담금의 비율만큼 산재보험료와 부담금을 낸 것으로 본다**(동조 제3항).

② 공단 또는 건강보험공단은 징수하거나 납부된 산재보험료 및 부담금을 산재법에 따라 설치된 산업재해보상보험및예방기금, 임금채권보장법에 따라 설치된 임금채권보장기금 및 석면피해구제법에 따라 설치된 석면피해구제기금에 각각 납입하여야 한다(동조 제4항).

2. 가산금

① **공단은** 사업주가 확정보험료의 신고규정에서 정하고 있는 **기한까지 확정보험료를 신고하지 아니하거나 신고한 확정보험료가 사실과 달라** 확정보험료의 정산규정에 따른 보험료를 징수하는 경우에는 **그 징수하여야 할 보험료의 100분의 10에 상당하는 가산금을 부과**하여 징수한다. 다만, 가산금이 소액이거나 그 밖에 가산금을 징수하는 것이 적절하지 아니하다고 인정되어 대통령령으로 정하는 경우 또는 대통령령으로 정하는 금액을 초과하는 부분에 대하여는 그러하지 아니하다(법 제24조 제1항).

> **가산금의 금액이 소액이거나 그 밖에 가산금을 징수하는 것이 적절하지 아니하다고 인정되어 대통령령이 정하는 경우**(법 제24조 제1항 · 영 제32조)
>
> ① 가산금의 금액이 3천원 미만인 경우
>
> ② 확정보험료를 신고하지 아니한 것이 천재 · 지변 그 밖에 고용노동부장관이 인정하는 부득이한 사유에 의한 경우를 말한다.

② 공단은 신고하여야 할 확정보험료보다 적게 신고한 경우 확정보험료 수정신고서를 제출한 사업주에게는 **가산금의 100분의 50을 경감**한다(동조 제3항).

3. 연체금

(1) 연체금의 개념

보험료 기타 이 법에 의한 징수금의 납부의무자인 **보험가입자가 납부의무를 태만히 한 경우 부과 징수하는 것**이다.

(2) 연체금 징수

① **건강보험공단은** 사업주가 **납부기한까지** 보험료 또는 이 법에 따른 그 밖의 징수금을 내지 아니한 경우에는 **그 납부기한이 지난 날부터 매 1일이 경과할 때마다** 체납된 보험료,

그 밖의 징수금의 1천분의 1에 해당하는 금액을 가산한 연체금을 징수한다. 이 경우 연체금은 체납된 보험료등의 1천분의 30을 초과하지 못한다(법 제25조 제1항).

연체금은 다음 각 호의 어느 하나에 규정된 날부터 산정한다(동조 제2항).

1. 산정된 보험료에 대하여는 납부기한의 다음 날
2. 개산보험료, 추가징수한 개산보험료에 대하여는 납부기한의 다음 날
3. 징수금에 대하여는 납부기한의 다음 날
4. 보험료율의 인상 또는 인하 등에 따른 보험료에 대하여는 공단이 통지한 납부기한의 다음 날

② 건강보험공단은 사업주가 보험료 또는 이 법에 따른 그 밖의 징수금을 내지 아니하면 납부기한 후 30일이 지난 날부터 매 1일이 경과할 때마다 체납된 보험료, 그 밖의 징수금의 3천분의 1에 해당하는 연체금을 제1항에 따른 연체금에 더하여 징수한다. 이 경우 연체금은 체납된 보험료, 그 밖의 징수금의 1천분의 90을 넘지 못한다(동조 제3항).

(3) 징수제외 사유

건강보험공단은 제1항 및 제3항에도 불구하고 「채무자 회생 및 파산에 관한 법률」 제140조에 따른 징수의 유예가 있거나 그 밖에 연체금을 징수하는 것이 적절하지 아니하다고 인정되어 대통령령으로 정하는 경우[93]에는 연체금을 징수하지 아니할 수 있다(동조 제4항).

4. 보험가입자로부터 보험급여액의 징수

(1) 보험급여의 징수사유와 통지

① 공단은 사업주가 산재보험 성립신고를 게을리 한 기간 중에 발생한 재해(제1호)나 사업주가 산재보험료의 납부를 게을리 한 기간 중에 발생한 재해(제2호)의 어느 하나에 해당하는 재해에 대하여 산재보험급여를 지급하는 경우에는 그 급여에 해당하는 금액의 전부 또는 일부를 사업주로부터 징수할 수 있다(법 제26조 제1항).

② 공단은 산재보험급여액의 전부 또는 일부를 징수하기로 결정하였으면 지체 없이 그 사실을 사업주에게 알려야 하고(동조 제2항), 공단이 보험급여액의 전부 또는 일부의 납부를 통지할 때에는 그 납부기한은 통지를 받은 날부터 30일 이상이 되도록 하여야 한다(영 제35조).

93) 1. 연체금, 가산금 및 법 제26조에 따라 징수하는 보험급여의 금액이 체납된 경우 2. 보험료, 그 밖의 징수금의 체납이 천재지변이나 그 밖에 고용노동부장관이 인정하는 부득이한 사유에 해당하는 경우(영 제33조).

(2) 보험급여액의 징수기준

1) 법 제26조 제1항 제1호(성립신고 태만)의 규정에 의한 보험급여액의 징수

보험가입신고를 하여야 할 기한이 끝난 날의 다음 날부터 보험가입신고를 한 날까지의 기간 중에 발생한 재해에 대한 요양급여·휴업급여·장해급여·간병급여·유족급여·상병보상연금에 대하여 하며, 징수할 금액은 가입신고를 게을리한 기간 중에 발생한 재해에 대하여 지급 결정한 보험급여 금액의 100분의 50에 해당하는 금액(사업주가 가입신고를 게을리한 기간 중에 납부하여야 하였던 산재보험료의 5배를 초과할 수 없다)으로 한다. 다만, 요양을 시작한 날(재해 발생과 동시에 사망한 경우에는 그 재해발생일)부터 1년이 되는 날이 속하는 달의 말일까지의 기간 중에 급여청구사유가 발생한 보험급여로 한정한다(영 제43조 제1항).

2) 법 제16조 제1항 제2호(보험료의 납부태만)의 규정에 의한 보험급여액의 징수

월별보험료 또는 개산보험료의 납부기한(법 제17조 제3항에 따른 분할 납부의 경우에는 각 분기의 납부기한)의 다음 날부터 해당 보험료를 낸 날의 전날까지의 기간 중에 발생한 재해에 대한 요양급여·휴업급여·장해급여·간병급여·유족급여·상병보상연금에 대하여 하며, 징수할 금액은 재해가 발생한 날부터 보험료를 낸 날의 전날까지의 기간 중에 급여청구사유가 발생한 보험급여 금액의 100분의 10에 해당하는 금액(사업주가 산재보험료의 납부를 게을리한 기간 중에 납부하여야 하였던 산재보험료의 5배를 초과할 수 없다)으로 한다. 다만, 다음 각 호에 해당하는 경우는 징수하지 아니한다(동조 제2항).

1. 재해가 발생한 날까지 내야 할 해당 연도의 월별보험료에 대한 보험료 납부액의 비율이 100분의 50 이상인 경우
2. 해당 연도에 내야 할 개산보험료에 대한 보험료 납부액의 비율(분할 납부의 경우에는 재해가 발생한 분기까지 내야 할 개산보험료에 대한 보험료 납부액의 비율)이 100분의 50 이상인 경우

(3) 징수금의 징수우선순위

납부기한이 지난 보험료, 환수금 또는 이 법에 따른 그 밖의 징수금과 체납처분비를 징수(고용보험 관련 징수금과 산재보험 관련 징수금을 모두 징수하는 경우에는 각 보험별 총징수금액의 비율에 따라 징수한다)하는 경우 그 징수순위는 제23조 제1항 각 호의 순위에 따른다. 이 경우 같은 순위에 해당하는 징수금이 둘 이상 있을 때에는 납부기한이 빠른 징수금을 선순위로 한다(법 제26조의2).

5. 징수금

(1) 징수금의 통지

공단 또는 건강보험공단은 보험료(제17조 제1항 및 제19조 제2항의 규정에 의한 보험료를 제외한다) 또는 이 법에 의한 그 밖의 징수금을 징수하는 경우에는 납부의무자에게 그 금액과 납부기한을 문서로 알려야 한다. 다만, 자동계좌이체의 방법으로 보험료를 내는 사업주가 동의하는 경우에는 고용노동부령으로 정하는 바에 따라 정보통신망을 이용한 전자문서로 알릴 수 있으며, 이 경우 그 전자문서는 그 사업주가 지정한 컴퓨터 등에 입력된 때에 도달된 것으로 본다(법 제27조 제1항).

(2) 징수금의 독촉

독촉이란 채무자가 납부기한을 경과하여 채무이행을 하지 아니한 경우 그 이행을 최고하는 행위로서 건강보험공단은 보험가입자가 보험료 또는 이 법에 따른 그 밖의 징수금을 납부기한까지 내지 아니하면 기한을 정하여 그 납부의무자에게 징수금을 낼 것을 독촉하여야 하며, 독촉을 하는 경우에는 독촉장을 발급하여야 하고, 이 경우 납부기한은 독촉장 발급일부터 10일 이상의 여유가 있도록 하여야 하며(법 제27조 제2 · 3항), 연대납부의무자 중 1명에게 한 독촉은 다른 연대납부의무자에게도 효력이 있는 것으로 본다(동조 제4항).

(3) 납부기한 전 징수

공단 또는 건강보험공단은 사업주에게 다음 각 호의 어느 하나에 해당하는 사유가 있는 경우에는 납부기한 전이라도 이미 납부의무가 확정된 보험료, 이 법에 따른 그 밖의 징수금을 징수할 수 있고, 납부기한 전에 보험료와 이 법에 따른 그 밖의 징수금을 징수할 때에는 새로운 납부기한 및 납부기한의 변경사유를 적어 사업주에게 알려야 한다. 이 경우 이미 납부통지를 하였을 때에는 납부기한의 변경을 알려야 한다. 다만, 보험료와 이 법에 따른 그 밖의 징수금의 총액이 500만원 미만인 경우에는 그러하지 아니하다(법 제27조2 제1 · 2항).

납부기한 전이라도 징수가능한 경우(동조 제1항)

1. 국세를 체납하여 체납처분을 받은 경우
2. 지방세 또는 공과금을 체납하여 체납처분을 받은 경우
3. 강제집행을 받은 경우
4. 「어음법」 및 「수표법」에 따른 어음교환소에서 거래정지처분을 받은 경우
5. 경매가 개시된 경우
6. 법인이 해산한 경우

(4) 보험료 등의 분할 납부

① **보험의 당연가입자인 사업주는** 보험관계 성립일부터 1년 이상이 지나서 보험관계 성립신고를 한 경우에는 **납부기한이 지난 보험료와 이 법에 따른 그 밖의 징수금의 분할 납부를 승인하여 줄 것을 건강보험공단에 신청할 수 있고**, 사업주는 **분할 납부를 신청하는 경우에는 사업주의 재산 목록을 제출하여야 하며, 건강보험공단은 제출된 재산 목록의 총 재산의 추정가액이 보험료와 이 법에 따른 그 밖의 징수금의 총액을 넘는 경우에는 보험료와 이 법에 따른 그 밖의 징수금의 분할 납부를 승인하여야 한다**(법 제27조의3 제1~3항).

② **건강보험공단은 분할 납부 승인을 받은 사업주가** 다음 각 호의 어느 하나에 해당하게 된 경우에는 **분할 납부의 승인을 취소하고** 분할 납부의 대상이 되는 보험료와 이 법에 따른 그 밖의 **징수금을 한꺼번에 징수할 수 있다**(동조 제4항).

1. 분할 납부하여야 하는 보험료와 이 법에 따른 그 밖의 징수금을 **정당한 사유 없이 두 번 이상 내지 아니한 경우**
2. 제27조의2 제1항(납부기한 전 징수) 각 호의 어느 하나에 해당하는 사유가 발생한 경우

③ **체납된 보험료등의 분할 납부를 승인받으려는 사업주**는 고지된 보험료등의 **납부기한 3일 전까지** 다음 각 호의 사항을 적은 체납 보험료등의 분할납부 승인신청서에 재산목록을 첨부하여 **건강보험공단에 제출하여야 한다**. 다만, 건강보험공단은 사업주가 부득이한 사유로 납부기한 3일 전까지 신청할 수 없다고 인정하는 경우에는 납부기한 만료일까지 신청하게 할 수 있고, **분할 납부의 총 기간은** 법 제27조의3 제3항에 따른 **분할 납부의 승인을 받은 날의 다음 날부터 1년 이내**로 한다(규칙 제32조의3).

1. 사업주의 성명과 소재지
2. 분할 납부 승인을 받으려는 체납된 보험료등의 종류와 금액
3. 분할 납부의 총 기간 및 총 횟수
4. 각 횟수별 분할 납부 금액 및 납부기한
5. 분할 납부 승인을 받으려는 사유

(5) 징수금의 체납처분과 공매 등

1) 징수금의 체납처분

건강보험공단은 독촉을 받은 자가 그 기한까지 보험료나 이 법에 따른 그 밖의 징수금을 내지 아니한 경우에는 고용노동부장관의 승인을 받아 국세 체납처분의 예에 따라 이를 징수할 수 있다(법 제28조 제1항).

2) 공매

① 공단은 국세체납 처분의 예에 따라 압류한 재산을 공매하는 경우에 전문지식이 필요하거나 그 밖의 특수한 사정이 있어 직접 공매하기에 적당하지 아니하다고 인정하면 대통령령으로 정하는 바에 따라 「금융회사부실자산 등의 효율적 처리 및 한국자산관리공사의 설립에 관한 법률」에 따라 설립된 한국자산관리공사로 하여금 압류한 재산의 공매를 대행하게 할 수 있다. 이 경우 공매는 공단이 한 것으로 본다(법 제28조 제1・2항).

② 건강보험공단은 한국자산관리공사로 하여금 공매를 대행하게 하는 경우에는 고용노동부령으로 정하는 바에 따라 수수료를 지급할 수 있고, 한국자산관리공사가 공매를 대행하는 경우에 한국자산관리공사의 임직원은 「형법」 제129조부터 제132조까지의 규정을 적용할 때 공무원으로 본다(동조 제3・4항).

③ 한국자산관리공사는 **공매대행의 의뢰를 받은 날부터 2년 이내에 공매되지 않은 재산이 있으면** 건강보험공단에 그 재산에 대한 **공매대행 의뢰의 해제를 요구할 수 있고,** 건강보험공단은 해제 요구를 받았을 때에는 특별한 사정이 없으면 이에 따라야 한다(영 제39조).

3) 「국세기본법」의 준용

보험료, 이 법에 따른 그 밖의 징수금의 체납처분 유예를 위한 납부담보의 제공에 관하여는 「국세기본법」 제29조부터 제34조까지의 규정을 준용한다. 이 경우 "세법"은 "이 법"으로, "납세담보"는 "납부담보"로, "세무서장"은 "건강보험공단"으로, "납세보증보험증권"은 "납부보증보험증권"으로, "납세보증서"는 "납부보증서"로, "납세담보물"은 "납부담보물"로, "국세・가산금과 체납처분비"는 "보험료, 이 법에 따른 그 밖의 징수금과 체납처분비"로 본다(법 제28조의7).

(6) 납부의무의 승계

1) 법인의 합병으로 인한 납부의무의 승계

법인이 합병한 경우에 합병 후 존속하는 법인 또는 합병으로 설립되는 법인은 합병으로 소멸된 법인에 부과되거나 그 법인이 내야 하는 보험료와 이 법에 따른 그 밖의 징수금과 체납처분비를 낼 의무를 진다(법 제28조의2).

2) 상속으로 인한 납부의무의 승계

① **상속이 개시된 때에 그 상속인(포괄적 유증을 받은 자 포함) 또는 상속재산관리인은 피상속인에게 부과되거나 그 피상속인이 내야 하는 보험료, 이 법에 따른 그 밖의 징수금과 체납처분비를 상속받은 재산의 한도에서 낼 의무를 지며**, 상속인이 2명 이상이면 각 상속인

은 피상속인에게 부과되거나 그 피상속인이 내야 하는 보험료, 이 법에 따른 그 밖의 징수금과 체납처분비를 **「민법」에 따른 상속분에 따라 나누어 계산한 후, 상속받은 재산의 한도에서 연대하여 낼 의무를 진다**. 이 경우 각 상속인은 그 상속인 중에서 피상속인의 보험료, 이 법에 따른 그 밖의 징수금과 체납처분비를 낼 대표자를 정하여 대통령령으로 정하는 바에 따라 건강보험공단에 신고하여야 한다(법 제28조의3 제1 · 2항).

② 상속인의 존재 여부가 분명하지 아니할 때에는 상속인에게 하여야 하는 보험료, 이 법에 따른 그 밖의 징수금과 체납처분비의 납부 고지 · 독촉 또는 그 밖에 필요한 조치는 상속재산관리인에게 하여야 하며, 상속인의 존재 여부가 분명하지 아니하고 상속재산관리인도 없으면 건강보험공단은 피상속인의 주소지를 관할하는 법원에 상속재산관리인의 선임을 청구할 수 있다(동조 제3 · 4항).

③ **피상속인에 대한 처분 또는 절차는 상속인 또는 상속재산관리인에 대하여도 효력이 있다**(동조 제5항).

(7) 연대납부의무

1) 연대납부의무

① **공동사업에 관계되는 보험료, 이 법에 따른 그 밖의 징수금과 체납처분비는 공동사업자가 연대하여 낼 의무를 진다**(법 제28조의4 제1항).

② 법인이 분할 또는 분할합병되는 경우 분할되는 법인에 대하여 분할일 또는 분할합병일 이전에 부과되거나 납부의무가 성립한 보험료, 이 법에 따른 그 밖의 징수금과 체납처분비는 다음 각 호의 법인이 연대하여 낼 책임을 진다(동조 제2항).

1. 분할되는 법인
2. 분할 또는 분할합병으로 설립되는 법인
3. 분할되는 법인의 일부가 다른 법인과 합병하여 그 다른 법인이 존속하는 경우 그 다른 법인

③ 법인이 분할 또는 분할합병으로 해산되는 경우 해산되는 법인에 대하여 부과되거나 그 법인이 내야 하는 보험료, 이 법에 따른 그 밖의 징수금과 체납처분비는 제2항 제2호 및 제3호의 법인이 연대하여 낼 책임을 진다(동조 제3항).

2) 연대납부의무에 관한 「민법」의 준용

이 법에 따른 보험료, 그 밖의 징수금과 체납처분비의 연대납부의무에 관하여는 「민법」의 규정을 준용한다(법 제28조의5).

(8) 고액 · 상습 체납자의 인적사항 공개

① 건강보험공단은 이 법에 따른 납부기한의 다음 날부터 2년이 지난 보험료와 이 법에 따른 그 밖의 징수금과 체납처분비(결손처분한 보험료, 이 법에 따른 그 밖의 징수금과 체납처분비로서 징수권 소멸시효가 완성되지 아니한 것을 포함)의 총액이 10억원 이상인 체납자에 대하여는 그 인적사항 및 체납액 등을 공개할 수 있다. 다만, 체납된 보험료, 이 법에 따른 그 밖의 징수금과 체납처분비와 관련하여 행정심판 또는 행정소송이 계류 중인 경우, 그 밖에 체납된 금액의 일부납부 등 대통령령으로 정하는 사유가 있을 때에는 그러하지 아니하다(법 제28조의6 제1항).

② 체납자의 인적사항등에 대한 공개 여부를 심의하기 위하여 건강보험공단에 보험료정보공개심의위원회를 둔다(동조 제2항).

③ 건강보험공단은 위원회의 심의를 거쳐 인적사항등의 공개가 결정된 자에 대하여 공개대상자임을 알림으로써 소명할 기회를 주어야 하며, 통지일부터 6개월이 지난 후 위원회로 하여금 체납액의 납부이행 등을 고려하여 체납자 인적사항등의 공개 여부를 재심의하게 한 후 공개대상자를 선정하고, 체납자 인적사항등의 공개는 관보에 게재하거나, 고용 · 산재정보통신망 또는 건강보험공단 게시판에 게시하는 방법에 따른다(동조 제3 · 4항).

(9) 징수대금의 결손처분

1) 결손처분

건강보험공단은 ① 체납처분이 끝나고 체납액에 충당된 배분금액이 그 체납액 보다 적은 경우(제1호), ② 소멸시효가 완성된 경우(제2호), ③ 징수할 가능성이 없다고 인정하여 대통령령으로 정하는 경우(제3호)의 어느 하나에 해당하는 사유가 있을 때에는 고용노동부장관의 승인을 얻어 보험료와 이 법에 따른 그 밖의 징수금을 결손처분 할 수 있다(법 제29조 제1항).

대통령령으로 정하는 경우(영 제41조 제1항)

1. 체납자의 행방이 분명하지 않은 경우
2. 체납자의 재산이 없거나 체납처분의 목적물인 총재산의 견적가격이 체납처분비에 충당하고 나면 나머지가 생길 여지가 없음이 확인된 경우
3. 체납처분의 목적물인 총재산이 보험료, 그 밖의 징수금보다 우선하는 국세 · 지방세 등의 채권변제에 충당하고 나면 나머지가 생길 여지가 없음이 확인된 경우
4. 「채무자 회생 및 파산에 관한 법률」 제251조에 따라 체납회사가 보험료 등의 납부책임을 지지 않게 된 경우

2) 결손처분의 취소

건강보험공단은 제3호에 따라 <u>결손처분을 한 후 압류할 수 있는 다른 재산을 발견한 경우에는 지체 없이 그 처분을 취소하고 다시 체납처분을 하여야 한다</u>(동조 제2항).

3) 체납 또는 결손처분 자료의 제공

① 건강보험공단은 보험료징수 또는 공익목적을 위하여 필요한 경우에 「신용정보의 이용 및 보호에 관한 법률」에 따른 종합신용정보집중기관이 다음 각 호의 어느 하나에 해당하는 체납자 또는 결손처분자의 인적사항·체납액 또는 결손처분액에 관한 자료를 요구할 때에는 그 자료를 제공할 수 있다. 다만, 체납된 보험료, 이 법에 따른 그 밖의 징수금과 관련하여 행정심판 또는 행정소송이 계류 중인 경우, 그 밖에 체납처분의 유예 등 대통령령으로 정하는 사유[94]가 있을 때에는 그러하지 아니하다(법 제29조의2 제1항).

1. 이 법에 따른 납부기한의 다음 날부터 1년이 지난 보험료, 이 법에 따른 그 밖의 징수금과 체납처분비의 총액이 500만원 이상인 자
2. 1년에 세 번 이상 체납하고 이 법에 따른 납부기한이 지난 보험료, 이 법에 따른 그 밖의 징수금과 체납처분비의 총액이 500만원 이상인 자
3. 제29조에 따라 결손처분한 금액의 총액이 500만원 이상인 자

② 체납등 자료의 제공절차에 관하여 건강보험공단은 체납등 자료를 제공한 경우에 체납액의 납부, 결손처분의 취소 등의 사유가 발생하면 그 사실을 사유발생일부터 15일 이내에 요구자에게 알려야 한다(영 제41조의2 제3항).

③ 체납등 자료를 제공받은 자는 이를 업무 외의 목적으로 누설하거나 이용하여서는 아니 된다(법 제29조의2 제2항).

4) 금융거래정보의 제공 요청 등

① 건강보험공단의 이사장은 다음 각 호의 어느 하나에 해당하는 체납자의 재산조회를 위하여 필요한 경우에는 「금융실명거래 및 비밀보장에 관한 법률」 제4조에도 불구하고 같은 법 제2조 제1호에 따른 금융회사등의 특정점포에 금융거래 관련 정보 또는 자료의 제공을 요청할 수 있으며, 해당 금융회사등의 특정점포는 이를 제공하여야 한다(법 제29조의3 제1항).

1. 이 법에 따른 납부기한의 다음 날부터 1년이 지난 보험료, 이 법에 따른 그 밖의 징수

94) 1. 건강보험공단이 법 제29조의2 제1항 제1호 또는 제2호에 해당하는 체납자의 체납처분을 유예한 경우 2. 체납자가 다음 각 목의 어느 하나에 해당하는 사유로 체납액을 낼 수 없다고 건강보험공단이 인정하는 경우 가. 재해 또는 도난으로 재산이 심하게 손실된 때 나. 사업이 현저하게 손실을 입거나 중대한 위기에 처한 때(영 제41조의3).

금 및 체납처분비의 총액이 500만원 이상인 자

2. 1년에 세 번 이상 체납하고 이 법에 따른 납부기한이 지난 보험료, 이 법에 따른 그 밖의 징수금 및 체납처분비의 총액이 500만원 이상인 자

② 건강보험공단의 이사장이 금융거래정보의 제공을 요청할 때에는 「금융실명거래 및 비밀보장에 관한 법률」 제4조 제2항에 따른 금융위원회가 정하는 표준양식으로 하여야 하고, 금융거래정보의 제공 요청은 체납자의 재산조회를 위하여 필요한 최소한도에 그쳐야 한다(동조 제2 · 3항).

③ 금융회사등이 건강보험공단에 금융거래정보를 제공하는 경우에는 그 금융회사등은 금융거래정보를 제공한 날부터 10일 이내에 제공한 금융거래정보의 주요내용 · 사용목적 · 제공받은 자 및 제공일자 등을 거래자에게 서면으로 알려야 한다. 이 경우 통지에 드는 비용에 관하여는 「금융실명거래 및 비밀보장에 관한 법률」 제4조의2 제4항을 준용한다(동조 제4 · 5항).

④ 건강보험공단의 이사장은 금융회사등에 대하여 금융거래정보를 요청하는 경우에는 그 사실을 기록하여야 하며, 금융거래정보를 요청한 날부터 5년간 그 기록을 보관하여야 하며, 금융거래정보를 알게 된 자는 그 알게 된 금융거래정보를 타인에게 제공 또는 누설하거나 그 목적 외의 용도로 이용하여서는 아니 된다(동조 제6항).

5) 보험료 징수의 우선순위

보험료와 이 법에 따른 그 밖의 징수금은 국세 및 지방세를 제외한 다른 채권보다 우선하여 징수한다. 다만, 보험료 등의 납부기한 전에 전세권 · 질권 · 저당권 또는 「동산 · 채권 등의 담보에 관한 법률」에 따른 담보권의 설정을 등기하거나 등록한 사실이 증명되는 재산을 매각하여 그 매각대금 중에서 보험료 등을 징수하는 경우에 그 전세권 · 질권 · 저당권 또는 「동산 · 채권 등의 담보에 관한 법률」에 따른 담보권에 의하여 담보된 채권에 대하여는 그러하지 아니하다(법 제30조).

6) 서류의 송달

「국세기본법」 제7조부터 제12조까지의 규정(제8조 제2항 단서는 제외한다)은 보험료, 이 법에 따른 그 밖의 징수금에 관한 서류의 송달에 관하여 준용하고, 보험료, 이 법에 따른 그 밖의 징수금의 고지 · 독촉 또는 체납처분에 관계되는 서류를 우편에 따라 송달하는 경우 그 방법은 대통령령으로 정하는 바[95]에 따른다(법 제32조 제1 · 2항).

95) 공단 및 건강보험공단은 보험료, 법에 따른 그 밖의 징수금에 관한 서류를 우편으로 송달하려는 경우에는 일반우편으로 보낼 수 있다(영 제43조의2).

제4장 보험사무 대행기관

Ⅰ 보험사무대행기관의 의의

1. 보험사무대행기관의 개념

전문인력을 보유하지 아니한 중소기업에 대한 업무의 번잡성과 복잡성을 덜어 주기 위하여 전문기관으로 하여금 보험사무를 대행하게 하기 위하여 도입한 것이다. 따라서 사업주는 사업장의 보험징수를 효율적으로 수행하기 위하여 보험대행기관에 보험사무를 위임할 수 있다.

2. 보험사무대행기관의 성격

사업주 등을 구성원으로 하는 단체로서 특별법에 따라 설립된 단체, 「민법」 제32조에 따라 고용노동부장관의 허가를 받아 설립된 법인 및 그 밖에 대통령령으로 정하는 기준에 해당하는 법인, 공인노무사 또는 세무사는 사업주로부터 위임을 받아 보험료 신고, 고용보험 피보험자에 관한 신고 등 사업주가 지방고용노동관서 또는 공단에 대하여 하여야 할 보험에 관한 사무를 대행할 수 있다(법 제33조 제1항).

Ⅱ 보험사무대행기관의 설립과 인가

1. 보험사무대행기관의 인가

법인 등이 보험사무를 대행하고자 하는 경우에는 대통령령이 정하는 바에 따라 공단의 인가를 받아야 한다(법 제33조 제2항).

보험사무대행기관의 설립자격(영 제44조)

① 법률의 규정에 따라 주무관청의 인가 또는 허가를 받거나 등록 등을 한 법인
② 공인노무사법에 따라 등록한 자로서 동법 제2조의 규정에 의한 직무를 2년 이상 행하고 있는 자
③ 세무사법에 따라 등록을 하고 같은 법 제2조에 따른 직무를 2년 이상 하고 있는 사람으로서 고용노동부장관이 정하는 교육을 이수한 사람

2. 보험사무대행기관의 변경 및 폐지

보험사무대행의 인가를 받은 법인 등이 인가를 받은 사항을 변경하고자 하는 경우에는 수탁대상지역 등 대통령령이 정하는 사항[96]에 관하여는 공단의 인가를 받아야 하며, 소재지 등 고용노동부령이 정하는 사항[97]에 대하여는 공단에 신고하여야 하며, 보험사무대행기관이 업무의 전부 또는 일부를 폐지하고자 할 때에는 공단에 신고하여야 한다(법 제33조 제3 · 4항).

3. 보험사무대행기관 인가의 취소

(1) 인가의 취소

공단은 보험사무대행기관이 보험사무를 위법 · 부당하게 처리하거나 그 처리를 게을리 하고 있다고 인정되면 인가를 취소할 수 있고(법 제33조 제5항), 보험사무대행기관의 인가를 취소한 때에는 지체 없이 이를 해당 보험사무대행기관 및 보험사무를 위임한 사업주에게 알려야 한다(영 제48조 2항).

취소사유(영 제48조 제1항)

① 거짓이나 그 밖의 부정한 방법으로 인가를 받은 경우(제1호) - 반드시 취소
② 정당한 사유 없이 계속하여 2월 이상의 보험사무를 중단한 경우(제2호)
③ 보험사무를 허위 그 밖의 부정한 방법으로 운영한 경우(제3호)
④ 그 밖에 법을 위반하거나 법에 의한 명령에 불응한 경우(제4호)

(2) 청문회의 개최

공단은 보험사무대행기관의 인가를 취소하고자 하는 경우에는 청문을 실시하여야 하고(영 제49조), 이 규정은 대행기관의 취소의 불합리성을 제거하기 위하여 해당기관에게 변명을 할 수 있도록 하는 절차로서 명시적 규정이 없는 한, 서면에 의한 이의서를 제출하거나 직접 참석하여 소명하여도 무방하다.

96) ① 수탁대상지역, ② 보험사무위탁처리규약(영 제47조 제4항).

97) ① 보험사무대행기관의 명칭, ② 보험사무대행기관의 소재지, ③ 보험사무대행기관인 법인의 대표자(법인에 한한다), ④ 그 밖에 보험사무대행기관의 관리를 위하여 고용노동부장관이 필요하다고 인정하는 사항(규칙 제35조 제3항)

Ⅲ 보험사무대행기관의 업무영역

1. 보험사무를 위임할 수 있는 사업주의 범위

① 보험사무를 대행하고자 공단의 인가를 받은 단체・법인 또는 개인(이하 "보험사무대행기관"이라 한다)에 보험사무를 위임할 수 있는 사업주의 범위는 상시 근로자수가 300명 미만인 사업주로 한다(영 제45조 제1항). 보험사무를 위임한 사업주가 사업의 확장 또는 합병 등으로 인하여 상시 근로자수를 초과하게 된 경우에도 당해 보험연도 중에는 계속하여 보험사무를 위임할 수 있다(영 제45조 제2항).

② 보험사무대행기관은 사업주로부터 보험사무를 위임받거나 보험사무의 위임이 해지된 때에는 각각 14일 이내에 이를 공단에 신고하여야 하고(영 제45조 제3항), 이에 따라 보험사무대행기관이 보험사무의 수임 또는 수임해지의 신고를 하는 때에는 보험사무수임(수임해지)신고서에 의한다.

위임대상사무의 범위(영 제46조) 지원금의 종류(영 제52조 제1항)

1. 보수총액 등의 신고
2. 개산보험료・확정보험료의 신고
3. 고용보험 피보험자의 자격 관리에 관한 사무
4. 보험관계의 성립・변경・소멸의 신고
5. 그 밖에 사업주가 지방노동관서 또는 공단에 대하여 하여야 할 보험에 관한 사무

2. 보험사무대행기관의 의무

(1) 보험대행기관의 귀책사유

공단이 보험료징수법 가산금, 연체금 및 산재보험급여에 해당하는 금액을 징수하는 경우에 그 징수사유가 보험사무대행기관의 귀책사유로 인한 것일 때에는 그 한도 안에서 보험사무대행기관이 해당금액을 내야 한다(법 제35조).

(2) 보험사무대행기관의 통지

공단은 보험료, 이 법에 따른 그 밖의 징수금의 납입의 통지 등을 보험사무대행기관에 함으로써 그 사업주에 대한 통지에 갈음하고(법 제34조), 보험사무대행기관이 보험료 그 밖의 징수금의 납입의 통지 등을 받은 때에는 지체없이 이를 사업주에게 통지하여야 한다(영 제50조).

Ⅳ 보험사무대행기관에 대한 지원 등

1. 보험사무대행지원금 및 적용촉진장려금

① 공단은 보험사무대행기관이 보험사무를 대행한 때에는 대통령령이 정하는 바에 따라 징수비용과 그 밖의 지원금을 교부할 수 있다(법 제37조).

지원금의 종류(영 제52조 제1항)

상시근로자수가 30명 미만인 사업주로부터 보험사무를 위임받아 지원금을 교부할 수 있는 경우

1. 보험료, 그 밖의 징수금을 납부하도록 한 경우
2. 고용보험 및 산재보험의 피보험자 관리 및 보수총액 신고 등의 보험사무 처리업무를 한 경우
3. 고용보험 및 산재보험의 보험관계 성립신고를 한 경우

② 보험사무대행지원금은 위임사업주의 보험료 그 밖의 징수금의 납부실적, 위임사업주의 규모, 피보험자격의 취득·상실 등 피보험자 관리실적 또는 위임기간 등을 고려하여 고용노동부장관이 정하는 기준에 따라 지급하되, 징수사무대행지원금은 연 2회 반기별로, 피보험자관리대행지원금은 연 4회 분기별로 지급하고(영 제52조 제2항), 이 경우 보험료 그 밖의 징수금의 납부실적을 산정함에 있어 보험사무대행기관이 보험연도 중에 업무의 폐지신고를 한 경우에는 해당 반기 초일부터 폐지일이 속하는 분기 중간월의 15일까지 납부기한이 만료되는 보험료 그 밖의 징수금을 납부한 실적을 기준으로 하되, 보험사무를 위임한 사업주가 법 제28조의 규정에 의한 체납처분에 따라 납부한 금액은 제외한다(영 제52조 제3항).

③ 위임기간은 보험사무대행기관이 공단에 보험사무 위임신고를 한 날부터 산정한다(법 제52조 제4항). 보험사무대행기관은 보험사무대행지원금을 지급받고자 하는 때에는 징수사무대행지원금 및 적용촉진장려금의 경우 매 반기, 피보험자관리대행지원금의 경우 매 분기가 종료되는 날(법 제33조 제4항의 규정에 따라 업무의 폐지신고를 한 경우에는 폐지일)부터 1월이 경과한 후에 공단에 보험사무대행지원금의 지급을 신청하여야 한다(영 제52조 제5항).

2. 보험사무대행기관에 대한 지원제한

공단은 보험사무대행기관이 보험료 그 밖의 징수금의 징수에 손실을 초래하게 한 경우에는 그 손실에 해당하는 금액을 징수사무대행지원금과 피보험자관리대행지원금에서 감액할 수 있으며(영 제53조 제1항), 공단은 보험사무대행기관이 고용보험 피보험자격의 취득·상실신고 등을 게을리하여 관할직업안정기관의 장으로부터 시정명령을 2회 이상 받고도 불응한

경우에는 해당 보험사무대행기관에 대한 피보험자관리대행지원금의 100분의 50을 감액하고, 시정명령을 3회 이상 받고도 불응한 경우에는 피보험관리대행지원금을 지급하지 아니한다(영 제53조 제2항).

3. 보험사무대행지원금의 부담

징수사무대행지원금은 보험사무를 위임한 사업주가 납부한 금액 중 고용보험 및 산재보험이 차지하는 비율만큼 고용보험기금 및 산업재해보상보험및예방기금에서 각각 부담하고(영 제54조 제1항), 적용촉진장려금은 고용보험기금 및 산업재해보상보험및예방기금에서 각각 2분의 1을 부담한다(영 제54조 제2항). 피보험자관리대행지원금은 고용보험기금에서 부담한다(영 제54조 제3항).

제5장 보 칙

Ⅰ 보험료의 수납절차

이 법에 따른 보험료와 그 밖의 징수금의 수납방법 및 그 절차 등에 관하여 필요한 사항은 고용노동부령으로 정한다.

Ⅱ 공단 또는 건강보험공단의 권한

1. 납부기한의 연장

공단 또는 건강보험공단은 천재지변 등 고용노동부령으로 정하는 사유로 이 법에 규정된 신고・신청・청구나 그 밖의 서류의 제출・통지 또는 납부・징수를 정하여진 기한까지 할 수 없다고 인정될 때에는 그 기한을 연장할 수 있다(법 제39조).

2. 자료제공의 요청

공단 또는 건강보험공단은 보험관계의 성립 및 소멸, 고용보험료의 지원, 보험료의 부과・징수, 보험료의 정산, 그 밖에 이 법에 따른 연체금 또는 징수금의 징수 등을 위하여 근로소득자료・국세・지방세・토지・건물・건강보험・국민연금 등 대통령령으로 정하는 자료를 제공받거나 관련 전산망을 이용하려는 경우에는 관계 기관의 장에게 사용목적 등을 적은 문서로 협조를 요청할 수 있다. 이 경우 관계 기관의 장은 정당한 사유가 없으면 그 요청에 따라야 하며, 이에 따라 공단 또는 건강보험공단에 제공되는 자료에 대하여는 수수료 및 사용료 등을 면제한다(법 제40조 제1・2항).

3. 보고 및 서류의 제출요구권

공단 또는 건강보험공단은 보험료의 성실신고 및 보험사무대행기관의 지도 등을 위하여 필요하다고 인정되어 대통령령으로 정하는 경우에는 이 법을 적용받는 사업의 사업주, 그 사업에 종사하는 근로자, 보험사무대행기관 및 보험사무대행기관이었던 자에 대하여 이 법 시행에 필요한 보고 및 관계 서류의 제출을 요구할 수 있다(법 제44조).

4. 조사권

① 공단은 보험료의 성실신고 및 보험사무대행기관의 지도 등을 위하여 필요하다고 인정되어 대통령령으로 정하는 경우에는 소속 직원으로 하여금 근로자를 고용하고 있거나 고용하였던 사업주의 사업장 또는 보험사무대행기관, 보험사무대행기관이었던 자의 사무소에 출입하여 관계인에 대하여 질문을 하거나 관계 서류를 조사하게 할 수 있고, 이에 따라 조사를 하는 경우 해당 사업주 등에게 조사의 일시 및 내용 등 조사에 필요한 사항을 미리 알려야 한다. 다만, 긴급한 경우나 사전 통지 시 그 목적을 달성할 수 없다고 인정되는 경우에는 그러하지 아니하다(법 제45조 제1·2항).

② 공단직원은 그 권한을 표시하는 증표를 지니고 이를 관계인에게 내보여야 하며, 공단은 조사를 마치면 해당 사업주 등에게 조사 결과를 서면으로 알려야 한다(동조 제3·4항).

Ⅲ 고용노동부장관의 권한

1. 업무의 위임 및 위탁

이 법에 따른 고용노동부장관의 권한은 대통령령으로 정하는 바에 따라 그 일부를 지방고용노동관서의 장에게 위임할 수 있고, 공단 또는 건강보험공단은 대통령령으로 정하는 바에 따라 보험료, 이 법에 따른 그 밖의 징수금의 수납업무 중 일부를 체신관서 또는 금융기관에 위탁할 수 있다(법 제46조 제1·2항).

2. 업무의 지도·감독

① 고용노동부장관으로부터 징수업무를 위탁받은 건강보험공단은 대통령령으로 정하는 바에 따라 회계연도마다 보험료 등의 고지, 수납 및 체납관리에 관한 사업운영계획과 예산에 관하여 고용노동부장관의 승인을 받아야 하고, 건강보험공단은 매 회계연도가 끝난 후 2개월 이내에 그 회계연도의 사업실적과 결산을 고용노동부장관에게 보고하여야 한다(법 제46조의2 제1·2항).

② 고용노동부장관은 건강보험공단에 대하여 사업에 관한 보고를 명하거나 사업 또는 재산상황을 검사할 수 있고, 필요하다고 인정하면 정관의 관련 규정을 변경하도록 명하는 등 감독상 필요한 조치를 할 수 있다(동조 제3항).

Ⅳ 시 효

1. 시효

보험료, 이 법에 따른 그 밖의 징수금을 징수하거나 그 반환받을 수 있는 권리는 3년간 행사하지 아니하면 시효로 인하여 소멸하고, 이에 따른 소멸시효에 관하여는 이 법에 규정된 것을 제외하고는 「민법」에 따른다(법 제41조 제1·2항).

2. 시효의 중단

① 소멸시효의 중단사유(법 제50조 제1항)

1. 건강보험공단의 사업주에 대한 월별보험료의 고지
2. 공단에 의한 사업주가 잘못낸 금액에 대한 반환의 청구
3. 공단 또는 건강보험공단에 의한 징수금의 통지 또는 독촉[98)]
4. 건강보험공단에 의한 체납처분 절차에 따라 하는 교부청구 또는 압류

② 중단된 소멸시효는 다음 각 호의 기한 또는 기간이 지난 때부터 새로 진행(동조 제2항)

1. 건강보험공단의 사업주에게 고지한 월별보험료의 납부기한
2. 독촉에 의한 납부기한
3. 공단 또는 건강보험공단이 알린 납부기한
4. 교부청구 중의 기간
5. 압류기간

3. 확정보험료의 소멸시효

확정보험료의 소멸시효는 다음 보험연도의 첫날(보험연도 중에 보험관계가 소멸한 사업의 경우에는 보험관계가 소멸한 날)부터 진행한다(법 제43조).

Ⅴ 특별한 지위에 있는 자에 대한 특례

1. 해외파견자에 대한 특례

① 「산재법」에 따라 산재보험의 적용을 받는 해외파견자의 산재보험료 산정의 기초가 되는

98) 보험료징수법 제27조에서 정한 통지에 의하여 소멸시효가 중단되는 범위는 통지된 부분 및 그 액수에 한정되고 그 이외의 보험료 등을 징수하는 권리에 대하여는 시효가 중단되지 않고 계속 진행된다(대판 2012.11.15, 2010두15469).

보수액은 그 사업에 사용되는 같은 직종 근로자의 보수나 그 밖의 사정을 고려하여 고용노동부장관이 정하는 금액으로 하고, 산재보험료율은 해외파견자의 재해율 및 재해보상에 필요한 금액 등을 고려하여 고용노동부장관이 정하여 고시한다(법 제47조). 해외파견자에 대한 산재보험의 가입을 승인하려면 「직업안정법」에 따른 국외근로자 공급사업이 아니어야 한다(규칙 제42조 제2항).

② 산재보험 가입의 승인을 받은 경우 해외파견자의 보험관계 성립일은 다음 각 호의 구분과 같다(규칙 제42조 제4항).

1. 파견예정자 : 출국일
2. 파견된 사람 : 산재보험가입신청서를 접수한 날의 다음 날

2. 현장실습생에 대한 특례

「산재법」에 따라 산재보험의 적용을 받는 현장실습생의 산재보험료 산정의 기초가 되는 보수액은 현장실습생이 받은 모든 금품으로 하되, 산재보험료 산정이 어려운 경우에는 고용노동부장관이 정하여 고시하는 금액으로 할 수 있다(법 제43조).

3. 중소기업 사업주에 대한 특례

「산재법」에 따라 산재보험에 가입한 중소기업의 사업주에 대한 산재보험료 산정의 기초가 되는 보수액은 고용노동부장관이 정하는 금액으로 하고, 산재보험료율은 그 사업이 적용받는 산재보험료율로 한다(법 제49조).

4. 자영업자에 대한 특례

① 근로자를 사용하지 아니하거나 50명 미만의 근로자를 사용하는 사업주로서 대통령령으로 정하는 요건을 갖춘 자영업자는 공단의 승인을 받아 자기를 이 법에 따른 근로자로 보아 고용보험에 가입할 수 있고, 이에 따라 보험에 가입한 자영업자가 50명 이상의 근로자를 사용하게 된 경우에도 본인이 피보험자격을 유지하려는 경우에는 계속하여 보험에 가입된 것으로 보며, 자영업자에 대한 고용보험료 산정의 기초가 되는 보수액은 자영업자의 소득, 보수수준 등을 고려하여 고용노동부장관이 정하여 고시한다(법 제49조의2 제1~3항).

② 자영업자는 보험가입 승인을 신청하려는 경우에는 본인이 원하는 혜택수준을 고려하여 고시된 보수액 중 어느 하나를 선택하여야 하며, 이에 따라 선택한 보수액을 다음 보험연도에 변경하려는 경우에는 직전 연도의 12월 20일까지 고시된 보수액 중 어느 하나를 다시 선택하여 공단에 보수액의 변경을 신청할 수 있다(동조 제4·5항).

③ 자영업자가 부담하여야 하는 고용안정·직업능력개발사업 및 실업급여에 대한 고용보험료는 선택한 보수액에 고용보험료율을 곱한 금액으로 한다. 이 경우 월의 중간에 보험관계가 성립하거나 소멸하는 경우에는 그 고용보험료는 일할계산하며, 자영업자에게 적용하는 고용보험료율은 보험수지의 동향과 경제상황 등을 고려하여 1000분의 30의 범위에서 고용안정·직업능력개발사업의 보험료율 및 실업급여의 보험료율로 구분하여 대통령령으로 정한다. 이 경우 고용보험료율의 결정 및 변경은 고용보험위원회의 심의를 거쳐야 한다(동조 제6·7항).

자영업자 고용보험료율

1. 고용안정·직업능력개발사업의 보험료율 : 1만분의 25
2. 실업급여의 보험료율 : 1천분의 20

• 공단은 자영업자 보험료율이 인상되거나 인하된 경우에는 자영업자에 대한 고용보험료를 증액 또는 감액 조정하여야 한다(영 제56조의6).

④ 고용보험료는 공단이 매월 부과하고, 건강보험공단이 이를 징수하고, 고용보험에 가입한 자영업자는 매월 부과된 보험료를 다음 달 10일까지 납부하여야 하며, 자신에게 부과된 월의 고용보험료를 계속하여 3개월간 납부하지 아니한 경우에는 마지막으로 납부한 고용보험료에 해당되는 피보험기간의 다음날에 보험관계가 소멸된다. 다만, 천재지변이나 그 밖에 부득이한 사유로 고용보험료를 낼 수 없었음을 증명하면 그러하지 아니하다(동조 제8~10항).

5. 특수형태근로종사자에 대한 특례

① 「산재법」에 따라 산재보험의 적용을 받는 특수형태근로종사자와 사업주에 대한 산재보험료 산정의 기초가 되는 보수액은 고용노동부장관이 정하여 고시하는 금액으로 하고, 산재보험료율은 그 사업이 적용받는 사업의 산재보험료율로 하며, 이에 따른 산재보험료는 사업주와 특수형태근로종사자가 각각 2분의 1씩 부담한다. 다만, 사용종속관계의 정도 등을 고려하여 대통령령으로 정하는 직종에 종사하는 특수형태근로종사자의 경우에는 사업주가 부담한다(법 제49조의3 제1·2항).

② 특수형태근로종사자가 산재보험료를 부담하는 경우에는 사업주가 고용노동부령으로 정하는 바에 따라 산재보험료를 신고하고 내야 하며, 그 특수형태근로종사자는 그 산재보험료에 해당하는 금액을 사업주에게 내야 하며, 사업주는 이에 따라 특수형태근로종사자가 부담하는 산재보험료에 해당하는 금액을 그 특수형태근로종사자에게 지급할 금품에서 원천공제할 수 있다. 이 경우 사업주는 공제계산서를 그 특수형태근로종사자에게 내주어야 한다(동조 제3·4항).

6. 「국민기초생활 보장법」의 수급자에 대한 특례

① 「고용보험법」에 따라 고용보험의 적용을 받는 사업에 참가하여 유급으로 근로하는 「국민기초생활 보장법」에 따른 수급자는 이 법의 적용을 받는 근로자로 보고, 「국민기초생활 보장법」에 따른 보장기관(사업을 위탁하여 행하는 경우는 그 위탁기관으로 한다)은 이 법의 적용을 받는 사업주로 보며 이에 따른 사업의 보험가입자에 대한 고용보험료 산정의 기초가 되는 보수액은 같은 항에 따른 사업에 참가하고 받은 금전으로 한다(법 제49조의4 제1·2항).

② 수급자가 「국민기초생활 보장법」에 따른 수급권자인 경우에는 해당 수급자의 고용보험료는 보수액에 고용안정·직업능력개발사업의 보험료율을 곱한 금액으로 한다(동조 제3항).

7. 산재보험관리기구의 산재보험 가입에 대한 특례

① 「직업안정법」에 따라 국내 근로자공급사업을 하는 자, 근로자공급사업자로부터 근로자를 공급받는 사업주·화주(貨主) 및 그 사업주·화주 단체, 그 밖에 근로자공급사업과 관련 있는 법인 또는 단체가 산재보험의 가입자가 되는 기구(이하 "산재보험관리기구"라 한다)를 구성하려는 경우에는 공단의 승인을 받아야 하며, 이 기구는 공단에 승인을 신청한 날의 다음 날부터 보험가입자의 지위를 가지며, 산재보험의 보험관계가 성립한다(법 제49조의5 제1·2항).

산재보험관리기구의 산재보험관계는 다음 각 호의 어느 하나에 해당하는 경우에 소멸하며, 보험관계 소멸일은 다음 각 호의 구분과 같다(법 제49조의5 제3항).

1. 산재보험관리기구가 보험가입자로서의 지위를 해지하기 위하여 공단의 승인을 받은 경우 : 공단의 승인을 받은 날의 다음 날
2. 공단이 산재보험관리기구가 실제로 운영되지 아니하는 등의 사유로 계속하여 산재보험의 보험관계를 유지할 수 없다고 인정하여 보험관계를 소멸시킨 경우 : 소멸 사실을 결정하여 통지한 날의 다음 날

② 산재보험관리기구는 승인받은 사항을 변경한 경우에는 변경 사항을 공단에 신고하여야 하며, 납부하여야 하는 산재보험료는 이 기구를 구성하는 근로자공급사업자 등이 근로자에게 지급한 보수를 합산한 금액을 기초로 산정하고, 납부하여야 하는 산재보험료, 이 법에 따른 가산금·연체금·체납처분비 및 징수금은 이 기구를 구성하고 있는 근로자공급사업자 등이 연대하여 낼 의무를 진다(법 제49조의5 제4~6항).

제6장 벌 칙

1. 벌칙

금융거래정보를 알게 된 자가 목적 외로 사용하여 금융거래정보의 제공 관련 제29조의3 제6항을 위반한 자는 5년 이하의 징역 또는 3천만원 이하의 벌금에 처한다. 이 경우 징역형과 벌금형은 병과할 수 있다(법 제49조의6).

2. 양벌규정

법인의 대표자나 법인 또는 개인의 대리인, 사용인, 그 밖의 종업원이 그 법인 또는 개인의 업무에 관하여 제49조의6의 위반행위를 하면 그 행위자를 벌하는 외에 그 법인 또는 개인에게도 해당 조문의 벌금형을 과한다. 다만, 법인 또는 개인이 그 위반행위를 방지하기 위하여 해당 업무에 관하여 상당한 주의와 감독을 게을리하지 아니한 경우에는 그러하지 아니하다(법 제49조의7).

3. 과태료

① 다음 각 호의 어느 하나에 해당하는 자에게는 300만원 이하의 과태료를 부과한다(법 제50조 제1항).

1. 보험관계의 신고, 보험관계의 변경신고, 보수총액 등의 신고, 개산보험료의 신고 및 확정보험료의 신고를 하지 아니하거나 거짓 신고를 한 자
2. 금융거래정보의 제공을 요청받고 정당한 사유없이 금융거래정보의 제공을 거부한 자
3. 공단 또는 건강보험공단의 보고요구에 불응하여 보고를 하지 아니하거나 거짓으로 보고한 자 또는 관계 서류를 제출하지 아니하거나 거짓으로 적은 관계 서류를 제출한 자
4. 공단 조사에 따른 질문에 거짓으로 답변한 자 또는 이에 따른 조사를 거부·방해 또는 기피한 자

② 장부 또는 그 밖의 서류를 갖추어 두지 아니하거나 거짓으로 적은 자에게는 50만원 이하의 과태료를 부과하고, 고용노동부장관이 부과·징수한다(동조 제2·3항).

약 력

- 한국노동경영연구원 원장(현)
- 중국 칭화대 CEO과정 지도교수
- 항공대 우주항공법학과 객원교수
- 고려대 노동대학원 총교우회장
- 전국금융산업노동조합 중선 위원장
- 국가공인자격시험 출제위원
- 민사집행법학회, 한국노동법학회 이사
- 산은경제연구소 산업분석팀장(선임연구위원)
- 성균관대학교 법과대학 객원교수
- 동국대 법과대학원 객원교수
- University of West Georgia AMP 지도교수
- 한국산업은행 노동조합 위원장
- 한국금융연수원 전담교수(여신법률, 도산법)
- EBS 노동법 강의 전담교수
- 한국생산성본부 전임교수(채권법, M&A법, 노동법)
- 2011년 대한민국지도자 대상(2011.06.10)
- 한국산업은행 법제조사팀장 최다 역임(5년, 약 5,000여건 법률문제 처리)
- 국가경제발전에 기여한 특별공로표창 : 부총리겸 재정경제부장관(2003.12.31)

MBN, 교통방송, EBS방송, JTBC, OBS 등 다수 출연

저 서 (논문)

- 위법한 쟁의행위로 인한 민사상 손해배상책임에 관한 연구
- 단결권 보장의 법리와 노동조합의 내부통제권
- 경영상의 이유로 의한 해고에 관한 소고 -판례의 동향을 중심으로-
- 자산유동화에 관한 법률적 검토 / 공기업 경영쇄신과 노동법리적 검토
- The Review on ABS and its Improvement Proposals in Korea
- 녹색금융 활성화를 위한 개선방안에 관한 연구
- 채무자 회생 및 파산에 관한 법률상 문제점과 개선방안
- 회사정리 절차에 관한 소고
- 벤처기업의 M&A 활성화를 위한 제언
- 지식서비스산업 수출경쟁력강화를 위한 기업애로사항 발굴 및 규제개선방안(공동연구) **외 다수**

저 서 (단행본)

- 노동법(중앙경제사, 제15판)
- 노동관계법규(법률행정연구원)
- 노동법해설(법률행정연구원)
- 핵심정리노동법모의고사(한국서원)
- 주관식 노동법 Ⅰ·Ⅱ 갤러리)
- 김명수의 노동법(해마, 제12판)
- 노동법 Ⅰ·Ⅱ (해마)
- 행정쟁송법(중앙경제사, 제2판)
- 개별적 근로관계법(갤러리)
- 김명수의 객관식노동법(해마)
- 김명수의 노동법(MGRK)
- 김명수의 노동법전(해마)
- 금융법률실무사전(한국금융연수원, 공저)
- 김명수의 살맛나는 향기로운 삶(온새미로)
- 노동관계법규(중앙경제사)
- 노동법(법률행정연구원)
- 객관식노동법(고시계) /객관식노동법(갤러리)
- 주관식 노동법 Ⅰ·Ⅱ (고시계)
- 김명수의 일하는 삶(중앙경제)
- 노동법 Ⅰ·Ⅱ (중앙경제사, 제10판)
- 부실기업정리(한국금융연수원)
- 김명수의 노동법강의(갤러리)
- 김명수의 노동법 적중모의고사(갤러리)
- EBS노동법 Ⅰ·Ⅱ (고시계)
- 집단적노사관계법(갤러리)
- EBS주관식 노동법 Ⅰ·Ⅱ (고시계)
- 수필집 : 김명수의 일하는 삶(금융계)
- 희망의 새시대를 위한 Q&A(온새미로)
- 기후변화와 창조경제 활성화를 위한 법제연구(한국법제연구원)

대한민국 노동법 최다 출간 100여권 이상